河南省高等学校重点科研项目计划资助（17A630035），
均衡的公共物流信息平台建设工程项目的期权式社会投资

新经济背景下市场营销发展与创新研究

◎崔 楷/著

中国水利水电出版社
www.waterpub.com.cn

·北京·

内 容 提 要

本书共有六章内容。第一章对市场营销的核心概念和观念演变进行了探究；第二章对新经济背景下的市场特征进行了阐释，并对营销创新及营销发展的新态势进行了研究；第三章对新经济背景下的市场和消费者进行了全方位的解读；第四章诠释了新经济背景下企业营销策略的选择与创新；第五章研究了新经济背景下的市场营销保障体系；第六章探析了新经济背景下的市场营销创新发展。

本书知识线条清晰、体系完整、紧贴研究前沿、条理性与实用性强，适合市场营销的实践者与研究者阅读与参考。

图书在版编目（CIP）数据

新经济背景下市场营销发展与创新研究 ／ 崔楷著
. -- 北京：中国水利水电出版社，2018.9（2025.4重印）
ISBN 978-7-5170-6831-0

Ⅰ．①新… Ⅱ．①崔… Ⅲ．①市场营销－研究 Ⅳ.
①F713.3

中国版本图书馆CIP数据核字(2018)第209133号

责任编辑：陈 洁　　封面设计：王 伟

书　　名	新经济背景下市场营销发展与创新研究 XINJINGJI BEIJING XIA SHICHANG YINGXIAO FAZHAN YU CHUANGXIN YANJIU
作　　者	崔楷 著
出版发行	中国水利水电出版社 （北京市海淀区玉渊潭南路1号D座 100038） 网址：www. waterpub. com. cn E - mail：mchannel@ 263. net （万水） 　　　　sales@ waterpub. com. cn 电话：(010) 68367658（营销中心）、82562819（万水）
经　　售	全国各地新华书店和相关出版物销售网点
排　　版	北京万水电子信息有限公司
印　　刷	三河市元兴印务有限公司
规　　格	170mm×240mm　16开本　15.5印张　224千字
版　　次	2018年9月第1版　2025年4月第3次印刷
印　　数	0001－2000册
定　　价	68.00元

凡购买我社图书，如有缺页、倒页、脱页的，本社营销中心负责调换

前　言

　　进入 21 世纪后，经济全球化、生存数字化、竞争国际化的浪潮扑面而来，互联网深入社会生活中的各个方面，使得中国社会尤其是中国的经济正经历着前所未有的激荡和变化，互联网时代也使整个经济社会呈现出一种变化加速度的态势。以现在的变化速度发展，未来几年几乎所有的商业逻辑将被重塑，几乎所有的传统企业将被重建。同时，互联网时代将全面刷新营销理念、营销战略、营销策略、营销技术等。

　　在这样的新经济背景下，企业需要将传统的营销思路转换成基于新经济背景下的市场营销战略的新思路，同时要更新营销理念，更新营销手段。

　　本书共有六章内容。第一章对市场营销的核心概念和观念演变进行了探究；第二章对新经济背景下的市场特征进行了阐释，并对营销创新及营销发展的新态势进行了研究；第三章对新经济背景下的市场和消费者进行了全方位的解读；第四章诠释了新经济背景下企业营销策略的选择与创新；第五章研究了新经济背景下的市场营销保障体系；第六章探析了新经济背景下的市场营销创新发展。

　　本书充分吸收了国内外营销理论的最新成果，对市场营销的观念演变、战略制定、策略实施等基本理论、基本知识和基本方法进行了细致的研究，同时系统阐述了市场营销领域的新概念、新原理和新方法，如网络营销、微信营销、体验营销等，并将市场营销发展的前沿理论和传统理论有机结合起来，既保持了理论的系统性，又兼顾了新营销的发展，突出前沿性。全书知识线条清晰、体系完整、紧贴研究前沿、条理性与实用性强，适合市场营销的实践者与研究者在研究中阅读与参考。

本书在写作过程中，参阅了许多国内外学者的最新研究成果，在此，向这些学者与同仁致以崇高的敬意和谢忱。但由于本人知识水平的不足，以及文字表达能力的限制，在书中难免会有疏漏及不足之处。对此，希望各位专家学者和广大读者能够予以谅解，并提出宝贵意见，作者当尽力完善。

作　者

2018 年 4 月

目 录

第一章　市场营销的核心概念及其观念演变

由于企业所面临的挑战越来越大，市场营销及其观念的转变就成为企业能否在激烈的市场竞争中取得优势的关键因素。本章就市场营销的核心概念及观念演变进行了探究。

第一节　市场营销的核心概念

市场营销是一门随着现代市场经济和商业实践发展而逐步完善的学科，随着时代的发展，市场营销的定义也有所差别。

一、市场营销的经典定义

市场营销学是一门不断发展的新兴学科。在学科发展的不同阶段，营销学家从不同角度对市场营销进行了界定。而最具有代表性、最能说明学科发展阶段性的是美国市场营销学会（American Marketing Association，AMA）分别于 1960 年、1985 年和 2004 年所下的三个经典定义。

定义 1（AMA，1960）："市场营销是将货物和劳务从生产者流转到消费者过程中的一切企业活动。"这一定义将市场营销界定为商品流通过程中的企业活动。在此定义下，"营销"等同于"销售"，它只是企业在产品生产出来以后，为产品的销售而做出的种种努力。

定义 2（AMA，1985）："市场营销是指通过对货物、劳务和计谋的构想、定价、分销、促销等方面的计划和实施，以实现个人和组织的预期目标的交换过程。"

根据这一定义，市场营销活动已超越了流通过程，是一个包含了分析、计划、执行和控制等活动的管理过程。

定义3（AMA，2004）："营销是一项有组织的活动，它包括创造'价值'，将'价值'沟通输送给顾客，以及维系管理公司与顾客间的关系，从而使得公司及其相关者受益的一系列过程。"

二、市场营销概念的演进

以上三个定义体现了市场营销概念的演进和营销内涵的扩展。

市场营销概念的演进有：①营销主体的变化；②营销客体的变化；③营销对象的变化；④营销内容的扩展；⑤营销目标的变化；⑥营销工具的变化；⑦强调了营销的核心概念——交换/关系和价值。

除了以上定义外，我们还可以从以下几个方面来加深对市场营销含义的理解。

首先，营销以顾客为中心。营销活动注重顾客的需求，顾客是所有战略营销活动的中心。

企业在定义产品的时候，必须立足于其产品能如何满足顾客的需求，而不仅仅是企业实际生产产品本身。因此，星巴克的产品并不只是咖啡，更是一个给人们带来欢乐的环境。在星巴克中，顾客的满足和享受能从他们购买和使用的任何一种产品中得到。

营销的目的是为消费者和产品服务之间搭建对等的桥梁，并且通过价值交换来实现交易和共赢。在营销行为中，消费者通过交易来获得等价交换的产品和服务，而产品和服务的提供者也通过交易来使自己获得价值和利润。企业作为提供产品和服务的主体，他们承载着消费者的信赖与期许，同时，为了能够达到长期合作的目的，企业需要利用营销行为来履行自己的职责和义务。这种营销行为的不断进行，就形成了双方之间的相互信赖的关系。

其次，营销组合包括产品、价格、渠道和促销等要素。

人们普遍认为营销行为就是为一个产品或者服务进行推销，这种观点是片面的，营销行为贯穿于开发和管理一个产品以满足顾客需求的全过程。营销的关键在于使产品以一个可以被顾客接受的价格出现在一个合适的地方来传播它的价值，只有这样才能在产品和消费者之间搭建完整的桥梁。同时，营销活动的方式、时间、计划等要根据市场变化以及供需关系来进行策划和执行。市场营销学家把这些要素（产品、价格、分销和促销）称为营销组合（Marketing Mix）。营销组合决定了企业在营销中使用何种类型的要素以及使用比例。营销组合是围绕顾客建立的。

营销要素常被视为可控制的，因为它们可以被修改。然而营销者改变这些要素也是有限度的。政治法律环境、经济条件、竞争机制都可能阻止企业经常或显著地改变这些营销要素。

再次，营销要建立令人满意的交易关系。

营销最终要实现产品、服务或创意的交换或转移，即实现交易行为。任何产品都能被包括在一个营销交易中。

营销活动应该努力创造和维持满意的交易关系。为了保持交易关系，买方必须对获得的产品、服务或创意满意，卖方也必须对所取得的经济或其他回报感到满意。如果顾客对交易关系不满意，则他们通常会转投向其他可以替代的组织或产品。

客户关系对于营销行为的开展起着至关重要的作用，保持与客户的积极关系是企业首要考虑的问题。关系营销理论认为，营销者应当追求相互共赢的关系，将提升交易中的价值作为企业发展的目标。通过关系营销，企业能够更加把握市场供需关系，同时，消费者会更加信赖企业所带来的价值。成功的营销者能对顾客的需求做出及时反应，并随着时间的推移，尽量增加顾客需求的价值。最终，这种相互关系会成为一种坚固的合作和相互依靠的关系。

最后，营销发生在一个动态的环境中。

营销环境包括宏观的政治、经济、法律法规、科学技术、社会文化和自然资源等，也包括微观的企业内部、供应商、竞争者、社会公众等。营销环境影响和制约着组织的营销活动。它们既可以制造营销威胁，也可以为新产品和接触新顾客创造机遇。

营销环境通过三种途径来影响市场营销活动：①它们通过顾客的生活方式、生活水平、对产品的偏好和需求来影响顾客，营销者试图以开发和调整营销组合来满足顾客，由于营销环境对顾客有显著的影响，因而对营销组合也有间接作用；②营销环境能帮助营销者决定是否或如何执行某种营销活动；③营销环境可以通过影响顾客对公司营销组合的反应，来影响营销者的决定和行动。营销环境可能发生快速且富有戏剧性的波动。此外，各种营销环境是相互联系的，一种环境的变化可能导致其他环境因素的改变。

营销环境的变化给营销活动带来了许多不确定的因素。这种不确定性既可以减弱或毁灭营销努力，也可以创造难得的市场营销机遇。时刻关注营销环境的变化，可以使营销者适应这些变化，并在这些变化中寻找到机遇。

第二节 市场营销观念的演进

市场营销观念的演进经历了由以产品生产或销售为中心的产品导向营销观（19 世纪 50 年代）向以满足市场需求为中心的顾客导向营销观（20 世纪 60 年代）的转变，最终又发展到以市场的众多利益攸关者为主导的市场导向价值观（20 世纪 70 年代）。

一、产品导向营销观

这是一种以产品的生产或销售为中心，"以产定销"，以产品为导向的营销观念。产品导向营销观主要包括生产观念（Production Concept）、产品观念（Product Concept）和推销观念（Selling Concept），见表 1 - 1。

表1-1　产品导向营销观

营销观	主要观点	营销重点	营销任务	运用条件
生产观念	消费者喜欢能买到的商品。企业能生产什么就销售什么	产品生产	提高效率，降低成本	产品供不应求
产品观念	消费者喜欢质量好、功能多的商品，企业必须致力于产品的改进和提高	产品生产和改进	提高质量，增加功能	产品供求平衡
推销观念	消费者具有惰性，没有外力的推动不会足量购买，企业必须同时注重生产和销售	产品生产和销售	重视生产，加强推销	产品供过于求

二、顾客导向营销观

近年来，顾客导向营销观越来越被重视，越来越多的企业将顾客需求导向作为企业价值创造的核心，同时反观市场经济的发展，我们发现顾客需求正在一点一点发生着改变，由最原始的满足硬性需求逐渐提升到关注价值的需求，通过市场经济的不断繁荣，现代企业已经开始将为顾客创造价值定为企业营销的重点。

（一）大市场营销观念

所谓大市场营销观念，是指企业为了成功进入特定市场，并在那里从事业务经营，在策略上协同地运用经济的、心理的、政治的和公关关系等手段，以博得各有关方面的支持与合作的活动过程。

（二）价值营销观念

2000年，英国著名营销学教授彼得·多伊尔（Peter Doyle）在其所著的《价值营销》（*Value-Based Marketing*）一书中提出并阐述了"基于价值的营销"的概念。多伊尔从股东价值最大化的视角，将营销定义为"通过开发与富有价值的客户之间的关系以及创造竞争优势来寻求股东回报最大化的管理过程"。由此可见，多伊尔的价值营销范式是以股东价值最大化为营销战略的目的和营销绩效的评价标准的。

2004 年，美国营销学会将营销定义为："营销是一项有组织的活动，它包括创造价值，将价值沟通输送给顾客，以及维系管理公司与顾客间的关系，从而使得公司及其相关者受益的一系列过程。"这一定义就充分体现了价值营销的理念，是对营销认识的又一次提升。

2006 年，菲利普·科特勒在其所著的《营销管理》（第 12 版）中也指出，无论是从管理的角度还是从社会的角度出发，营销都是一个通过交换来创造、传递和传播价值的过程。

2007 年，万后芬等在其所著的《市场营销教程》（第 2 版）中指出，价值营销观念实质上是将企业的营销过程看作价值的探索、创造和传递过程，并强调运用全面营销的思维方式，从顾客、企业和协作者三方面去考虑营销问题。

1. 价值探索过程

营销的起点是一个价值探索过程，在此过程中，通过对顾客的认知空间（顾客的现实和潜在需求的了解）、本企业的能力空间（企业的核心能力）和协作者资源空间的了解和把握，探索如何发现新的价值机会。

2. 价值创造过程

首先，通过了解顾客的所想、所需、所忧，从顾客的角度重新认识顾客利益，并考虑如何去满足新的顾客利益。其次，根据新的顾客价值需求和自身的核心能力进行业务重组，重新定义公司的业务领域、确定产品线、确定品牌定位，使核心能力得到最好的发挥。最后，选择新的价值创造过程中所需的业务伙伴，以整合利用协作网络中业务伙伴的资源，共同开发、创造新的价值。

3. 价值传递过程

通过对客户关系管理、企业内部资源的整合协调管理和协作网络中业务伙伴的关系管理，以更有效地传递价值。

对于价值营销的实施，伦敦商学院（London Business School）教授尼尔马利亚·库尔马（Nirmalya Kumar）提出了新的营销工具——

3V，即有价值的顾客（Valued Customer）、价值主张（Value Proposition）和价值网络（Value Network）的组合。有价值的顾客就是指企业的营销客体，即解决"服务谁"的问题。价值主张就是指企业提供的产品或服务的内容，回答"提供什么"的问题。价值网络则是指企业价值营销的路径和服务方式，即解决"如何传达"的问题。

三、市场导向营销观

以顾客为导向的营销观念以顾客为中心，以满足消费者需求、提高顾客价值作为企业营销工作的重点。与以产品为导向的营销观念相比，顾客导向的营销观是一个全新的观念，是营销观念上的一次飞跃。然而，随着经济的发展和市场竞争的日趋激烈，企业在营销活动中仅考虑顾客是不够的，还必须从市场的角度考虑，树立市场导向的营销观。

在市场导向营销观的演变过程中，社会营销观、绿色营销观和关系导向的营销观最具代表性。

（一）社会营销观

从 20 世纪 70 年代开始，人们才慢慢接受了社会营销观念。在早些时候，西方一些国家的企业利欲熏心，为了一己私利，将一些假冒伪劣甚至危害人类身体健康的产品投入市场中。同时为了能够掩盖自己的恶劣行径，一些企业通常举行一些充斥着虚假信息以及广告的营销活动来牟取暴利，这些行为不仅严重侵害了消费者的正当利益，而且还损害了社会利益。

在这种背景下，以美国为代表的各西方国家消费者利益运动高涨。为了保护自身的利益，消费者纷纷成立"消费者协会"等组织，以游行请愿等方式抗议黑心企业对消费者利益的侵害，呼吁政府出面干预企业的不正当行为。1962 年，美国总统肯尼迪发布了《消费者权利法案》（*The Consumer Bill of Rights*），宣称消费者有以下权利：获得安全的产品；可以自由选择产品或服务；当正当权益受到侵害时，能以某种方式向政府申诉，并得到赔偿；获得有关产品的可靠信息；获得有助于消费者做更好决策的信息；接受或拒绝来自企业的礼貌服务。与此同时，营销专家也根据市场经济中的一些营销痛点创新出了新的营销观念。

社会营销学概念的产生使得人们第一次认识到环境保护、社会安全以及安全措施的重要性，同时，社会营销学概念在一定程度上为人们解读了如何正确认知社会中的各种公共关系。

此后，社会营销观念在社会各界得到了广泛推广和应用。开展社会营销活动的主体也较为复杂。社会营销的主体参与者通常都是一些非营利性质的公共团体或组织，但是随着社会营销的不断发展，一些营利性的企业也积极参与到了其中，扩大了社会营销的组织结构。企业的参与在一定程度上说明了现代企业已经越来越重视社会营销观念，并且，随着社会营销观念的发展和普及，企业更加乐于用社会营销行为来增加企业与消费者之间的黏性关系，从而为企业带来信誉以及提高企业品牌影响力。

在社会营销观念中，要求企业在进行营销活动时要以满足社会利益为中心和出发点，在产品和服务的选择上既要满足大众需求，又要做到不损害社会利益。这就要求企业在自身发展中要紧随市场变化，通过市场中社会需求的变化以及企业自身特点来有效提升企业服务和产品价值。企业在可持续发展过程中要统筹协调好产品服务与市场需求和社会利益之间的关系，在合理的范围内发挥出企业最大的能动性，如图1－1所示。

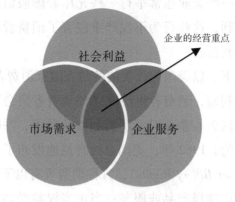

图1－1　社会营销观念示意图

在社会营销观念指导下，企业要将经营重点确定为市场供需关系如何同企业产品和服务以及社会利益之间进行合理安排。首先，企业在进行产品开发以及服务推广的首要前提是对市场供需关系进行系统分析，找到市场需求点，并且按照市场供需关系来对产品和服务进行合理开发和推广，这样不仅能够增加产品和服务的市场竞争力，而且还能够有效节约企业生产成本；其次，企业在进行市场营销的时候要综合考察市场上竞争对手的产品以及服务优势，并且根据市场所反馈的信息来调整自身的营销活动；最后，企业在发展过程中要切实保护社会利益不受损失，只有以社会利益为企业发展重心，做到社会资源的不损害、不浪费，才能使企业处于可持续发展中。

传统营销观念在发展过程中经过市场竞争的不断完善补充，其在社会利益中逐渐体现为以社会资源和社会利益为中心的社会营销观念，社会营销观念的产生对企业发展起着至关重要的作用，它要求企业在发展中既要满足自身发展需要，又要满足社会利益的发展需要。社会营销观念的提出，是企业营销观念的又一大进步。首先，作为企业主体而言，坚持社会营销观念有助于企业能够更加了解市场动向及市场需求变化，并且在变化中不断进行调整和升级，这样不仅提高了公司效益，而且保证了社会利益的绿色发展。

（二）绿色营销观

20世纪90年代以后，生态环境的不断恶化和自然资源的日益短缺已经严重影响了人类的生存和发展。鉴于此，世界各国纷纷开始重视生态环境的保护，企业界也以保护地球生态环境、维护人类社会的可持续发展为宗旨提出了"绿色营销"（Green Marketing）。

目前，人们对能源的无节制利用已经造成了世界范围内的能源严重短缺。此外，全球能源消费也极不均衡。发达国家只占世界人口的15%～18%，却消耗着全球已开采能源的三分之一，且有效使用率也仅占50%左右。随着世界经济的发展和人口的持续增长，能源紧张状况将愈加严重。全球范围内的环境污染也越来越严重，如水资源的破坏和污染、大气中有毒物质的增加、工业和生活垃圾污染等。环境污染已对人类的生存和发展造成了严重威胁，成为当今人类社会面临的三大主要问题之一。作为对地球生态环境直接带来污染的企业，必须从可持续发展的高度实施"绿色营销"。

具体来说，以绿色营销为指导的企业在实际的营销中要着重注意以下几点。

1. 设计绿色产品

（1）产品功能在满足人们需要的同时，首先要以人类健康为首要出发点，设计符合安全卫生标准的绿色产品是每一个企业的责任。

（2）产品在生产过程中必然会对资源产生消耗，那么如何做到资源的合理利用，避免资源的浪费，在保护环境的基础上创造绿色产品是每一个企业需要思考的课题。

（3）产品包装在生产中应当做出升级，在生产技术上确保产品包装正常使用的前提下尽可能地使用二次资源，这样不仅能够保护资源，而且能够节约企业生产成本。

（4）建立正确的消费观念是避免浪费的重要手段，同时也是企业要思考的问题。

2. 做好绿色营销的促销活动

绿色促销在近些年逐渐兴起，其主要是指绿色产品通过一些绿色平台来引导消费者进行绿色消费的一种模式。其中绿色促销中含有绿色广告、绿色推广和绿色公关三种手段。

（三）关系导向的营销观

20世纪80年代以后，以欧洲为代表的"关系营销学派"开始兴起，并催生了以关系为导向的新营销观念。"关系营销"（Relationship Marketing）旨在建立、巩固和发展与企业利益相关人的各种关系，被称为20世纪末及21世纪的营销观念。

1. 关系导向营销观的演进

20世纪80年代随着关系营销的提出，开始萌发以关系为导向的营销哲学。从"关系对象"以及关系营销与营销管理的关系出发，关系导向营销观的演进可归纳为以下三个阶段。

　　首先是单一客户关系论。自 20 世纪 80 年代提出关系营销以后，一般学者都将关系营销界定为买卖之间的依赖关系的营销。将关系营销的研究局限于关注和处理买方与卖方之间的相互关系，即在传统的顾客导向营销观的基础上，重点探讨客户关系管理等问题。

　　其次是单纯多元关系论。该理论仅仅从关系出发将关系营销视为社会环境中建立在人际关系这块基石上的相互作用的过程。主要有以下三种观点。

　　第一，三元关系论。认为企业营销中要致力于处理顾客、供应商、分销商这三个关键成员的关系。如最早提出关系营销的北美学者巴巴拉·本德·杰克逊（Barbara B. Jackson）（1985）指出：关系营销是与关键成员（顾客、供应商、分销商）建立长期满意的关系，以保持长期的业务和绩效的活动过程。有的学者在此基础上提出了"关系金三角"。

　　第二，六市场论。在三元关系论基础上对"关系对象"的范围进行扩张，提出了关系营销的六市场论。该理论认为，在"关系营销"概念里，一个企业必须处理好与下面六个子市场的关系：顾客市场、供应商市场、内部市场、竞争者市场、分销商市场、相关利益者市场。正确处理企业与这些组织及个人的关系是企业营销的核心，是企业经营成败的关键。

　　第三，多元关系论。随着关系营销研究的进一步深化，学者们从不同的角度对"关系对象"进行了补充与归纳，提出了多种模式。如阿克尔森和伊斯顿、哈坎逊和斯奈荷塔等（1995）认为与企业利益攸关者包括顾客、员工、供应商、分销商、零售商、广告代理人、大科学家等，企业在营销中必须研究与这些利益攸关者之间的直接或间接的连接关系，建立起"营销网络"。有的学者提出关系营销主要包括以下各关系：①企业与资源供应商之间的关系；②企业与销售平台以及营销机构之间的关系；③企业与消费者之间的关系；④企业与竞争对手之间的关系；⑤企业与内部生产经营机构的关系；⑥企业与企业职员之间的关系；⑦企业与投资者之间的关系。这些关系构成了一个整体关系营销网络，只有合理统筹好这些关系之间的利益才能真正做到关系营销。

最后是交易与关系结合论。该理论认为营销应是从交易到关系的一个连续、系统的过程。如芬兰学者格隆罗斯（1990）综合营销的交易特征和关系特征后指出：营销是为了实现利润目标，通过相互交换和履行承诺，识别、建立、维持、巩固与消费者及其他参与者的关系，以实现各方目的的过程。菲利普·科特勒（1992）则在此基础上提出了整合营销观念，认为：企业在营销活动中应将最终顾客、供应商、分销商、内部员工、金融机构、政府部门、同盟者、竞争者、新闻单位及其他社会公众均作为自己的营销对象，全方位开展营销活动。整体营销观念认为，作为企业微观营销环境的各个方面，对企业营销活动有着直接的影响，企业不应被动地适应它，而应通过调查了解其需求和利益所在，并制定相应的策略，以达到互利互惠，从而建立稳定、良好的关系，来取得营销的成功。因此，针对企业微观环境因素中的各个方面，通过实施整体营销和坚持"多赢"原则，来实现相互的支持和合作，是现代企业营销的新思路，也创造出了一些新的方法，如通过资产重组，建立综合商社，实施代理制，以及通过对内对外的公共关系活动来建立、改善企业与各方面的关系。有的人认为关系营销产生的基础是产品和价值的交换，并且在对等交换的过程中，各个环节之间产生亲密的联系，这个产生联系的过程就是关系营销。

随着关系营销观的广泛传播，有学者提出应以关系营销的4C取代营销管理的4P。然而，"营销管理"是不可能被"单纯营销关系"取代的。4C也不可能取代4P，因为它们是买方和卖方两个不同主体的行为，4C和4P在某些情况下反映了买方和卖方的两种不同心理状态。同时，企业利用营销活动来尽可能地将二者距离拉近，从而产生消费行为。因此，以交易为核心的"营销管理"与以关系为核心的"单纯的关系营销"的结合，在相互交换和履行承诺的过程中，识别、建立、维持、巩固与消费者及其他参与者的关系以实现各方目的，才是以关系为导向的营销观的本质特征。

2. 关系导向营销观与传统营销观念的差异

关系导向营销观是现代营销观念发展的一次历史性突破。它与传统营销观念相比，无论是范围、目的、重点还是营销主体等方面都存在很大的差异。

首先是营销范围的扩大。传统营销仅仅从交易的角度，把营销的视野局限在由现实或潜在购买者组成的目标市场（企业准备为其服务的顾客群）上，主要研究购买者市场（消费者市场、生产者市场、中间商市场、政府市场）的特征、行为及其营销对策。而以关系为导向的营销不仅要从交易的角度研究购买者市场，而且要从关系的角度研究与企业营销密切相关的各类利益攸关者，将他们作为企业的营销对象。

其次是营销的利益导向的差异。传统营销以企业利润最大化作为企业营销的目标。虽然也强调与顾客利益的统一，强调通过满足顾客需求、实现顾客满意来获得企业的最大利润，然而，在实际操作中所考虑的却往往是企业的利益。而以关系为导向的营销，以"多赢"为宗旨，注重满足各方的利益，为了实现长期稳定合作做出努力。所以这就要求营销活动中必须研究各方的利益和目的，作为制定营销战略与策略的依据。

再次是营销核心内容的差异。传统营销以"交换"为核心内容，围绕着"交换"的实现（即达成交易）来开展营销活动，无论是目标市场的选择和研究，还是营销组合（4P）的实施，都是为了促进达成最终交易。而以关系为导向的营销，以"交换/关系"作为核心内容，用价值的对等交换来维系双方的合作关系。交换活动与关系的建立是一个连续的、系统的、相互融合的过程。

最后是营销主体的差异。传统营销将营销看作营销部门的职能，营销活动中以销售部门为决策点，其他部门的工作就是围绕如何做好营销工作而展开。但是以关系为导向的营销活动认为营销既是一种经营职能，又是一种经营哲学。从经营职能的角度，要研究营销者从事营销管理的全过程（包括通过交换达成交易的过程和建立、巩固关系的过程）；从经营哲学的角度，要使以关系为导向的营销观念作为企业营销活动发展的重点。

第三节 现代营销的核心——顾客满意和顾客忠诚

随着市场经济的蓬勃发展，市场竞争也日趋激烈，多元化的市场活动为企业带来发展机遇的同时也带来了竞争的加剧。那么企业如何在激烈的市场竞争中脱颖而出呢？下面从顾客消费心理的角度来做下解析。

一、顾客满意

（一）外部顾客满意

我们通常说顾客满意，其实就是狭义上的外部顾客满意。顾客满意对企业至关重要，是企业效益的源泉。

（1）开发 1 个新顾客的成本是留住老顾客的 5 倍。

（2）100－1＝0 效应。在营销界还有一个著名的等式：100－1＝0，意思是，即使有 100 个顾客对企业满意，但只要有 1 个顾客对其持否定态度，企业的美誉度就会立即归零。这正是所谓的好事不出名，坏事传千里。

（3）企业只要将顾客保留率提升 5％，就可以将其利润提高 85％。

（4）将产品或服务推销给 1 位新顾客和 1 位老主顾的成交机会分别为 15％ 和 50％。

（5）如果事后补救得当，70％ 的不满意顾客将继续购买企业的产品或服务。

（6）1 个满意的顾客会引发 8 笔生意，其中至少有 1 笔成交；1 个不满意的顾客会影响 25 个人的购买意愿。

数据显示顾客满意问题将直接影响现代企业的利润获得能力，只有顾客满意，才能形成顾客忠诚，而顾客忠诚就集中表现为顾客重复购买的程度。顾客忠诚不仅稳定住企业现有的顾客，更为企业吸引来潜在顾客。例如，在苹果公司生产出 2 型机 5 年之后，IBM 才生产出第一台 PC 机，然而 IBM 的顾客——大型的团体购买者耐心地等待着，并没有趁机投向苹果公司的产品。所以现代企业应该注重以提升满意度为核心，展开其整个经营管理工作。

（二）内部顾客满意

使内部顾客满意，可以增强企业竞争力：外部顾客是在消费中感觉到自身的价值体现，但是内部顾客决定了顾客满意度的好坏，内部顾客主要体现在员工在企业中的价值和地位。众多研究数据表明，企业发展与员工满意度有着重要的联系，产品或者服务的价值决定了顾客是否对其满意，但是产品的价值需要由具有忠诚度的企业员工来进行创造。联邦快递研究发现，外部顾客与内部顾客的满意度有一个临界点，也就是当内部顾客满意度达到 85% 的时候，外部顾客满意度将达到 95%。

二、顾客让渡价值

著名营销专家菲利普·科特勒以"顾客让渡价值"（Customer Delivered Value）概念，把顾客购买过程高度程式化，并使之成为营销学的基础理论。他指出，顾客让渡价值是顾客获得的总价值与顾客获得这些总价值支付的总成本差额。简言之，顾客让渡价值是指顾客总价值与顾客总成本的差额，即顾客让渡价值 = 顾客总价值 − 顾客总成本。其构成如图 1-2 所示。

图 1-2　顾客让渡价值

（一）顾客总价值

顾客总价值（Total Customer Value）是指顾客从购买的特定产品和服务中所期望得到的所有利益。顾客总价值包括产品价值、服务价值、人员价值、形象价值，通俗地理解就是顾客获得的心理利益、功能利益、情感利益等内容。

（1）产品价值（Product Value）即顾客购买产品或服务时，可得到的产品所具有的功能、可靠性、耐用性等。

（2）服务价值（Service Value）即顾客可能得到的使用产品的培训、安装、维修等。

（3）人员价值（Personal Value）即顾客通过与企业中的训练有素的营销人员建立相互帮助的伙伴关系，或者能及时得到企业营销人员的帮助。

（4）形象价值（Image Value）即顾客通过购买产品与服务，使自己成为一个特定企业的顾客。如果企业具有良好的形象与声誉的话，顾客可能受到他人赞誉，或者因与这样的企业发生联系而体现出一定的社会地位。

（二）顾客总成本

顾客获得上述这一系列价值，都不会是无偿的。顾客总成本（Total Customer Cost）是指顾客为购买某一产品所耗费的时间、精力、体力以及所支付的货币资金。

顾客总成本一般包括四种成本：货币成本、时间成本、精神成本、体力成本。

（1）货币成本（Monetary Cost）。顾客购买一个产品或服务，首先就要支付货币；或者在购买产品后，因不能得到免费维修调试等支出的服务价格。

（2）时间成本（Time Cost）。顾客在选择产品的时候，学习使用、等待需要的服务等所需付出的成本或损失。

（3）精神成本（Mental Cost）。顾客为了学会使用和保养产品，为了联络营销企业的人员，或者为安全使用产品所付出的担心等。

（4）体力成本（Physical Cost）。顾客为了使用产品、保养维修产品等方面付出的体力。上述公式表明，顾客总价值越大，顾客总成本越低，顾客让渡价值越大。

（三）顾客让渡价值提高

提高顾客让渡价值有三种方法：尽力提高顾客价值；尽力减少顾客成本；在提高顾客价值和减少顾客成本两个方向上都作出营销努力。

具体而言，提高顾客让渡价值的途径有：

（1）增加所得利益。带给顾客的价值一般是物有所值甚至物超所值，如买一赠一、牙膏加防蛀牙配方、以旧换新、网上开店降低时间成本等。现在各商家实行的内部员工福利会，如沃尔玛、家乐福、海尔、康佳等，通过满足消费者的人员价值来提高其总价值。

（2）降低消费成本。如买大包装产品，节约包装费用。

（3）增加所得利益的同时降低成本。如洗洁精多加 20% 容量，加量不加价。

（4）利益增加幅度比成本增加幅度大。如联邦快递、麦当劳、格力空调，同样的服务或产品，价格稍微贵些，但消费者获得的利益增加幅度更大，如售后服务免费等。

（5）成本降低幅度比利益降低幅度大。

顾客让渡价值的大小取决于顾客总价值和顾客总成本，而这两类因素又由若干个具体因素构成。顾客总价值由服务价值、人员价值、形象价值以及产品价值构成。其中任何一项价值因素的变化都会引起顾客总价值的变化。顾客总成本的构成因素有货币成本、时间成本、精神成本和体力成本，其中任何一项成本因素的变化都会引起顾客总成本的变化。任何一项价值因素或成本因素的变化都不是孤立的，而是相互联系、相互作用的，会直接或间接引起其他价值因素或成本因素的增减变化，进而引起顾客让渡价值的增减变化。

三、顾客忠诚

（一）顾客忠诚

顾客忠诚是指顾客对企业的产品或服务的依恋或爱慕的感情，是一种心理变化，主要通过顾客的情感进行表达。忠诚不仅体现在对于产品和服务的认同和喜爱，而且还证明顾客对于企业的价值观以及文化呈现信赖感。对于企业所提供的产品和服务有忠诚度代表着顾客会对该产品和服务进行多次消费，同时企业也可以根据顾客所表现出的忠诚度进行产品和服务的调整。在营销实践中，顾客忠诚被定义为顾客购买行为的延续性。

（二）对顾客忠诚的正确认识

许多人对于顾客忠诚度的看法不一致，有些人只是片面地认为顾客忠诚度的建立取决于顾客的满意程度，其实这是不完全对的。忠诚度在顾客角度而言可以称为一种消费心态，或者是心理变化，顾客对于某种产品的预期以及产品实际带来的价值使得其具有对该产品的信任感，这种信任感是不会被轻易取代的，但是只对某种产品或者服务满意不一定都能产生这种信任感。

美国学者琼斯和赛斯的研究结果表明，顾客忠诚度和顾客满意度的关系受行业竞争状况的影响，二者之间的关系如图 1-3 所示。影响竞争状况的因素主要包括以下四类：限制竞争的法律；高昂的改购代价；专有技术；有效的常客奖励计划。

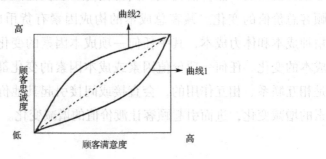

图 1-3　顾客满意度与顾客忠诚度的关系

　　在图 1−3 中，虚线左上方表示低度竞争区，虚线右下方表示高度竞争区，曲线 1 和曲线 2 分别表示高度竞争的行业和低度竞争的行业中顾客满意程度与顾客忠诚可能性的关系。如曲线 1 所示，在高度竞争的行业中，完全满意的顾客远比满意的顾客忠诚。在曲线右端，只要顾客满意程度稍稍下降一点，顾客忠诚的可能性就会急剧下降。这表明，要培育顾客忠诚，企业必须尽力使顾客完全满意。在低度竞争的行业中，曲线 2 描述的情况似乎表明顾客满意程度对顾客忠诚度的影响较小。但这是一种假象，限制竞争的障碍消除之后，曲线 2 很快就会变得和曲线 1 一样。因为在低度竞争情况下，顾客的选择空间有限，即使不满意，他们往往也会出于无奈继续使用本企业的产品和服务，表现为一种虚假忠诚。随着专有知识的扩散、规模效应的缩小、分销渠道的分享、常客奖励的普及等，顾客的不忠诚就会通过顾客大量流失表现出来。因此，处于低度竞争情况下的企业应居安思危，努力提高顾客满意程度，否则一旦竞争加剧，顾客大量流失，企业就会陷入困境。

　　上面的分析表明，顾客满意和顾客的行为忠诚之间并不总是强正相关关系。《哈佛商业评论》的报告显示，在对现有商品满意的顾客中，仍有 65% ~ 85% 的顾客会选择新的替代品。但有一点毋庸置疑，那就是无论在高度竞争的行业还是在低度竞争的行业中，顾客的高度满意都是形成顾客忠诚度的必要条件，而顾客忠诚在顾客的行为中无疑会起到巨大的影响作用。

第四节　市场营销的创新概念

　　市场营销是现代经济生活中的一项重要活动，是社会经济发展的产物，对于我国企业的生存与发展有着举足轻重的作用。进入 21 世纪的中国，市场日趋成熟，竞争日益激烈，传统营销理念向现代营销理念的跨越已成为我国企业拓展业务、改善经营、提高效益的途径。企业必须直面市场变化，不断调整经营策略，实现营销理念创新。

一、市场发展呼唤营销理念创新

以市场营销为导向的传统营销理念形成于 20 世纪 50 年代。这一营销理念认为，受营销资源、经营能力以及市场环境所限，企业必须集中力量专注于某一个或若干个特定的目标市场，即实现企业经营目标的关键在于比竞争对手更有效、更准确地把握和满足目标市场的客户需求，这样才能确保企业的生存和发展，并不断地提高自身的竞争能力。由于传统营销理念强调了企业应当明确自身的目标市场，及时发现目标市场中的客户需求，并能有效运用整合营销手段，在充分满足客户需求的同时使企业盈利，因而目标市场、客户需求、整合营销以及企业盈利是构成传统营销理念的四大要素。可见，传统营销理念是从目标市场出发，以满足客户需求为中心，以整合营销为手段来获得客户对其产品与服务的认同和接纳，最终赢得客户的满意消费，实现企业盈利，即传统营销理念的终极目标是发现并满足客户的现实需求。

然而进入 21 世纪后，首先，随着产品与服务的日趋丰富、市场竞争的日益激烈，企业仅仅依靠有限的目标市场细分，已不能保证其产品与服务的独特性，无法避免产品与服务的雷同以及低水平的重复竞争，这也就是恶性价格战无休无止、此起彼伏的根源所在。其次，随着消费者个性需求的日益提高，又使得其对于产品与服务的创新性要求也不断上升，企业仅仅从发现并满足客户的现实需求着手，已无法适应消费市场呼唤产品创新的新趋势。最后，随着现代信息技术的不断发展，各种各样成千上万的广告信息充斥着人们的生活，大大降低了广告信息的有效传播性，这使得广大企业仅仅依靠典型的营销手段，已不足以真正建立起牢固的客户关系，为企业发展奠定长久坚实的盈利基础。因此，伴随着市场的发展与成熟，一个呼唤营销理念创新的全新时代已然到来。

二、新营销的概念

（一）网络营销

网络营销建立的基础是健全的信息网络，在信息网络的支持下通过新技术进行营销推广活动。

（二）文化营销

文化营销强调企业的理念、宗旨、目标、价值观、职员行为规范、经营管理制度、企业环境、组织力量、品牌个性等文化元素，其核心是理解人、尊重人、以人为本，调动人的积极性与创造性，关注人的社会性。文化营销给企业带来的新课题是如何将企业文化以及品牌价值体现在产品和提供的服务上。

（三）整合营销

在20世纪90年代的欧美一些国家兴起了一种新的营销观念——整合营销，整合营销观念将消费者导向发挥到了极致，在企业营销活动中通过不同生产机构之间进行资源整合，同时发挥出各自的优势，对营销活动进行提升和补充，从而引导消费者进行消费。

（四）精准营销

随着网络技术的发展，人们的生活逐渐全面向因特网和移动因特网转移。然而我们在享受网络带来便利的同时，极速发展的因特网也给我们带来了信息爆炸的问题。在因特网里，我们面对的、可获取的信息（如商品、资讯等）呈指数式增长，如何在这些巨大的信息数据中快速挖掘出对我们有用的信息已成为当前急需解决的问题。网络精准营销的概念正因此应运而生。精准营销需要建立在健全的信息网络基础上，通过大数据来分析顾客的消费习惯，在产品生产以及服务推广上对受众顾客进行点对点的跟踪，这样能够在营销活动中获得最大化的利益，同时降低企业的推广营销成本。

第二章　新经济背景下的市场营销创新

在新的经济背景下，信息技术的变革带来了营销环境的变化，要求营销理念和营销方式也要随之变化，市场营销也必须转向更高的层次实施营销再造，有针对性地创新营销方式。

第一节　新经济背景下的市场特征分析

当今世界正处于一个快速而深刻的变革时期。继农业化时代的第一次经济浪潮、工业化时代的第二次经济浪潮后，如今，世界正在步入第三次经济浪潮。这一经济浪潮的显著特征是文化、创造力、环境以及传统的传承成为世界的主题。全球科技已经从机械化时代进入数字化时代。大数据、移动化、社会化媒体成为新的时代背景，影响着消费者的心理和行为，营销活动随之进入了一个全新的时代。

一、大数据

2011 年，麦肯锡公司发布了《大数据：创新、竞争和提高生产率的下一个新领域》的文章，该文章对大数据十分重视，并认为数据在当今的每一项业务以及行业范围内都存在且发挥着巨大的作用，数据已经慢慢地变成了举足轻重的生产因素。当今社会的人们通过运用大数据来不断提升生产率和消费者的盈余。

对于"大数据"（big data），研究机构 Gartner 给出了这样的定义："大数据是具有更强的决策力、洞察发现力和流程优化能力的海量、高增长率和多样化的信息资产。"业界将大数据归纳为四个特点：第一，数据量大（volume）。目前，全球数字信息总量已达 ZB 级别，预计到 2020 年，全球数字信息总量将超过 40ZB。第二，类型繁多（variety）。包括网络日志、音频、视频、图片、地理位置信息等，多类型的数据对数据处理能力提出了更高的要求。第三，价值密度低（value）。数据总量大，但真正的核心数据、有价值的数据少，致使数据的价值密度低。第四，速度快、时效高（velocity）。大数据时代和传统数据时代最明显的区别就是大数据时代的数据能够以更快的速度被处理。

大数据时代的到来对营销模式产生了极为深刻的影响。正如前文所述，我们正在经历营销 3.0，这是价值驱动的营销时代。传统的营销方式已经难以满足当下的市场需求，大数据时代的到来为精准营销创造了条件，商家可以利用消费者的活动数据，进行相应的整理和分析，从中得到营销活动所需要的信息，并针对目标客户制订相应的营销方案，以此获得最大的营销效果。大数据蕴含着巨大的营销价值，为营销活动的开展提供了无限的可能，但是营销者仍然需要保持足够的清醒，全面认识大数据时代营销过程中可能出现的不利因素。随着大数据时代信息量的激增，新的变量也会随之出现，社会中将充斥着失控以及混乱等，原先营销的方法等都变得不一定有效了。因此我们在大数据背景下开展营销活动时必须时刻注意对整体的掌控度。

二、社会化媒体

近年来我国互联网发展迅速。据中国互联网络信息中心（CNNIC）中心的数据，截至 2017 年 6 月，中国网民规模达 7.51 亿，互联网普及率达 54.3%。网络的普及与技术的发展，不仅改变了人们的生活方式，也催生了社会化媒体的诞生。《什么是社会化媒体》的作者安东尼·梅菲尔德（Antony Mayfield）认为，社会化媒体的本质是在线型的媒体，它的作用是给使用者提供能够自身体验的空间。该类媒体具有公开性、参与性、对话性、交流性、社区性、联通性等特点。美国公关协会（Public Relations Society of America，PRSA）对于社会化媒体的定义是：从趋势来看，社会化媒体是人们通过使用中心化的、以人为基础的网络来获取他们所需要的东西，而非传统的商业或者媒体。社会化媒体包括社交网站（如人人网、领英）、微博（如新浪微博、腾讯微博）、视频分享（如优酷）、论坛（如天涯社区、百度贴吧）、即时通信（如 QQ、微信）、消费点评（如大众点评）等。社会化媒体的普及不仅给人们的生产生活带来极大便利，更是对企业营销及消费者行为的转变带来巨大影响。

社会化媒体营销就是利用社会化媒体的开放式平台，对社会大众进行的营销、销售、关系和服务的一种营销方式。社会化媒体改变了传统的营销模式，它集中于创造有吸引力的信息，并鼓励用户分享到他们的社交网络上。信息按照从用户到用户的传播方式，帮助企业建立网上信誉和品牌的信赖度。随着时间的推移，这可能带来更大的销售，因为人们倾向于购买他们（或者他们的朋友）信任的产品品牌。此外，社会化媒体已经成为一个平台，使得每个拥有网络连接的人可以方便地进入。它增加了企业与用户之间的交流，培养品牌意识，提高客户服务。因此，这种形式的营销是靠口碑来推动的，它导致了口碑媒体而不是付费媒体的产生。

社会化媒体因成本低、定位准确、传播速度快、影响大，已经被越来越多的企业关注与应用。例如，小米手机的推广完全集中在小米官网、小米论坛和微博平台上。公司仅靠这单一线上营销模式，便使小米手机成为智能手机行业中的后起之秀，并且获得了极好的口碑。这进一步体现了社会化媒体营销的优势——低成本、精准定位、传播快、影响广。

三、移动化

乔布斯（Steve Jobs）说：要有 iPhone，于是世界变了。确实，iPhone 引领着智能手机的变革和发展。移动互联网络的出现，打破了固定网络在时空上的限制，使人们可以随时随地接触并使用网络。移动互联网的发展十分迅猛，据 CNNIC 中心的数据，截至 2017 年 6 月，我国网民使用手机上网的比例为 96.3%，手机网民规模已达 7.24 亿。网民个人上网设备进一步向手机端集中，手机上网比例不断增长，台式电脑、笔记本电脑、平板电脑的上网比例则呈下降趋势。随着移动互联网和移动终端的飞速发展，移动化趋势已成为不可逆转的时代潮流。在移动化趋势下，消费者获取信息更加便捷，消费者的行为也受到一定的影响。在这种情况下，移动营销（mobile marketing）越来越受到重视。对此，移动营销协会（Mobile Marketing Associating，MMA）在2006年对移动营销给出如下定义："利用无线通信媒介作为传播内容进行沟通的主要渠道，所进行的跨媒介营销。"移动营销相较于传统营销方式，有如下特点。

（1）便携性。移动营销可以让消费者随时随地参与消费活动，通过手机或者各种智能化的移动设备完成品牌搜索、产品信息互动、相关价格比对等此前只能在计算机上完成的购买行为。

（2）庞大的顾客群。手机网民规模已达6.20亿，人们对于手机的依赖明显大于计算机。而且几乎所有的网络社区都已经实现移动平台化，这一措施会将更多的网络用户引入移动互联网中。

（3）低成本。基于移动互联网的营销手段，可以极大程度地降低营销成本。对于企业来说，减少广告宣传费用，只需开发一款APP（应用程序）或注册微信公众账号便可以实现针对目标客户群或者潜在客户群进行"一对一"的营销活动。

（4）定位精准。在当今快速反应的消费模式时代，企业对于消费群体迅速定位也至关重要。移动营销结合大数据，能够帮助企业对用户的使用相关数据进行统计分析，并利用这些信息来制订营销方案。实现定向产品信息投放，避免信息传播中的误投而造成品牌形象受损的局面。

第二节　基于知识管理的市场营销创新

一、知识管理及其对企业市场营销的影响

在知识经济时代下，企业的市场营销环境和消费者购买行为等都发生了深刻的变化，这些变化给当今的企业在诸多领域带来了挑战，

其中最突出的是市场营销方面，一个企业想在角逐中获得优势地位，在很大程度上取决于企业能否及时准确地捕获市场信息，能否运用知识管理最大限度地满足消费者的需求。在市场营销中建立知识管理机制，能够为消费者创造更多的价值，进而提高企业的市场营销绩效。

（一）知识管理及其特征

1. 知识

知识是一个内涵丰富、外延广泛的概念，不同学科、不同研究领域的学者给出了不同的解释。这里引用我国著名学者王众托教授给出的定义："知识是一种有组织的经验、价值观、相关信息及洞察力的动态组合，它所构成的框架可以不断地评价和吸收新的经验和信息。它起源于并且作用于有知识的人们的头脑。在组织机构中，它不但存在于文件或档案中，还存在于组织机构的程序、过程、实践与惯例之中。"知识按其性质可分为知道是什么的知识（关于事实方面的）、知道为什么的知识（事物的客观原理和规律性方面的，属于科学方面的）、知道怎样做的知识（技巧、技艺、能力方面的，属于技术方面的）和知道是谁的知识（特定的社会关系、社会分工和知道者的特长与水平，属于经验与判断方面的）四种类型。知识的属性表现为真理性、相对性、不完全性、模糊性和不精确性、可表示性、可存储性、可处理性、可相容性等。

2. 知识管理

到目前为止，对于知识管理的含义还没有统一的说法，不同的学者由于切入点不同而有不同的定义。

（1）美国生产力与质量研究中心（APQC）的定义是："知识管理是为了提高企业的竞争力而对知识的识别、获取和充分发挥其作用的过程。"

（2）全球认可的@ BRINT 知识库的创建人和知识总监 Yogesh Malbotra 博士认为："知识管理是当企业面对日益增长的非连续性的环境变化时，针对组织的适应性、组织的生存和竞争能力等重要方面的一种迎合性措施。本质上，它包含了组织的发展进程，并寻求将信息技术所提供的对资料和信息的处理能力以及人的发明创造能力这两方面进行有机的结合。"

（3）美国德尔福集团创始人、企业知识管理咨询专家卡尔·弗拉保罗认为："知识管理就是运用集体的智慧来提高整体的应变和创新能力，是为企业实现显性知识和隐性知识的共享而提供的新途径。"

（4）我国学者朱伟民博士认为："企业知识管理是通过知识资本的积累、运用，借助物质资本使企业价值增值的管理过程，主要是为企业获取新知识资本创造良好的环境，以知识资本的充分、有效的利用创造尽可能大的收益。第一，知识管理和企业知识中的技术以及经营知识密不可分；第二，知识管理还需要在经营与管理过程中运用所积累的知识不断提高企业的生产经营效率，使企业的总资产价值得到加速增长。"

以上的各项定义都从一定的方面上对知识管理表达了自身的看法，这十分有利于全面掌握与了解知识管理。对知识管理的认识应该是多角度的，知识管理不仅是对知识本身的管理，而更多体现的是一种管理理念，是贯穿于企业运营活动的一种管理机制。为此，可以对知识管理给出如下的定义：知识管理是在当前知识经济的大环境中，企业在生存与发展的压力下积极运用各种手段，比如文化、组织以及技术等通过构建有利于知识的积累、共享、转换以及创新的企业管理方法以及知识文化环境，并结合企业全体分子的巨大资源来使自身的应变、学习以及创新能力得到提升，同时最终创造大量价值的过程。

分析社会经济不断发展这一历史条件，管理的出现对世界改变之大是其他体制所无法比拟的。管理在改变社会与经济的同时，管理本身也发生了深刻的变化。按美国管理学专家 Debra M. Amidon Rogers 在其《第 5 代 R&D 的挑战：虚拟学习》一书中的描述，第二次世界大战后的企业管理模式的历史演变见表 2-1。

表 2-1　企业管理模式的历史演变

内容	第1代管理产品作为资产	第2代管理项目作为资产	第3代管理企业作为资产	第4代管理客户作为资产	第5代管理知识作为资产
核心战略	目标分散	业务联系	技术与企业集成	客户与R&D集成	合作创新系统
变化因素	不可预测的偶发因素	相互依赖	系统管理	加速并持续的全球变化	变化更为激烈
经营业绩	控制支出为目标	成本分摊	风险／收益平衡	生产力矛盾	知识能力
组织结构	等级型目标驱动	矩阵	分布式协调	多种类型	共生网络
员工	相互竞争	主动协作	结构式合作	注重价值观和能力	自我管理的知识工作者
过程	很少交流	以单个项目为基础	有目的的R&D活动	反馈回路和持续信息	跨越式学习和知识流
技术	初级	基于数据	基于信息	信息技术作为竞争手段	智慧知识处理

3. 知识管理的特征

从知识管理含义的理解中，可以进一步归纳知识管理的以下几方面特征。

（1）知识管理的终极目标是支持企业管理活动的创新和价值的创造。在知识经济时代，知识已成为企业管理活动创新的最基本的源泉，知识也是价值创造过程中最关键的核心要素，在企业价值创造中占主导地位，企业价值的创造越来越依靠有效的知识管理所带来的倍增效应。

（2）知识管理的基础是信息技术。从某种意义上说，知识经济即信息经济，信息技术支撑知识经济的运行，信息技术也是知识管理的基础。知识管理的最终目的是追求创新技术和信息处理能力两者之间的最佳结合，同时在知识的管理过程当中使知识被共享、被创新。信息技术的发展为知识的传播和共享提供了平台，具体体现在网络上的知识加工、知识整理、知识传输、数据库建立以及通过网络连接企业内部和企业之间的关系，这一切都使得知识传播得到了加速、知识传播的成本得到了降低。因此，信息技术是实现有效知识管理的基础。

4. 营销知识及营销知识管理

（1）营销知识。在营销组织内及营销过程中，知识无时无刻不在发挥作用。营销的一线人员就是利用自身掌握的知识来对顾客进行劝说、说服，最终使顾客购买相关商品；同样的管理人员也要使用政策、经济、市场等相关信息进行管理决策；顾客利用其获得的有关产品的知识进行购买决策。从知识管理的对象来看，营销知识是同组织的且和营销活动之间具有相关性，它是作用于营销活动的知识。

（2）市场营销知识管理。在如今，市场营销知识管理这一理念的具体含义并没有确鉴定。结合知识管理的内涵与市场营销的本质，我们可以从两个方面来理解市场营销知识管理的具体含义：①市场营销知识管理的基础是现代化的网络平台和信息技术，如客户信息资料库、数据挖掘技术等；②市场营销知识管理的实质是通过知识管理来提升组织的环境应变能力与营销创新能力，进而提高市场营销的绩效。

（二）知识管理对企业市场营销的影响

知识经济时代，知识成为企业发展的关键资源，市场竞争更加激烈，企业的市场环境及客户的需求处于多变的状态。企业要想立足于市场，必须提升自身的竞争力，而一个企业要想具备不间断的持久的竞争力必然少不了获取知识、创造知识以及运用知识。所以说，知识的管理对于企业营销来说意义深远重大。

1. 知识管理有利于企业及时准确地把握市场变幻和客户需求

知识经济时代，企业所面对的外部市场环境更加变化莫测，消费者的消费心理和购买行为更加纷繁复杂。企业要想在激烈的市场竞争中保持竞争优势，就必须及时准确地把握住市场环境和消费者需求的变化。知识管理是以网络平台和信息技术为基础的，企业想要迅速得到消费者的需求变化以及市场信息，少不了对现代化技术和现代化工具的有效利用。例如，网络调查技术的应用拓展了企业收集各种信息的空间及时间，降低了信息收集的成本，提高了工作效率。它的功能远不止这些，获取到的信息还可以借助这些技术进行相应的整理、过滤以及分析等，做好这些工作对于企业当中知识的传输、人人共享以及知识的创造意义重大，有利于企业做出科学合理的营销决策。

2. 知识管理有利于企业获得市场竞争地位和保持竞争优势

企业的管理者需要及时对自己企业内部以及竞争对手的运营状况有一个全面的了解。把握好知识管理能够使企业掌握一手的消费者、竞争对手以及合作企业等之间的资料，从而为企业制定发展策略提供决策依据，帮助企业获得市场竞争优势并保持竞争地位。

3. 知识管理有利于企业营销知识和客户知识的积累

知识管理能够将一个组织的内部隐藏知识给发掘出来，并且使之能够显性地被看见，发掘出之后，知识管理还能够将其保存在载体内。知识管理能够有效地在员工流失之后保留知识、能够在销售业务员流失之后保存客户的相关信息。

（三）市场营销知识管理的策略选择

1. 加强市场营销知识管理的外部环境建设

企业的外部环境是指与企业利益相关的各方构成的，对企业营销活动有直接影响的要素，主要包括顾客、供应商、合作伙伴、竞争对手、行业组织、市场等。在市场营销过程中，企业首先要重视对顾客个人相关资料的收纳与整理，并且同步设立顾客资料库以及顾客联系机制，通过这一方法来密切和顾客之间的联系与沟通，强化双方的关系，借此来最大限度地取得客户的信任，并用企业的对外服务、产品形象以及企业知识来吸引客户以及发掘市场潜力。企业也要注重行业动态、相关政策法规、竞争对手的策略等信息的归纳总结以及进一步的收集，利用多种方式途径比如网络、报纸等得到新内容、新知识，整合进自身的资料库，整理成报告，从而准确把握外部动态，及时调整企业的营销战略。另外，企业还要注重对市场、行业等相关信息、营销管理创新等方面知识的获取与整理。其次，企业要加强对外宣传活动，加强与顾客、供应商、行业组织、战略合作伙伴等利益相关方的联系，从而对外部环境要素进行有效引导，为企业营销活动创造良好的外部环境。

2. 注重市场营销知识管理的企业文化塑造

知识管理的管理模式和管理机制能否在一个企业推行下去，很大程度上取决于企业内部是否具备了支撑这种管理模式的企业文化。企业知识管理文化的塑造需要从多个角度入手，首先要对员工的观念、知识领域进行培训，使得员工做到理解知识管理、市场营销方面的知识，并认可相关的方式方法，这样就可以贯彻好以人为本的企业经营管理理念，做到对知识的尊重。其次要优化组织结构，建立学习型组织，建立扁平化的组织模式，有益于信息的顺畅流动，完善相关的规定，比如知识的创新以及传递等，在企业管理的制度上、组织的文化上以及奖励激励政策上做到机制创新，鼓励员工主动分享，形成有利于知识管理实施的氛围。

3. 搭建有利于市场营销知识管理的网络平台

现代化的信息设备与网络技术是市场营销知识管理得以实现的重要基础。在营销过程中，有关消费者、竞争者、行业动态、法律政策等信息都要通过先进的信息设备与网络技术进行传递，营销知识的收集、加工、存储、转换、创新也需要信息设备与网络技术才能得以实现。市场营销知识管理的网络平台应该是一个有层次的完善的系统，可总结为三个方面：第一个方面即数据层方面，内容以网络和基本数据库为主，主要的功能是储存知识以及检索；第二个方面即服务层方面，内容以改善营销业务中的各项工作流程为主；第三个方面即应用层面，内容以为创新知识提供维护工具、搜索工具等为主。这三个方面互相作用，共同完成市场营销知识管理的运行。

二、知识经济对企业市场营销的影响

以知识和信息为基础的知识经济是一种全新的经济形态，它将强烈地冲击人们现有的社会观念和生活方式，对人们的生产方式、思维方式、生活方式及行为方式产生巨大而深刻的影响，改变企业生存和发展的市场环境，对企业的市场营销活动具有深刻的影响。

（一）知识经济对企业市场营销的影响

1. 知识经济将塑造新型的企业营销观念

知识经济时代下企业营销环境将发生极大调整，人们的消费理念和消费方式会产生很大的改变，市场竞争的方式也将变成以科技为主导的全球化竞争。知识经济时代的这一系列的变化，必将引起企业的营销理念产生本质上的进步，新型的、知识创新为主导的社会营销理念会取代以往的产品、生产以及营销理念。简单地说就是在新的市场条件以及科技条件下，企业将会努力提升自身的知识资源配置，有效利用已具备的知识资源，同时为了满足广大的市场知识需求，还将大力创新，使消费者获得最大限度的满意度。与此同时，企业还会把社会的福利、消费者应享有的权益以及环境的保护放在更加突出的位置，做到消费者的眼前利益与长远利益的统一，协调消费者、企业、社会与环境等的和谐发展。在知识经济的影响下，企业的营销观念将发生深刻的变化，这些新的营销观念也将改变企业的营销方式和市场行为。

2. "消费者为中心"真正变为现实

从人与社会、人与生产的对应关系上看，以"消费者为中心"不仅是企业现阶段的经营理念，而且是以人为本的最真实写照。以人为本指的就是肯定人这一社会成分在社会的发展中所做出的主要贡献，同时强调在社会的发展过程中，其主体一直是人。以人为本很大程度上巩固了人的主体地位。以人为本也是思维方式的一种，它强调在遇到问题、分析问题、解决问题的过程中始终要把人这一因素放在主要位置，在重视历史的同时，人同样不可忽视。一切的活动最后都是为了人。所以，以人文本在社会发展上的体现就是发展的最终目的与要求。以人为本是对以往的以物为本的反思和改进的结果，改变以往只为经济效益而忽视了人本、环境等一系列重要因素的发展反思。诚然，以物为本的发展理念具有一定的必要性，但是随着时代的进步，就必须适时做出改变，找到社会发展的正确方向。就像两者的关系一样，如果说以"生产者为中心"是以物为本社会发展时期在企业经营理念层面的反映，那么以"消费者为中心"则是以人为本社会发展时期在企业经营理念层面的反映。以"消费者为中心"和以"生产者为中心"也要经历相同的转换关系。以"消费者为中心"就是要求企业不仅要满足消费者"最基本"的需求，而且要全方位、高水平地满足消费者"较高层次"的需求。同时，人性的所谓"最基本""较高层次"的需求，必然会随经济和社会发展水平的提高，在内容、绝对的水准等方面发生深刻的变化。如马斯洛的五大需求理论，即生理、安全、归属和爱、尊重以及自我实现需要。对于什么是人性的生理需要，不同的时代会有不同的答案；至于什么是"自我实现"需要，若将其定义为一个人想要实现其全部潜力，趋向完善、完美、独特、轻松愉快、自我满足和真善美的需要，这是人性高级的、更多属于精神层面的需要，则不同社会赋予其确切内涵的差异肯定会更大。所以，不同的社会发展阶段，对以人为本、满足人性的需求也会有不同的要求和不同的实现途径。可以肯定的是，以人为本，充分满足人性中各种有益健康的需要，将是人类社会发展的终极目标。所以，马斯洛认为人能够经过不懈的努力最终创造更加美好的世界，是自我价值和潜力得到体现并最终实现自我追求的这一最高境界。从这个意义上讲，实现以"消费者为中心"是社会经济发展到相应水平时对企业的必然要求，是企业体现以人为本的社会发展目标的具体经营行动。

在知识经济时代以前的几种不同的社会经济形态中，由于受生产力的约束和限制，生产相对于人性需求而言是"稀缺"的、"单调"的；人性的需求也同样由于受经济发展水平的制约和限制，仅能停留在满足人们最基本、最基层的需要上，那些能够满足人性较高层次的需求远没有被激发出来。此时，生产者便会在市场的供需关系中占据主动的优势地位。在工业经济时代后期，社会生产力就一般消费品而言，已经具备了充分满足需求的能力，但又由于信息沟通手段的落后，生产者不能及时、准确、经济地获得需求者的有关信息，只能按照主观性占较大比重、时间动态性较差、误差较大的各种调查分析（当然，做这种调查要比不做调查好得多）来安排生产，这种生产的安排不可避免地产生了与消费者真正的、动态的、充分展示个性的需求之间的较大误差。同时，消费者也因信息沟通方面的原因，只能被迫在局限的生产者事先提供的产品中进行择优消费。这样，在工业经济时代，生产者和消费者的普遍关系只能是以"生产者为中心"，即生产者率先生产，消费者随后消费。这种生产消费模式降低了消费者的满意程度，不仅有悖于人性，而且产生了相对于人的需求满足的缺陷和损失。对生产者而言，从根本上讲也有很多不利之处，若产销不对路，巨额的市场调研和广告费用以及滞销产品的损失等社会资源的浪费也是很大的。

当生产者可以很方便地预知消费者的需求，并且能通过某种组织的形式将其经济地生产出来时，"消费者为中心"便实现了，即消费者先提需求，生产过程后进行制造。生产消费模式向"消费者为中心"转变，是人性需求的内在要求，它具有市场供需对应关系的稳定性。由于消费者真正主导着生产，会使每一生产活动一开始就目的明确，供需关系高度吻合，市场风险大为降低，这无疑是一种理想的模式。"消费者为中心"在这样的模式下可真正实现，消费者可按照自己的个性特点和偏好设计、采购和消费商品，将消费者的偏好、情感、文化观念等非物质因素渗透到生产过程，使物质产品承载着更多的非物质因素的独特功能，从而极大地丰富物质世界，使人的个性需求层次得到较高程度的满足。

3. 知识经济将促使企业主动开发市场、创造需求

在工业经济时代，企业营销的主要任务是发现潜在市场需求，进而开发产品来满足当前的现实需求和未来的潜在需求。而在知识经济时代背景下，企业营销的主要任务由发现市场转变为开发市场，由满足需求转变为创造需求。在此基础上，就需要企业积极地进行市场创新，市场创新主要有以下两个基本途径。

（1）开发型市场创新。开发型市场创新是指企业用已有产品去开发新市场，方式上大概是以下几种：第一，扩大产品的销售区域，从某地扩展到全国，或者是从全国扩展到全球。第二，增加产品的新功能，扩展细分化的市场。第三，重新为产品定位，寻求新的买主。在市场创新上要使用开发型创新模式，企业需要增强自身预测能力和评估能力，对用户竞争对手以及市场要有充分的了解。

（2）渗透型市场创新。渗透型市场创新是指企业利用自己在原有市场上的优势，在不改变现有产品的条件下，通过挖掘市场潜力，强化销售，扩大现有产品在原有市场上的销售量，提高市场占有率，增加消费者对产品的信心。

不论是哪一种途径，企业都要积极地挖掘市场，主动地去开发市场潜力，变被动满足需求为主动创造需求。

4. 知识经济将改变企业产品的内涵

产品是企业用于满足市场需求的载体，也是企业参与市场竞争的主要依托，是企业与消费者联系的桥梁。知识经济所带来的主要的影响是：企业产品的外延与内涵发生巨大的变化，以及由此而带来的企业营销理念、营销手段、营销策略的变化。从产品的内涵看，由于知识成为知识经济的核心要素，对应的产品就必须提高自身的科技与知识水平。而且当前判断一个产品的时候，具有价值与价值几何的标准也改变了，以往的以产品品质为主的衡量标准，转变为知识经济中的以产品中科技知识水平为主的衡量标准。当前信息技术发展迅猛，而信息技术又是知识经济的核心要素，这就促进了产品的技术变革。企业必须更快地使新产品面世迎向消费者，以抢占市场先机。从产品的外延看，在工业经济时代主要以制造业为主，产品大多以有形产品为主，农产品、工业品构成产品中的大部分种类。但是在知识经济时代，就不仅仅是这些产品了，服务、知识以及技术等都是无形之中的商品，这些商品甚至更加受到消费者的欢迎。

5. 知识经济将提高企业服务营销的地位

知识经济的本质特征就是服务经济，经济模式也由工业经济时代的以制造业为主的模式向知识经济时代以服务业为主的模式转型。经济活动中的服务活动（如保健、教育和休闲、研究开发等）比例增加，服务业将成为国民经济的主要产业。即便是制造业本身，也有服务业融合而产生"产业软化"的趋势，从事服务业的企业数量会增加，企业规模会扩大，这些企业的营销活动主要是服务营销，运用服务营销的理念和策略来满足消费者。另外，随着产品中知识含量的提高，原本从事制造业的企业也要相应增加自身服务营销在营销中的比重，消费者消费水平的提升促使其由以往的购买固定化的商品到购买无形的服务，由以往的热衷于质量好、品质高的商品发展至追求经验质量，最终的发展阶段是追求企业产品的信用品质。所以，知识经济使得服务营销的重要性得到了极大提升，服务营销将成为企业营销不可或缺的内容。

6. 知识经济促使企业对品牌商标的重视

在知识经济时代，知识产权已经成为人类社会知识创业和创意物化的最佳工具。商标权是世界知识产权的重要组成部分，能够体现于丈量知识经济以及知识产权，同时也是经济竞争中的有力手段。知识经济当中，商标对于企业来说将具有更大的价值。具体体现为：商标是产品品质和企业信誉的可靠保障；商标给企业带来巨大的有形资产和无形财富；是企业内涵投入、外延投资的最佳工具。在市场竞争中，商标是企业及其产品在市场上的标志，是企业在激烈的市场竞争中立足的有力武器。企业在知识经济的新规则下，会更加注重商标价值，加强对商标的保护，在此带动下，对企业产品和企业自身品牌的建设也会被投以更多的资源，企业对品牌商标的重视将被提到一个全新的高度。

7. 知识经济将促进企业市场营销策略的创新

知识经济给企业带来的不同层面、不同程度的影响，将最终集中体现在一个企业如何推陈出新自身的营销策略上，这一策略的升级并不是单一片面的。首先，产品整体概念内容将有所创新。由于知识创新速度的加快，核心产品层次将突破传统概念，许多新产品大量上市，提供给消费者更满意的消费效用；形式产品层次的创新空间将更加广阔，将具有超越以往任何时代的更新；延伸产品层次将成为知识经济时代下的竞争焦点等。其次，企业的产品销售途径、中间商作用诸如此类都要有新模式的更替。具体体现在：知识科技的进步促进了国际网络的联通与交流和信息快速渠道的建立，同时，高新计算机技术以及通信手段的进步都共同促进了零售行业的出现以及零售机构的大幅增加规模、国际渠道的打通以及网上零售的开展。再次，随着信息技术的广泛应用，企业与消费者之间的信息沟通将更加深入，二者的信息对称性加强，使得企业在制定价格策略时，要更多地考虑消费者的价值理解感受，企业在定价方法的选择上将进行新的调整。最后，在促销方面，世界互联网的迅猛发展有效地推动了在线产品的推广与促销，同时也吸引了消费者的关注，这就使得广告业有了发展的机会。众多的新兴媒体将和企业进行广告方面的合作，通过企业来将广告推送至消费者的终端，从各个方面不管是影响力大还是影响力小的区域等都将传统媒体上的广告狠狠地比了下去。在这个以知识经济为主要特征的新时代，企业能够积极运用互联网这一工具实现传播自身产品以及企业文化的突飞猛进，这一点，传统的纸质传媒是不可能实现的。

8. 知识经济将促进企业营销组织创新

面对知识经济，企业的营销策略要进行创新，也相应带动企业营销组织的调整，主要从传统的等级组织转变为柔性的营销组织。柔性的营销组织具有显著的扁平化、网络化、智能化以及全球化的特征。

（1）扁平化。传统营销组织是金字塔形组织结构，组织扁平化是针对其弊端提出来的，即决策层贴近执行层，指企业通过网络技术使领导层同员工产生直接联系，使企业同消费者、市场研究机构、营销人员之间构筑一个互动的信息反馈平台。

（2）网络化。是使企业领导与广大员工从传统的等级制度关系变成相互联系的网络关系，提高企业内部的沟通效率，从而提高企业经营效益。

（3）组织智能化。主要是指建立学习型的营销组织，在企业角度上，要求企业能够对知识进行不断加工整合，营销人员也需要给自身充电，最终达到企业和人的双重进步。

（4）组织全球化。在知识经济形成的过程中，三次技术革命使得经济全球化以加速度的方式在深度和广度两个方面向前推进。经济全球化要求企业组织形式也要做出相应的调整，跨国公司的出现是组织全球化最明显的标志，而现代意义上的跨国公司的产生、发展和运作与科学技术的进步和知识的积累、传播有着千丝万缕的联系。知识经济所孕育的科技发展，为跨国公司提供了便利的交通和迅捷的通信等条件，这些成为跨国公司得以存续的基础。

综上所述，知识经济对企业营销的影响是多层面、多维度的，既包括深层的营销观念，也包括外化的营销策略，而且这些影响之间是相互的、联动的，使得企业的应对措施更为复杂。

（二）知识经济条件下企业营销创新的必然性

知识经济的诞生发展对企业的发展产生了重大的影响，原因是它使得企业所处的环境得到了改变。面对知识经济带来的变化，企业只有进行营销创新才能够顺应知识经济的要求。具体指的是企业通过将自己掌握的或者可以加以利用的要素以及资源进行合理化、创新化的重组及改造等，以此来使企业自身的营销活动效率以及最终的经济收益得到提高。市场条件不断在变化，企业也应该发展创新，力求实现自身的壮大与进步。

1. 知识经济条件下消费需求的复杂多变促使企业开展营销创新

在市场经济中，企业作为市场的微观主体，市场是企业赖以生存的土壤，企业与市场有着千丝万缕的联系，企业的所有经济活动都是通过市场来完成的。而市场的整体状况是与消费者的行为息息相关的，消费者的行为直接影响着企业的发展方向和前景。在知识经济时代，消费者心理的变化以及消费行为的改变都会对企业的营销产生直接而重大的影响。

（1）知识经济的兴起促进了消费者需求心理的变化。在工业经济时代，大批量的生产带来大批量的消费，在消费数量得到满足之后开始追求消费的质量，消费者的需求心理从追求数量满足型逐渐转变为追求质量满足型；在知识经济时代，消费者需求的关注点已经从物质层面上升到情感层面，从追求质量满足型逐渐转变为追求情感满足型，知识型消费者更多地追求情感满足。企业所提供的产品应该具有满足消费者心理需求的特质，这就使得工业经济时代的以企业为中心的经营理念、技术和方法面临新的挑战，知识经济客观上要求企业树立新的产品开发理念，深入研究消费者的心理需求和情感需求，以此作为新产品设计和开发的依据。

（2）知识经济时代消费观念趋于理性化。首先，知识经济时代，教育日益受到重视，教育的兴起，使得消费者中知识型消费者所占的比例越来越大，这一部分知识型消费者对自身的需求更了解，消费心理更成熟，消费行为更理性化。同时，这些知识型消费者对身边所接触的人的消费理念也会产生一定的影响，使得周边消费者的消费选择也会逐渐趋于理性化。其次，知识经济时代，网络信息技术高度发达，由于消费者获取信息的渠道更多、方法更直接，消费者们能够对自己搜索到的购买方案，进行以需求、价格、品质、服务等方面的筛选，最终确定自己的选择。因为他们所了解的知识及信息量比较大，不再是企业广告狂轰滥炸被动的受众，他们能从更宏观的视角、从社会责任角度审视自己的消费决策，更加关注生态环境和社会可持续发展，从而形成更加健康理性的消费观念。

（3）知识经济时代消费需求趋于个性化。消费需求的个性化趋势是与消费观念的不断理性有关联的。当今时代，消费者的知识水平较高，在消费选择上也不再盲从，能够在更为广阔的全球市场上选择符合自己要求的、具有一定个性的产品，他们的需求越来越朝高层次、个性化的方向发展。

（4）知识经济时代消费者购买行为趋于复杂化。知识经济时代，知识和信息的生产数量极大，知识和信息的传输速度也大大加快，消费者处于一个开放的空间，经济的全球化、文化的跨地区传播，影响消费者购买决策的因素越来越多元和复杂。消费者的购买行为将更趋选择性、差别性和自主性，对商品的品质以及服务要求会更高。此外，由于网络技术、信息技术的高度发达，消费者的购买方式和支付方式也发生重大的变化，除了传统的购买方式和支付方式外，更多的消费者利用互联网，登上信息高速公路，手持电子货币，在全球范围实现自己的购买行为。这就需要企业有新的观念、技术与方法去适应新技术带来的这些变化，迎接知识经济带来的机遇与挑战。

（5）知识经济时代消费结构趋于软性化。工程经济时代的主导产业是传统的工业，具体以钢铁工业、机械工业、化学工业为代表，在知识经济以信息为主要活动内容的时代，产业以新兴工业为主导，具体以信息工程、生物工程、材料工业为代表。产业结构也由以满足物质需求为主要内容的第一、第二产业结构转向以精神需求为主要内容的第三、第四产业结构，即从"物质经济"向"服务经济"转变，由此带来人类精神享受的飞跃。在知识经济时代，消费结构中对吃、穿、用等物质产品的需求相对减少，对教育、艺术、旅游等精神产品的需求不断扩大，消费需求的结构将由硬性向软性方向转变，对知识型产品、无形产品的需求将成为未来消费的主流。产品需求结构向知识型、服务型发展，需求变化节奏加快，使产品市场寿命大大缩短，这一系列的改变要求企业在产品结构、产品中知识含量、产品中服务要素、产品更新换代的步伐等方面做出调整，以此来适应消费结构软性化的需要。

以上各种消费需求的变化，客观上要求企业进行营销的变革，通过营销创新以适应消费习惯和购买行为的一系列新变化。

2. 知识经济条件下新的资源配置规律要求企业开展营销创新

知识经济和人类社会发展史上的农业以及工业经济不同，它有以下新规律。

（1）在知识经济中知识智力成为重要的资源要素。知识经济中知识、智力等无形资源逐步替代工业经济时代的固定的自然资源，并变成了生产过程中最重要的因素以及最不可缺少的动力。人类需要运用智力科学资源来对自然资源进行合理有序的开发利用，并获得效益。

（2）知识的投入成为知识经济社会生产要素投入的重点。知识经济和工业经济的不同在于其边际报酬不断增加，而工业经济中边际报酬不断减少，这就要求企业需要认识并且将其价值加以发挥。

（3）知识的价值取决于创新。知识的价值是由知识的创新程度以及市场效应来共同决定的。简单地说就是，一项知识的创新程度高，那么它的价值就大；一项知识的市场需求量大，那么它的价值也大。

企业应该运用新型的无形资产营销，这是在最本质的基础上改变了资源配置的方向，其目的是最大限度地创造出企业以及社会的价值。

无形资产营销指的是要以无形资产为主要方面，将无形和有形资产两者结合，而市场营销的最重要竞争力就是建立在这一结合之上的。当前企业市场营销中微观资源配置的主要形式是无形资产营销，它重视企业将发展中心转移到智力资源的创造与发掘上来。无形资产营销将无形资产放在了一个十分重要的地位上。

3. 知识经济条件下市场竞争的新趋势迫使企业开展营销创新

与工业经济时代相比，知识经济时代的市场竞争也将发生深刻的变化，这些变化会对企业的营销观念与营销行为产生深远的影响。

（1）市场竞争的范围将从区域向全球进一步扩大。由于知识经济将进一步推动全球经济一体化，疆界的限制将不复存在，在信息网络和交通网络的支持下，商品信息将在各国之间迅速传递，任何企业的经营活动将直接面对全球市场。企业即使是在国内市场上也将面临国际竞争的压力。这样不但扩大了市场容量，使企业获得了更大的生存空间和更多的营销机会，企业之间的竞争也必然更为激烈，经营风险更大。市场竞争的全球化扩大趋势主要反映在两个方面：一方面，如上所述，由于知识技术的不断扩散和传播，全球市场网络的形成与发展必然导致经济全球化与竞争全球化，企业必须参与在国内与国际市场上的竞争；另一方面，知识经济时代的新技术领域中，原有的竞争强国都难以在层出不穷的高新技术中全面领先或长期垄断，任何一个国家的每一个企业都有机会充分发挥自身的优势，在世界大市场中占有一定份额，新的竞争机会的增多也增加了竞争的激烈程度。

（2）市场竞争的焦点将集中在知识和信息要素。由于知识经济时代企业营销活动的开展离不开知识的创造和信息的获得，知识和信息成为企业发展的主要战略资源。因此，在知识经济时代，企业之间的竞争焦点不再表现为对资源的占有，而是集中体现为对知识的创造和信息的获得。今后，那些在新知识的拥有上占据优势的企业将会获得长期的竞争优势，通过巧妙的信息加工而增加价值和创造财富，在激烈的市场竞争中立于不败之地。

当前市场环境不断发生变化，企业必须在营销策略以及竞争方法上进行新的改革，同时注重营销中的无形资产的发掘以及营销策略的创新。

第三节 移动互联网下的市场营销发展新态势

近年来，全球化经济的浪潮、可持续发展的理念、生态环境的恶化以及移动互联网的崛起等营销环境的变化，既给企业提供了机会也带来了挑战，同时塑造着企业新的营销行为。本节主要介绍体验营销、会展与节事营销、服务营销，展示市场营销的新发展和新成就。

一、体验营销

（一）体验营销产生的背景

如今，买电视需要体验，购房需要体验，健身学习需要体验，旅游需要体验，个人消费需要体验，就连政府购买都需要体验。阿尔文·托夫勒曾说过："继产品经济和服务经济后，体验经济的时代已经到来。"体验经济时代，消费者的需求逐渐发生变化，对物质需求的比重在下降而对情感需求的比重在上升；大众需求在下降，小众的个性化需求在上升；逐渐从低参与度、被动接受向高参与度和互动接受转变。出现以上变化的原因可以归纳为四个方面：

（1）物质文明进步，消费者生活水平提高。伴随着物质文明的进步，人们的消费需求从实用层次转向体验层次是社会发展的结果。

（2）产品和服务的同质化趋向。

（3）科学技术的飞速发展。

（4）先进企业对人们消费观念的引导和示范。

（二）体验营销的内涵及特征

1. 体验的性质和内涵

体验是消费者对一定的刺激物所产生的心理感受，体验在本质上是个人的。派恩二世和吉尔摩是这样讲的，"体验事实上是当一个人达到情绪、体力、智力甚至是精神的某一特定水平时，他意识中所产生的美好感觉"。了解体验的性质和内涵是理解体验营销内涵的前提，体验具有以下特有的性质：

（1）间接性。体验是一种间接的产品，企业无法直接生产并向消费者提供体验，只能向消费者提供与体验相关的场景或者工具，而体验只能靠消费者自己生产并自己消费。

（2）消费主动性。在体验的消费过程中，消费者占主导地位，消费者具有极大的主动性，消费者只有积极主动地参与到体验的过程中去才能产生体验的感受，才能完成整个消费过程。

（3）差异性。体验是情感式产品，每个消费者的心智模式不同，因此，在体验的产生和消费过程中，即使在同样的场景中也会产生不同的体验。

2. 体验营销的内涵

体验营销是新经济发展过程中新兴的营销理念。综合国内外学者普遍的观点，体验营销是指企业通过让目标顾客观摩、聆听、尝试、试用等，使其亲身体验企业提供的产品或服务，让顾客实际感知产品或服务的品质或性能，从而促使顾客认知、喜好并购买的一种营销方式。体验营销是一种思考方式。体验营销理论认为，购买者不再是传统意义上的"理性消费者"，购买者消费时更加感性，研究消费者行为与企业运营的关键应该是消费者在整个消费过程中的体验。

（三）体验营销的类型

体验是人内心的一种感受，融入了非常多的个人化和个性化的因素，所以体验具有形式繁多且复杂的特点。按照伯恩德·H.施密特的看法，体验营销可分为以下五类：

1. 知觉体验

知觉体验即感官体验，将视觉、听觉、触觉、味觉与嗅觉等知觉器官应用在体验营销上。

2. 思维体验

思维体验即以创意的方式引起消费者的惊奇、兴趣、对问题进行集中或分散的思考，为消费者创造认知和解决问题的体验。诉求的是人们对某一事件的思索，以某种创意的方式，让顾客获得认知和解决问题的体验。思维体验常用于高科技产品宣传。

3. 行为体验

行为体验是指通过增加消费者的身体体验，指出他们做事的替代方法、替代的生活形态与互动，丰富消费者的生活，从而使消费者被激发或自发地改变生活形态。例如，通过偶像角色等来激发消费者。

4. 情感体验

情感体验诉求的是顾客内在的感情与情绪，通过触动消费者的内心情感（亲情、友情和爱情等）创造情感体验，使消费者产生偏爱。

5. 相关体验

相关体验包含感官、情感、思考与行动营销等层面的综合，通过实践自我改进的个人渴望，使别人对自己产生好感。它使消费者和一个较广泛的社会系统产生关联，建立个人与理想自我、他人或文化之间的关联，从而建立对某种品牌的偏好。

（四）体验营销的操作步骤

1. 识别目标顾客

在顾客还没有购买或者还没有想要购买之前，给他们提供一种体验，以此来确定哪些是意向顾客，这样可降低营销的成本。

2. 了解目标顾客的诉求

首先，企业对市场经过针对性的调查之后，可以得到一些相关的信息，然后对这些信息进行过滤和总结，这样能够探究到客户的利益所在，以及他们的顾虑所在，提供体验时就可以有的放矢。确定在体验式销售过程中重点展示的部分，从而满足他们的需求，打消他们的顾虑。

3. 确定体验的具体参数

确定产品的卖点，并让顾客进行评价。

4. 让目标对象进行体验

到了让目标对象进行体验这个阶段，企业应该把用来给客户体验的产品或者服务准备好，如何提供给客户的方式或者通道也要设定到位，这样顾客才能够很顺畅地进行体验。

5. 进行评价与控制

企业在实行体验营销后，还要对前期的运作进行评估。

（五）体验营销的发展

随着社会的发展、科技的进步、市场环境的变化等，体验营销并不是一成不变的，但无论何时，顾客都是营销的中心，体验营销要根据消费群体的变化而变化。具体来说，要注意以下几点：

第一，重点研究消费者的心理，他们最需要的是什么。当人们在物质生活方面基本得到满足之后，他们所购买的物品的目的已经不是将其作为生活必需品，而是为了满足情感需求，或是为了达成某一种商品和自身价值观的一致。

第二，将产品可能给人带来的心理上的影响作为开发的重点。

第三，在营销管理的过程中始终要确保营销的整体是协调的。

二、会展与节事营销

（一）会展与会展营销

1. 会展

关于会展的定义众说纷纭，主要有两种观点：一种是狭义的观点，认为会展顾名思义是指会议和展览，也就是指组会者或组展商按照一定的目的在既定的时间和地点招揽与会者或参展商，并向其提供一定的信息或服务，从而达到信息公开化、科技前瞻化、利润最大化的会议或展览；另一种是广义的观点，认为会展是会议、展览会、奖励旅游及节事活动的总称。

按照广义的观点，会展业通常表述为 MICE Industry，即以经营各种会议和展览的公司为主形成的行业。其中，M 即会议（meeting），主要指公司会议；I 即奖励旅游（incentive tour），专指以激励、奖励特定对象为目的而进行的旅游活动；C 即大型会议（convention），主要指协会、社团组织的会议；E 即展览会（exhibition or exposition）。

随着会展业的不断发展，MICE 中的 E 又增加了新的内涵，即节事活动（event）。在美国，人们大多将会展业表述为 "convention industry"；在欧洲，人们一般将会展业表述为 "meet industry"；在中国，会展业内人士则通常把奖励旅游排除在外。

会展业能聚集大量的商品、信息、资金、技术、人才，推动经济贸易的发展。改革开放以来，中国会展业从无到有，产业规模逐步扩大，成为许多城市发展的新亮点。据国家有关部门统计，2014 年，整个中国 300 多个展馆举办的展览共 7800 多场，展出的面积超过 10000 万平方米，比起上一年，这个数据增加了将近 14%；50 人以上专业会议 76.5 万场，比 2013 年增加 5.4%；万人以上节庆活动 6.1 万场，比 2013 年减少 11.6%；出境展览面积约 65 万平方米，比上年减少约 7%；所提供的就业岗位比上年稍有增长 0.5%；直接的产值达到了约 3800 亿元人民币，比起上年增长 5.8%，2014 年的展览产值/中国生产总值 =0.67%，2014 年的展览产值/第三产业产值 = 1.45%，所拉动的消费和投资金额达 3.4 万亿元人民币，比上年增加了 6.3%。然而，从整体上看，我国的会展经济与德国、美国等会展发达国家和地区相比提升空间很大。

2. 会展营销

一般来说，会展营销有两层含义：第一层含义是利用会展来营销，即把会展作为一种营销工具；第二层含义是对会展进行营销，即把会展作为一种产品或服务进行营销。本节中的会展营销概念主要是指第二层含义。既然会展并非一种实实在在的产品，而是一种服务，所以会展营销是无实物非单一的营销，是无形的、综合的，由此可见，会展营销注定是一个十分复杂的过程。会展营销中不论是内容、方法、还是利益的主体都有各自的特点，不同于通常所说的营销，具体区别如下：

（1）营销主体的综合性。会展营销的主体没有统一的特点，总的来说，非常复杂，大可大到国家，小可小到某一次的会议或者是展览会，包括城市、会展的企业等都是可以作为会展营销的主体的。参与会展的不同主体各自承担的工作在深度与广度上有所不同，但进程必须保持一致，合作也必须紧密有序。

（2）营销内容的整体性。会展营销必须有全面完整的内容，包含会议或者展览场所周围的社会环境，如所在城市的治安管理情况、对于展览所带来的人流量的接待能力等，会展有哪些新意，可以给前来与会的客户提供什么样的利益或者服务，这些都是参展商是否愿意参展的重要因素。

（3）营销手段的多样性。为了取得预期的营销的成果，会展在正式举行之前都必须要采用各种各样的方式来进行宣传工作，因为会展营销的主体非常复杂，同时会展营销的内容涉及的范围非常广泛。

（4）营销对象的参与性。会展活动的主办方一般都不是专业人士，虽然展览会或者会议都是由他们来组织策划和操作的，他们对于行业内的具体细节了解的并不透彻，为了最大限度地满足参展商的要求，他们从策划之前开始就要与参展商保持联系，多多听取参展商的建议，在自身的能力范围之内尽可能地依照参展商的要求来对营销的内容进行调整。

实际上，会展营销中的各种关系与内容是与某项具体的会展、节事活动有关的，经研究归纳，在活动管理背景下的会展与节事营销体系见表 2-2。

表 2-2　活动管理背景下的会展与节事营销体系

营销主体大类	营销对象大类	列举		
		营销主体	营销内容	营销目标
会展与节事活动目的地	活动组织者	城市（会展和举办地）	优越的会展和节事活动举办环境	吸引更多、更高档次的会议、展览会或节事活动在本城市举办
会展与节事活动组织者	参加者、观众（或买家）	会议组织者	大力宣传自己非凡的会议和组织能力（或者宣传会议的价值和品质）	争取更多的会议业务（或与会者）
		展会组织者	强调展览会对当地经济的促进作用，突出展览会能给参展商或专业观众带来的独特利益	争取政府的大力支持，吸引更多的参展商和专业观众，同时塑造展会品牌
		节庆组织者	强调节庆本身对当地社会经济的促进作用，突出节庆的特色和价值	争取政府的大力支持，塑造节庆品牌，吸引更多的企业和观众参加
会展与节事活动供应商	组织者、参加者、观众（或买家）	会展场馆	功能完善的设施场馆，先进的管理和优质的服务	吸引更多、更高档次的会议或展览项目
		会展设计与搭建	较强的资金和技术实力，丰富的设计和搭建经验	争取更多的设计和搭建业务
		其他服务商	优质服务	扩大业务量

营销主体大类	营销对象大类	列举		
		营销主体	营销内容	营销目标
会展与节事活动参加者	观众（或买家）	参展商	新产品、新技术、新服务等	吸引更多的专业观众，加强交流，促进销售
会展与节事活动传播者	城市政府、会展企业、参展商等	专业媒体	媒体在会展和节事活动中的桥梁作用	提高媒体知名度，扩大广告业务

（二）会议营销

1. 会议营销的含义

会议营销是直复营销的一种形式，指企业基于市场需求及自身资源情况，选定目标消费者，运用各种会议形式，结合不同的营销方式和手段进行针对性销售的一种营销模式。狭义上的会议营销是指以"联谊会""茶话会""产品说明会""订货会""培训会""专家讲座会""客户答谢会"等形式将客户集中起来进行产品或服务直复营销的活动。广义上的会议营销则是一种数据库营销，它通过建立、分析和整理消费者信息数据库，对消费者同类的需求归为一类，从而确定本次会议针对的人群类别，邀请他们参加，为了成交，在会议进行的过程中，可以使用传播学、心理学和行为学等领域的知识和技巧，直面客户，就营销的产品或者服务对他们进行直面的宣传和服务。简而言之，会议营销是关系营销的延伸与发展。

2. 会议营销的流程

会议营销的流程主要包括会前、会中、会后三个阶段的工作安排，如图2-1所示。

图2-1　会议营销流程图

3. 会议营销策略

（1）产品策略。会议产品的核心是会议产品的主题，同时会议产品的软硬件也是会议产品的重要组成部分，如产品的定位、效果、适用范围等。

（2）价格策略。会议产品的价格是营销组合中最复杂的一个因素。为了有效地开展会议营销，增加销售收入和提高利润，企业不仅要给产品制定基本价格，而且要适时调整已制定的基本价格。一个合理准确的定价策略不仅应考虑目标受众群体的接受程度，还应考虑会议组织者的成本、利润和市场竞争等情况。会议定价的具体内容和方式有：①会务费；②冠名费；③广告费；④出售衍生产品收入等。

（3）渠道策略。这里所说的会议销售渠道是指向潜在与会者推销会议的途径。

1）直接销售。会议组织者通过邮件、信函、电话、人员拜访或各种媒体，直接将会议产品销售给潜在与会者（目标客户）。

2）代理商和中介机构，即那些既是提供者又是购买者的不同组织。它们代表客户行使购买职能，同时又起着中介人的作用，可以通过协议来帮助策划和运作会议。例如，专业会议组织者（PCO）和目的地管理公司（DMC）等组织都可以利用自己的关系网推进会议销售，会议组织者只要选准合作机构，往往就能收到很好的效果。

3）行业协会。每一个行业都有相对权威的组织或行业协会，它们是会议营销中需要充分利用的渠道，通过专业协会的组织体系和关系网络来拓展会议销售，针对性很强，一般能直接见效。

（4）促销策略。

1）直接邮寄。为了让人们了解会议的主题和内容，以及举办的地点，引起人们的兴趣，传播会议的形象，邮寄宣传单是一种很高效的方法。而且，直接邮寄与其他促销手段相比，成本也要低得多。为此，会议组织者的一项重要工作就是建立和维护客户数据库，并及时更新、增加或删除已经不存在的客户，以确保邮寄名录的准确性。

2）广告宣传和网络促销。会议公司、会议酒店或大型会议的组织者在进行会议促销时，往往采用印刷广告、户外广告、报纸、电视等媒体进行广告宣传，而随着互联网的普及，网络促销的力度也在不断加强。

3）公共关系。公共关系能将组织者的意图传达给群众，改变这些群众的想法，并使他们产生参加会议的欲望。

（三）展览营销

从展览主办者的角度来看，展览营销是指展览会组织者（包括展览会计划者和展览公司）寻找目标市场，研究目标客户需求，设计展览会产品和服务，制定营销价格、选择营销渠道以及保持良好客户关系等一系列整体营销的过程；从参展企业的角度来看，展览营销是其市场营销的一种渠道和模式，参展企业参加展览会的根本目的是借助展览会这一渠道向市场宣传和营销其产品与服务。由此可见，这两个不同主体对于展览营销的基本过程和内容是有区别的，下面分别介绍。

1. 展览主办者的展览营销

（1）展览项目构思。在此阶段，展览专业策划人员通常要对展览立项的原因、目的、展览项目、展示内容、时间、举办城市等方面进行构思，形成预案。

（2）市场调研与可行性研究。展览会组织者或相关人员应以项目构想为基础，对初拟的目标市场和项目基础进行市场调研，并在此基础上分析竞争者情况，分析研判展览项目的可行性，并准备好展览项目或专门会展产品的报批文件和相关材料，向相关监管机构进行报批。

（3）制订营销计划。通过市场调研及与相关的监管机构、专家学者的咨询交流，对项目构思进行分析、评估、调整和完善，制订展览活动项目即展览产品的正式营销方案，其内容包括确定展览项目的主题和展览活动的规模、确定细分目标市场和展览营销的工作内容和工作流程，根据展览项目规模对即将举办的展览活动进行经费预算和展览产品价格定位、营销渠道和促销方案制订等。

（4）实施营销计划。展览会组织者和策划者要设计出展览产品或展览项目的名称、形象标识、标志、标准色、标准字、象征图案；设计确定展览项目的视觉识别及行为识别的方案和内容；设计和建设营销网络，加强招展和招商宣传，实施营销计划，如对确定的目标市场进行宣传和促销，对展览会及展位进行预订、对已选定的各类媒介进行公关洽谈等。

（5）完善与评估营销计划。在展览营销计划的实施过程中不断收集市场反馈信息，根据实际情况对预定营销方案和营销计划进行修正和完善，确保营销目标的顺利实现并在营销计划完成后对整个展览的营销过程和营销计划进行总结评估，为今后宣传推广新的展览产品和活动提供经验借鉴。展览营销内容还包括展览主办企业形象的塑造和推广。对于展览主办企业而言，不仅要持续培育在业内具有较强号召力和影响力的品牌展览会，还要紧密依托品牌展览会来提升企业形象，保持和培育企业发展赖以存在的市场。

2. 参展企业的展览营销

（1）展前准备。参展企业展前要为参展和举办活动做好各方面的准备工作。展前准备工作通常包括以下五个方面：

1）选择合适的展览会。

2）制订参展计划。

3）及早报名参展。

4）与展览会组织者和策划者保持密切联系。

5）通过网络公布或发放正式邀请函等手段通知公司的新老客户参展。

（2）参展期间。参展期间，企业参展人员需从以下三个方面进行展览营销：

1）个性展台搭建，高效展台管理。

2）积极参与展览会营销活动，开展特色促销活动，争取市场关注度。

3）热情接待观众，向有兴趣的观众提供咨询答疑及营销接待服务。

（3）展览后期。展览会结束后，参展企业还应根据展览会中所收集到的客户信息，分别给予不同方式的联系和会后接洽，加强客户关系的维护与客户数据库的管理。

（四）节事营销

1. 节事的含义及特征

节事是节庆、事件等活动的简称。节事的形式有经过周密的构思和安排而举行的一些特定的仪式、演说、讲座、演出和庆典活动，另外还有法定的节假日、中国传统的节日等。

节事活动有以下特征：

（1）文化性。节事活动蕴含了很多文化的元素，有民族的、地方的、体育的、节日的，富含这些元素的节事活动一般都有很浓郁的文化的韵味。

（2）地域性。节事活动都是在某一地域开展的，带有明显的地域性，可成为目的地形象的指代物。有些节事活动已经成为地域的名片，如青岛的啤酒节、傣族的泼水节等。

（3）时效性。每一项节事活动都有季节和时间的限制，都是按照预先计划好的时间规程开展的。

（4）多样性。节事活动的内涵非常广泛，其开展形式可多种多样，开展内容可丰富多彩。

（5）交融性。节事活动的多样性和大众参与性决定了其必然有强烈的交融性，许多节事活动都包含会展活动，从而成为带动当地经济发展的动力。

（6）个性化。举办地必须有特别出色的节事活动产品供参与者和旅游者挑选，否则一般很难成功。

2. 节事营销的含义及特点

节事营销有两层含义：一是节事是一种很好的营销载体；二是节

事本身也需要营销推广。

节事本质上就是一种营销，在营销国家、城市以及旅游目的地方面都具备非常强大的功能，在特色的产品、产业和企业的营销方面，节事也是一种非常重要的方式。例如，大连服装节是以服装产业为依托向世界介绍大连；而2008年北京奥运会、2010年上海世界博览会则可以被看作中国走向世界的整体营销。

节事营销的特点有：①节事活动的主题与口号非常重要；②节事活动的参与者非常广泛；③节事营销手法的创意性很广；④节事营销手段的综合性很强。

3. 节事（庆）活动的营销管理

（1）节事（庆）活动的目标市场。任何一个节事（庆）活动都难以满足所有客户（参节商）和消费者（观众）的多样化需求，所以节事（庆）举办者需要对市场进行细分，然后在此基础上，根据本活动的特点以及自己的资源条件和资金实力，选择一个或者多个适合自身的目标市场，进而提供有针对性的产品和服务。

（2）节事（庆）活动的营销组合。节事（庆）活动营销是一个运用市场营销组合，通过为参节者创造价值、为观众创造体验来实现组织者工作目标的过程。组织者必须强调建立利益相关者互利互惠的关系，保持竞争优势的市场定位，设计适合目标市场的营销组合并加以实施和执行，才能实现营销目标，使得节事（庆）活动圆满、顺利地举办并获得成功。

（五）会展目的地营销

1. 会展目的地营销概述

会展目的地是一个集会展设施、服务于一城的综合体，也是一个包含着众多利益相关者的区域集群。会展目的地营销包含会展场馆营销和会展城市营销。会展目的地整体营销是一种在城市层面上进行的营销方式。在这种方式下，城市将代表区域内所有企业及机构，以一个会展目的地的整体加入会展产业的竞争。

会展目的地营销是指会展营销主体利用会展达到宣传推广目的地、

带动会展目的地相关产业（如会展业、旅游业、投资业、餐饮业等）发展或刺激消费的营销目的。会展目的地营销的重点包括制定会展业发展的具体经济目标、重点发展的展会类型或模式、会展设施建设、会展软硬环境建设及会展目的地整体宣传等。会展目的地营销对于塑造城市形象、推进城市建设、提升区域形象、促进区域会展产业和旅游业发展、提高会展目的地所在国家的国际吸引力和美誉度具有积极的意义。

2. 会展目的地营销内容

会展目的地营销的主要内容是：会展目的地营销主体通过对目的地会展业发展的 SWOT 分析，辨识目的地会展产业发展的竞争优势，确定目的地产业发展目标，通过明确的市场定位和营销战略来对会展目的地目标市场进行销售推广，以推动目的地会展产业的发展。会展目的地营销的核心内容就是会展目的地的发展环境，包括经济条件和产业基础、区位条件、会展场馆设施和城市基础设施、社会与文化环境、制度条件和会展业规章、安全状况、人才素质、城市自然条件和生态条件等。

三、服务营销

（一）服务营销概述

1. 服务营销的发展阶段

随着科技的发展，人类改造自然，创造新事物的能力不断提高，产业更新的速度和生产的专业化程度越来越深，速度也越来越快。产品和消费市场也发生了重大变化：在产品方面，产品的服务含量逐渐增多，产品的服务密集度逐渐增大；在消费市场方面，由传统的服务员或者营业员售卖的方式变为顾客自行挑选购买的方式，经济的快速发展使民众的收入不断增加，消费的水平也随之升高，进而消费的需求也受到影响，层次逐渐升高，而且消费的方式越来越多样化。在这样的趋势下，服务营销渐渐兴起。服务营销的发展过程可以分为三个阶段：起步阶段、探索阶段和深入阶段。

（1）起步阶段（20世纪80年代以前）。西方的一些研究者早在20世纪60年代，就已经开始关注并研究服务营销的问题了。这一阶段研究的主要内容是：探索无形的服务和有形的产品之间有什么不同点，又有哪些共同点，通过归纳总结得出了一些结论，大部分的服务都具有不可分离性、不可感知性、差异性、不可储存性的特性。

（2）探索阶段（20世纪80年代初期至中期）。这一阶段的研究方向主要有两个，第一，对于第一阶段总结出来的服务的一些特征和消费者的购买行为之间的关系进行研究，前者对后者会造成哪些影响，如服务客观存在的特点、优势面和不足面、购买可能带来的风险等，消费者都会结合自己的具体情况来进行评价和估量；第二，将具有相似特征的服务划为同一类，再根据这些特征探索适用于不同消费者的市场营销策略和技巧。

（3）深入阶段（20世纪80年代中期至今）。通过服务营销探索的逐步深入，此阶段的研究主要围绕四个方面进行：第一，对服务质量的研究更加深入细致；第二，对服务营销所包含的具体因素进行探索和讨论；第三，提出一些新的理论，如"服务接触"等；第四，对一些专业性较强的领域进行如信息技术对服务过程的影响、服务出口战略等的专项研究。

2. 服务营销的内涵

比较服务营销和市场营销之间有哪些异同，这是知晓服务营销内在意义的第一步，它们之间的不同从本质上讲是服务与商品的一般差异。服务与商品存在以下几个方面的差异：产品形态不同；顾客参与程度不同；服务质量难以测量；服务具有实时传递性；分销渠道不同等。这些差异使得服务营销有自己很鲜明的特征。服务营销对于企业来说，既是企业营销在管理方面向更深层次发展必须具备的条件，同时也是在的市场环境下，企业具备竞争优势的必要要素。服务营销的实施使市场营销的内容更加丰富，同时也使企业的综合素质在激烈的市场竞争中得到了提高。鉴于综合服务的特殊性和市场发展形势，服务营销可以被认为是以顾客为中心提供服务，来使有偿交换得以实现的一种营销的方式，不仅使顾客的满意度得到提高，还可以和顾客之间建立相互信任的关系。

（二）服务营销面临的挑战

服务营销虽然发展速度很快，但在发展过程中还存在许多问题。与发达国家服务业占 GDP 近四分之三的比重相比，我国服务业占比偏低，仅占 GDP 的五分之二。我国的服务业发展具有以下不足：①整体的发展水平偏低。②服务产业的项目不够齐全。③每个地区发展的水平参差不齐。④部分地区很多服务产业项目还未启动。除此之外，服务业还存在生产效率和管理的水平不高、价值补偿不对等、资金缺口巨大等不足。尤其在中国加入 WTO 后，境外服务企业纷纷涉足国内市场，我国的服务营销不仅面临着国内环境变化的挑战，更面临着国际环境的挑战。总体来说，服务营销将面临的挑战大体可以分为以下几个方面：

（1）服务营销理念的挑战。

（2）服务营销规模的挑战。

（3）服务营销创新的挑战。

（4）服务营销人员素质的挑战。

（三）服务营销的实施

随着以知识作为经济的时代的到来，人们就质量的要求是越来越高，从而对服务营销的要求也就更高。企业传统的产品营销模式已经完全不能适应现代消费者的需求，所以，只有建立以服务为导向的服务营销体系，制订与企业产品和经营方式特征相符合的服务营销的方案，有利于企业在当下残酷的市场竞争中占据一席之位。鉴于此种情况，我国的服务型企业要使服务营销得到增强，可以从以下几个方面展开：

1. 提高企业的服务意识

产品本身的性能及质量，只是消费者在购买时考虑的一个方面，其实购买者更加看重的是企业服务的质量。因此，消费者在购买商品的过程中会着重考虑企业的服务是否达到他们的心理预期值，这种考验对于企业来说是非常重要的。企业需要明白的是，服务才是真正营销的商品，而产品则是服务的"赠品"。通过这样理解，可以使企业员工的服务意识得到大大的提升。

2. 树立正确的服务营销理念

要使企业从对服务营销的错误理解中走出来，把最优质的服务提供给客户，第一步要做的就是纠正之前的服务营销理解有误的地方，建立正确的理念。服务营销的目的就是服务顾客，它贯穿于企业的生产经营活动，是售前、售中、售后的全程服务，所关注的是消费者对于服务的满意度。与其说服务营销是一种营销手段，倒不如说它是一种经营理念。由此可见，把经营的重点放在服务上，运用"以顾客为中心""以服务为导向"的经营理念，使顾客的需求从本质上得到满足，从而使企业经营的目的得以实现。

3. 服务市场的细分和差异化

服务意识是企业实施服务营销的前提，有了服务意识的企业要用具体行动进行服务营销，服务市场的细分和差异化是必要条件。为了与竞争对手区别开来同时又突出自己的优势，企业在服务的网络和内容以及形象等方面所做的一系列工作，是企业战胜对手，在服务市场的立根之本。

4. 服务的有形化

虽然提倡把服务放在首位，产品是服务的附属品，但消费者更注重的是一种看得见摸得着的东西。服务企业要投消费者之所好，充分利用服务过程中有形的成分，把只可意会感受的服务实物化，使消费者可以看得见，摸得着，切实感受到服务的存在，从而使顾客享受服务的过程得到改善。可以由三个方面来实现对服务的有形化：服务环境、服务产品以及服务提供者的有形化。

5. 服务人员培训

服务过程大多是人与人直接接触的过程，人成为决定成败的一个重要因素。服务营销依赖于高素质人才能力的发挥，这是企业取得竞争优势的重要影响因素。服务在被提供给客户享受之前是无形的，消费者对于企业的印象全部来自企业员工的态度和行为举止，所以，从某种意义上来说，服务人员的素质就是企业的形象。所以要注重对人员的培训，提高其服务质量。

四、移动互联网下的市场营销模式

（一）移动互联网概念

移动互联网，就是将移动通信和互联网结合起来，用移动通信的方式实现互联网访问及业务实现。从技术层面上讲它是以宽带 IP 为技术核心，可以同时提供语音、数据、多媒体等业务的开放式基础电信网络。从终端的定义上讲它是用户使用的上网本、笔记本电脑、智能手机等移动终端，通过移动网络获取移动通信网络服务和互联网服务。

（二）移动互联网的特点及发展趋势

移动互联网兼具 PC 强大的计算功能、互联网强大的联通功能、无线通信强大的移动功能。它不再受时间地点对信息传播的限制，实现了传播的随时性、随地性。人们可以利用一切碎片时间传播信息，与需要在固定地点接收信息的其他媒体相比，其信息发布与信息接收的时间非常短，基本做到即时发布、即时接收，不仅可以实时获得信息，同时也可以实时向别人传递信息。随着智能手机的加速普及，移动终端和手机操作系统的激烈竞争，带动互联网产业走向从桌面互联到移动互联的变革。据互联网数据中心的数据，在 2013 年手机网民超越 PC 网民，手机网民的规模达到 7.21 亿，超过互联网网民的 7.16 亿。新浪预计，未来移动终端的规模将是 PC 互联网终端规模的 10 倍。正是基于对移动互联网前景的看好，传统门户网站如新浪、网易等纷纷凭借其热门产品布局移动互联网。新浪凭借新浪微博强势进军移动互联网；网易全产品线谨慎布局，将其优质 PC 资源平移至移动互联网领域。

（三）广告模式

当今用户接触信息的方式已经改变，以用户为核心的营销方式势必要随之而变，移动互联广告也正在成为企业营销中的重要选择。

1. APP 广告

APP 广告具有精准性、互动性、位置化、强用户黏性等特点，它能够为企业提供更具个性化、到达率的广告服务。有研究显示，新型智能手机的应用在用户手机使用总时间中的占比最大，达到47%，而单从下载量方面衡量，中国已经成为苹果应用服务 APP Store 的全球第二大消费市场，仅次于美国，平均每一个用户在手机上已经有超过20款的应用程序。因此，很多品牌制造商、广告公司、移动运营商和媒体公司越来越多地转向移动媒体，以实现他们的营销和广告目标。在移动应用的广告中，品牌可以通过体验的创意，让消费者愿意点击它们，甚至它还能帮助消费者解决购买的困惑。比如，对于不少女性白领而言，对 O.P.I. 指甲油品牌可谓并不陌生甚至倾心有加，但却常常因为不知道选择什么颜色的指甲油适合自己而苦恼，又没有时间或无法亲自去各大卖场逐瓶体验。聪明而细心的 O.P.I. 洞察了目标客户群的这一困惑，随后正式推出针对其产品消费体验的互动式移动广告。在此广告中，用户可方便地通过手机任意调整手机广告里"手模"的肤色，寻找到与自己肤色最接近的"模板"，然后通过广告里提供的色盘或者指甲油的编号来选择不同颜色的指甲油，直至达到自己最满意的搭配效果。此广告一经推出，O.P.I. 品牌好感度急速攀升，同时也树立了在目标受众群体心目中的品牌领先形象。

2. 移动搜索广告

在谷歌的"手机和智能手机的使用"的研究中显示，搜索引擎网站是移动用户访问最多的网站，大约有77%的智能手机用户会访问这类网站，社交网络、零售商网站和视频分享网站紧随其后。因此对于企业而言，过去在 PC 时代关注的是 PC 上的互联网搜索引擎是否可以找到你的品牌，如今却需要关注移动搜索上你的表现了，企业需要建立面向移动互联网的营销，确保你的网站可以通过移动搜索被用户发现，如果你的排名并没有在搜索结果第一页显示，那么你也许需要购买移动搜索广告，甚至当移动搜索者看过你的广告或产品列表后，要确保他们便于采取行动，你可以在搜索广告中提供电话号码、在主页中为用户提供一个可以发送给朋友的链接、提供可以到最近店面的地图或者短码当用户输入后可以获得更多信息。

（四）营销策略

移动互联网时代给企业在营销创意上提供了无限想象空间。随着越来越多的 APP 开发与推广应用，让人们主动使用并卷入营销的互动中来。企业可以利用诸如位置服务、手机支付、虚拟购物等多种形式进行营销活动。例如：美国的品客薯片为了迎接一年一度的夏季音乐节，制作了一款应用于智能手机的 APP 来推销自己的薯片，这个 APP 软件可以发出 15 种不同乐器的声音，你可以从网站下载这个 APP，并组织一支自己的乐队，三五个人即可，所有的旋律取决于你如何使用这个 APP，如果你买了几包品客的薯片，这个 APP 可以让你通过扫描包装上的条形码，来得到新的性能和更酷的徽章，让你的虚拟乐队不断升级，所有这些你还可以通过 FaceBook 分享给好友。

1. 位置服务

传统的计算机是固定的，即使是笔记本电脑也很少在移动过程中应用，人们想通过计算机获取信息时其位置是比较固定的。但是移动互联网时代，消费者可以随时随地获取各种信息，所以 LBS（Location Based Service）即基于用户当时位置的服务成为新的营销模式，过去几年里，随着 Foursquare、Mytown、Loopt 和 Gowalla 等提供位置服务的网站崛起，以及 Google 推出的 Lattitude 这种具有位置服务的功能，LBS 开始走入大众视野。因为地理位置信息的加入，在一个移动的世界中，人与智能终端其实已经融为一体，也即是人与信息融为一体、共同成为移动网络上的一个节点，这就对社会既有架构带来了变革，且每个节点之间更容易形成精准快捷的信息交互，更好更便捷地满足人们的信息需求。例如：伦敦博物馆推出了一个创意，让用户可以在马路上就能够看到历史，你只要通过 GPS 定位加上电子罗盘确认方向，用户可以马上看到当前位置几十年前的样子。通过将老照片与实际位置进行匹配，大家可以身临其境地看到历史的图像。寓教于乐的同时让大家学会关注历史，关注博物馆。今天人们正在越来越习惯于分享自己的位置，所以把位置服务加入各种营销形式中去可以产生非常好的商业效果。

（1）LBS+生活信息服务——让信息获取更方便快捷。生活信息服务一般都有一定的区域性（同城、同区、同地点），传统的生活服务网站的信息架构为：信息类别>同城>同区>同地点>生活信息。生活服务与 LBS 结合可以打破传统的信息结构，自动识别地理位置，完全按地点展示信息即可。让用户获取信息更简单，更容易锁定目标。比如：你到某地去看房，当你到达此地时觉得还不错，于是打开预先安装在你手机上房屋中介提供的信息服务软件，通过手机定位功能，马上房屋中介就知道你所在的区域，并把附近有出租或者出售的房子全部列在你的手机上，包括价格、面积等，还有照片。这对于用户是非常方便的，不需要在家里就能看到信息。

（2）LBS+点评模式——建立口碑改善服务。人们去商家消费时，可以对其服务进行实时点评，并通过建立好、中和差等级或者评分制度，让其他人能更简单地理解商家服务的好坏。建立热点图，在地图上直观显示不同评价的程度，比如红色越深表示好评最多，黑色越深表示差评越多。这种评价的最大好处是及时性，人们对一件事是有一定热度的，这热度随时间变长热度逐渐下降，慢慢失去兴趣。通过手机发点评可以保持这种新鲜度，立即表达出对商家服务看法。这种基于 LBS 的实时评价也可以给徘徊在周围的人以消费参考。看看哪些值得去消费，哪些不值得。这种点评模式可以鞭策商家不断地提高服务质量，建立良好口碑，满足消费者需求。

（3）LBS+优惠券模式——驱动消费。此模式可以直接驱动移动中的消费者消费行为。使用者通过签到或把此信息推荐给好友等方式可获得优惠券的使用权，到商家处消费时，只要展示给商家已获得的消费券就可以得到优惠服务。例如：著名的信用卡品牌 Visa 正在利用其全球网络向消费者实时推送优惠券，Visa 和著名零售商 Gap 合作，注册这个项目的 Gap 购物者，在通过 Visa 卡购物后，就可以获得推送到手机的优惠券。

（4）LBS+酒店预订。过去酒店基本上采取的是老一套的管理方式，接受预订或等客上门。但消费者却不知道酒店目前的情况，比如有没有房间、房间的价格是多少、有没有优惠、周边情况如何等。采用 LBS 营销模式之后，消费者只要打开 LBS 就可实时看到酒店是否有剩余房间、价格是多少，还能看到附近的配套设施等，从而给消费者最直观最方便的选择。

2. **移动虚拟购物与手机支付**

随着电子商务新技术的快速发展移动购买将成为新的消费模式，而这种随时可实行的购买行为，也有望在今后成为电子商务新的成长点。欧洲零售业巨头乐购旗下的 HomePlus 在韩国推出了一种新型的电子虚拟商店，这种设在地铁站内的虚拟购物商店，可以提供商品的图像供顾客挑选，顾客在等地铁时可像逛实体店一样浏览并选择商品，每个商品的图片都有一个快速响应码，方形图片的编码数据是产品名称及其价格。只要打开手机的摄像头对准编码进行扫描，该项商品将自动进入网络购物车。然后顾客在跳上列车去工作前用手机进行支付。结算后超市会将所购产品按时送到家中。虚拟商店最主要的特点就是方便快捷。那些没有时间购物的白领一族，在等地铁的时候就可以利用虚拟商店购物。这种新的购物模式具有巨大的增长潜力，可以预计今后还将涌现出各种不同形式的虚拟商店。到时消费者将真真切切地感受到这种全新购物模式的好处，他们可以享受更愉快、更快捷的购物体验。

移动互联网时代，随时随地实现信息共享已经渗透到了我们工作和生活的各个方面。人们已经从过去的信息和数据的拥有者变成信息数据中的一部分，这使得企业可以通过用户的位置信息、机型、时间信息并结合用户个人习惯信息，再现用户状态、分析用户需求，为企业提供一幅轮廓清晰的消费者素描画像，帮助企业找到互动、精准营销的钥匙。今后随着各种技术和应用的不断发展未来移动互联网将会有更广阔的发展空间。

第三章　新经济背景下的市场和消费者分析

随着经济的日益发展，市场的竞争越加激烈。企业想要在市场上占据领导地位，必须清楚地认识到新经济时代的市场现状。本章从营销环境、市场能力及购买行为等方面展开分析，促进企业经济的进一步发展。

第一节　营销环境分析

一、市场营销环境构成

市场营销环境泛指一切影响和制约企业市场营销决策及其实施的内部条件和外部环境的总和。进一步来讲，市场营销环境是指企业在其中开展营销活动并受之影响和冲击的可控制环境因素（如价格、产品等）与不可控制环境因素（如供应商、顾客、文化与法律环境等）。不可控制环境主要是企业外部环境，包括微观环境和宏观环境。市场营销环境的具体构成如图 3-1 所示。

二、市场营销的宏观环境

文化环境、科技环境、人口环境、自然环境、经济环境、政治法律环境等方面是宏观环境因素的组成部分。这些作为社会环境的组成既会直接影响企业的营销活动，还会间接作用于企业微观环境中的每个因素，从而制衡着企业的营销活动。菲利普·科特勒说过：影响企业微观环境中的所有行为者的大型社会力量是宏观环境。这些作为大型社会力量的多种因素的关系是彼此独立又是相互统一的，这对企业

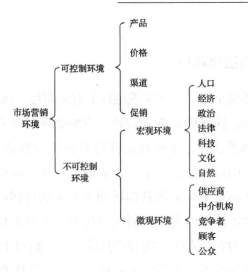

图 3 - 1　市场营销环境构成

的市场营销活动来说不仅是一个巨大的挑战而且还是千载难逢的机遇。与此同时，宏观营销环境会在一定程度上制约着微观营销环境，例如，科技环境不仅直接威胁着企业的营销活动，给企业的营销活动提供相当多的机会，而且可以通过作用于用户以及竞争企业来对企业的营销活动产生影响；消费者的消费观念、兴趣爱好、对产品的喜好程度等消费行为受到社会的道德规范、文化差异、价值观念等方面的影响，从而造成消费者对商品的选择机会的增减。

（一）人口环境

现代市场学认为，市场的构成要素包括了既有需求又具备支付能力的购买者，即潜在购买者。潜在购买者数量与市场规模呈正比关系。所以，企业营销人员必须高度重视企业"人口环境"内容的研究分析。

（二）经济环境

经济环境指企业营销活动所面临的外部社会经济条件，其运行状况和发展趋势会直接或间接地对企业的营销活动产生影响。经济环境的因素主要包括经济发展阶段、地区与行业的经济发展状况、消费者收入水平、消费者支出模式与消费结构、消费者储蓄和投资机会与信贷水平等。

（三）政治法律环境

政治法律环境是指一个国家或地区的政治制度、体制、方针政策、法律法规等方面，这些因素常常制约、影响企业的经营行为。企业的营销人员需要熟悉法律，了解政治环境对企业营销活动带来的影响，因为政治生活影响社会经济生活，企业的经营活动构成了社会经济生活。只有这样才不至于给企业营销活动带来无法挽回的损失。对进口国家和地区的政治法律因素进行研究分析对于经营出口商品的企业来说尤其重要，因为它会直接影响着产品的销售。而对于法律环境来说，不仅要研究国内外有关于市场营销的相关规定，以及关于竞争、环保、资源管理等方面的法律条文，还要熟悉各地政府在制定和执行法律的时候所具有的不同管理职能和任务。只有这样企业营销人员对于企业所处的外部环境才能有全面的了解，及时躲避营销陷阱，抓住撬动市场的"支点"。

三、市场营销的微观环境

营销的微观环境，就是一个企业的市场营销系统。疏通、理顺这个系统，是企业极为重要的一项经常性任务。市场营销的微观环境包括供应者、中介机构、顾客。

（一）供应商

供应商是指向企业及其竞争者提供生产上所需要的资源的企业和个人，包括提供原材料、设备、能源、劳务、资金等的企业和个人。供应商带来的供给量的变动直接影响着产品价格的变动，从而影响营销量和利润总额，所以说，供应商在企业营销活动中占有着举足轻重的作用。

（二）中介机构

中介机构是指在促销、销售以及在产品送到最终购买者方面给企业以帮助的那些机构，包括中间商、实体分配机构、营销服务机构（调研公司、广告公司、咨询公司等）、金融中介（银行、信托公司、保险公司等）。

（三）顾客

顾客是企业服务的对象，企业需要仔细了解它的顾客市场。从西方营销学角度来说，市场一般按照顾客类型以及购买动机来划分，以便于全方位、多角度地掌握市场的特点，更好地落实以顾客为中心的经营理念。具体划分为五类市场即转卖者市场、消费者市场、生产者市场、政府市场和国际市场。不同的市场类型决定了顾客群需求的不同，要求企业以合适的服务方式为顾客提供相应的产品（包括劳务等），这在一定程度上对制定企业营销策略，形成服务能力起着制约作用。

第二节　消费者市场与消费者购买行为分析

消费者的购买行为是企业对营销进行有效管理，有针对性地制定营销战略与策略的主要依据之一。包括个体消费者购买行为分析和团体消费者购买行为分析两大部分。

个体消费者是指所有为了生活消费而购买产品的个人和家庭。世界各地的消费者每天都要做出购买决策，但不同年龄、不同文化的消费者购买行为千差万别。因此，企业为了其生存与发展，必须认真研究消费者的购买行为，其目的就是要找出消费者究竟是如何决策的，影响其购买决策的因素是什么，厘清这些问题的本质对企业营销无疑是非常重要的。

一、个体消费者市场

个体消费者市场是个人或家庭为了生活消费而购买产品的个人和家庭的集合。个体消费者市场是一切市场的基础，是所有产品流通过程的终点，因此个体消费者市场又叫最终产品市场。个体消费者市场主要特征为：第一，消费群体多而杂、市场供应地域广；第二，市场交易额低，交易频繁；第三，消费需求变化活跃、消费特点差别化；第四，购买力流入、流出快，消费需求弹性大；第五，购买动机和购买方案的抉择实施多样，以非营利性为购买本质。

二、个体消费者购买角色

产品由谁购买，这个问题对于企业营销人员来说无疑是最关键的。对于一些产品来说，营销人员比较容易判断谁是决策者。例如，王先生路过报摊随手买了一份晨报。而对于一个家庭购买冰箱的过程显然要复杂得多，或许丈夫首先提出应该为家里置备一台冰箱，但款式、型号则有可能由太太根据其生活的需要来决定，最后可能由丈夫去交易。因此，在一次购买过程中，不同的人扮演的角色是不同的。个体消费者在购买决策过程中可能扮演的角色有：发起者、影响者、决策者、购买者和使用者。所有这些角色都会对购买与否，购买的对象、方式、主体、地点、时间等能产生购买行为的一系列问题带来影响。企业营销者必须要针对这些购买角色做出深入研究，以保证营销战略的正确性。

三、个体消费者购买行为类型

个体消费者购买行为随其购买产品的不同而有所不同。对于贵重的、偶尔购买的产品，购买者总是比较谨慎，产品越是复杂其介入程度也越大。所以，按照品牌的不同差异以及购买者在买卖过程中的参与程度，个体消费者购买类型可以划分为复杂性购买行为、减少失调感的购买行为、习惯性购买行为和需求多样化购买行为。

1. 复杂性购买行为

当个体消费者购买的是贵重的产品，并且其购买行为属于偶尔的或是冒风险的，并且品牌之间存在明显的差异，其购买行为往往就属于复杂的购买行为。由于产品价格高、品牌差异大，个体消费者往往缺乏对产品的了解，消费者会在购买前认真调研，一般不会在情况不明的状态下擅自贸然购买。

2. 减少失调感的购买行为

减少失调感的购买行为发生在购买产品属于偶尔购买的、贵重的或是冒风险的，但产品品牌之间看不出有什么差异的情况下，例如购买地毯就是一种减少失调感的购买行为，因为地毯价格较贵、偶尔购买并且属于表现自我的产品，个体消费者可能发现在同一价位，不同品牌的地毯没有什么区别。但在购买之后，顾客可能发现该品牌的产品存在某些缺陷，或是听到其他品牌的产品具有更多优点而产生失调感。购买者为了减少购买后的失调感，总是力求了解更多的信息，以证明其购买决定是正确合理的。

3. 习惯性购买行为

习惯性购买行为通常在低价产品、无较大品牌差异、回购率高的购买行为中产生，例如食盐、酱油等。在习惯性购买中，个体消费者只是去商店找一个品牌，即使其经常购买某个品牌也只是习惯而已，并不是因为其品牌忠诚，也不评价购后行为。

在习惯性购买行为中，个体消费者购买行为并未经过信任-态度—行为的正常顺序。顾客并不仔细地收集与该品牌相关的信息，也不评价该品牌产品，也不仔细考虑购买决定。顾客只是被动地接受电视广告和报纸杂志所传递的信息。重复的广告最终使顾客产生品牌熟悉度而不是品牌说服力。此时，人们不对某种品牌形成强烈的看法，人们选择某个品牌，只是因为熟悉它。

习惯性购买行为属于低度介入购买行为，购买者不一定钟情于哪个特定的品牌，因此营销人员可以利用价格优惠、电视广告和销售促进等刺激产品的销售。

4. 需求多样化购买行为

寻求多样化购买行为的重要特征是品牌之间差异显著并且属于低度介入。个体消费者大多不喜欢浪费时间来决策和评价某些品牌差异明显的产品。比如，购买饼干时，个体消费者可能出于某种信任，选了一种饼干而不进行评估，但在消费的时候开始进行评估。在其第二次购买时，很有可能因为由于想调换一下口味而买其他品牌的产品。

品牌的变化往往是因为同类产品众多，而不是因为不满意。

四、个体消费者购买决策过程

在复杂的购买过程中，消费者的购买决策过程一般经历5个阶段，如图3-2所示。但对于低度介入的购买行为，如顾客购买一袋食盐，则大可不必依次经历5个阶段，可由确认需要直接进入购买决定。

确认需要 ➡ 信息收集 ➡ 备选方案评价 ➡ 购买决定 ➡ 购后行为

图3-2　消费者购买决策过程

五、个体消费者购买行为的影响因素

1. 文化因素的影响

文化决定了人类欲望与行为，能够对消费者的行为产生深远的影响。任何人在社会的成长中通过家庭以及外部组织的社会化过程形成自己的价值观、世界观以及兴趣爱好、行为规范等整体观念，即形成个体的文化价值观。例如在中国，我们生活在一个有着五千年文明古国称号的国家里，这使我们在主体上形成了中华民族尊老崇古、诚信知本以及求真务实等价值观。

当然，群体性和社会化形成了各式各样的文化，直接影响着不同个体具有不同的文化价值观，文化的多样性直接影响着消费者购买行为的差异化。因此，了解文化因素对消费者购买行为的影响对营销活动至关重要。

影响消费者行为的文化因素有：①文化的区域、民族和宗教特征；②文化的遗传特征；③文化的间接影响特征；④文化的动态特征。

2. 人口环境与社会地位的影响

人口环境反映的是一个地区或国家人口规模、分布和结构等方面的特征。人口规模指的是人口的数量，人口分布指的是人口的地理分布，人口结构反映人口在年龄、收入、教育和职业方面的情况。

人口规模与分布是影响消费者购买行为的重要因素，例如中国目前的 GDP 已跃居世界第四，无疑是世界经济强国，而人均 GDP 则在

100 位左右，就是因为我国是一个人口大国，人口因素严重地影响了消费者的购买力及其购买行为。再如，我国北京、上海等大城市，人口的不均衡分布也是造成超高房价的原因之一，严重地影响了消费者的购买行为，人们只能望楼兴叹。

人口结构也是影响消费者购买行为的一个因素，如老龄化人口对保健品市场情有独钟，形成特殊的消费市场。同时，在一个社会中，人口结构的差异还会形成不同的社会阶层，不同社会群体的形成是由于人们在经济基础、教育程度、职业类别以及社交广度等方面具有差异，而且这种差异化决定了个体的社会地位的高低，从而带来明显的等级差别。

3. **家庭及参照群体的影响**

家庭作为基本单位构成了社会，同时也是最具典型性的消费单位。家庭对购买行为的影响主要取决于家庭的规模、家庭的性质（家庭生命周期）以及家庭的购买决策方式等几个方面。

家庭规模大小直接影响消费者的购买行为，家庭规模不同，其购买行为也有差异。例如单身女孩注重个性消费；夫妻俩注重生活品质消费。

而家庭的性质对购买行为的影响就更大了，所谓家庭的性质也即家庭的生命周期，即从结婚成家、生儿育女、儿女成人自立门户、夫妻退休、丧偶等一系列过程。显然，处于家庭生命周期的不同阶段，消费者的购买行为是不一样的。例如，还没有孩子的年轻夫妇与结婚并拥有年幼孩子的家庭相比，前者对服饰、度假等的支出显然要多，而后者支出中婴儿食品、玩具以及保健食品等会占据主要的位置。

家庭的决策方式同样会影响消费者的购买行为，比如是分散决策还是集中决策，是丈夫决策还是妻子决策等。对于营销人员来说，关键是要弄清不同的产品，家庭决策的方式如何，家庭成员中谁占据主导作用以及影响家庭决策方式的因素是什么。参照群体是指能够极大地影响个人行为的个人或群体。例如，年轻一族总是追随明星时尚，显然各种参照群体对消费者的购买行为将产生引导作用。

4. **个体心理特征的影响**

除了上述的因素外，影响消费者购买行为的因素还有个体心理特征。人的大脑受到外界刺激所产生的反应方式与反应过程形成了心理。心理活动是人类区别于其他动物的最典型活动，是最高级的也是最复杂的。消费者的购买行为方式从根本上取决于外界对心理刺激带来的反应。因此，受个体心理特征影响的消费者购买行为也就变得十分复杂了。影响购买行为的心理特征主要包括动机、知觉、学习、信任和态度等。

第三节　团体购买行为分析

一、团体消费者市场

团体消费者市场是由各种组织机构形成的对企业产品需求的总和，主要包括产业市场、中间商市场和公共产品市场。

产业市场又称资本品市场或生产资料市场，它是市场的一个组成部分。在产业市场中，团体或个人购买产品和劳务的目的是用来生产其他产品，以供出售、出租或供给他人。

中间商市场是指通过购买产品并将其出售或出租给他人以获取利润的个人或组织的集合。中间商市场是商品从生产者向消费者实现转移的重要平台。例如，目前的中国各地出现的义乌小商品市场是典型的批发市场，而大型超市就是典型的零售商市场。对于市场上的营销人员来说，中间商市场对其产品的销售至关重要。

公共产品市场就是为执行公共职能而进行购买产品的相关团体的市场，主要是指政府的各级机构。政府的主要职责就是为社会提供公共产品，例如，政府为了保障国民的安全就需要国防；为了让国民拥有畅通的交通系统就需要修筑高速公路。但政府本身并不生产这些国防及相关产品，因此就形成了政府与产业市场的供求关系。并且，政府为了维持一个国家正常秩序开展日常政务，显然这也是一个非常大的市场，确切地讲公共产品市场占到了市场份额的20%～30%。

团体消费者市场的特征有：①购买次数少、购买量大；②派生性需求；③多人决策；④直接购买；⑤专业性购买。

二、团体消费者购买决策的参与者

团体消费者购买是由多人所组成的决策团体进行的，而这个购买决策团体的大小视购买情况的复杂程度而不同。对于常规购买，购买决策小组可能就只有一两个人，而对于复杂的购买，购买决策小组可能多达 20 人，甚至上百人，并且来自组织的不同层次和部门。一个关于集团购买的研究显示，典型的集团设备购买包括来自三个管理层的十来个人，代表多个不同部门。所以，团体购买决策参与者有使用者、影响者、采购者、决策者、信息控制者。

对于团体消费者市场上的营销人员来说，团体消费者购买决策的参与者的规模及人员构成无疑增加了推销的难度，因为营销人员必须了解谁参加决策，每个参加者的相对影响作用以及评价的标准等。

三、团体消费者购买类型

在团体消费者市场中，团体消费者的购买类型主要有三种：直接重购、新购和调整后重购。

直接重购是指组织的采购部门根据以往的采购经验，从供应商名单中选择供货企业，并直接重新订购过去采购过的同类商品，属于惯例化决策。

调整后重购是指购买者为了更好地完成采购任务，适当改变采购标准，如价格、性能或供应商。调整后重购要比直接重购复杂得多，参与购买决策的人数也较多。这种购买情况给未列入供应商名单中的供应商提供了市场机会，同时也给原供应商造成了威胁。

新购是指组织第一次购买某种产品，当然也是最复杂的购买行为。由于关于产品和供应商的信息是有限的，因此新购的风险非常大。

在以上三种团体购买类型中，直接重购最不需要决策，而新购则需要精心决策。在新购情况下，团体购买者通常要对产品的规格、价格幅度、供应商、订货量、付款条件、供货方式以及售后服务等做出决策。而在众多决策因素中，其重要程度又将视情况而定，对于同样的决策因素，不同的决策参加者做出的决策也是不一样的，这使得新购更加复杂。

四、团体消费者购买过程

与个体消费者的购买相比，团体消费者的购买将经历一个更加复杂科学的、系统的购买过程，也要经历信息收集、信息分析、选择以及购买后的评估，但人为因素和组织因素的交互作用，使团体购买过程更为复杂。

（一）确认需要

当组织成员认识到购买某种产品能够解决某一问题或是满足某一需要时，购买过程就开始了。

（二）确定所需产品的性能与数量

确认了需要以后，团体购买者就必须确定各种产品的全面特性和数量，这个过程对于一些比较复杂的产品更为重要。团体购买者将根据自身的需要综合分析产品的功能、可靠性、耐用程度、价格以及其他必备的属性，并将其按重要性加以先后排序。

（三）决定产品的规格

在这一阶段，团体购买者将对欲购产品进行价值分析，明确提出所采购产品的各项性能指标，并尽可能地用数量指标，确保指标的操作性，然后写出文字精练的技术说明书，作为采购人员取舍的标准。

（四）寻找供应商

指团体购买者根据所设定的标准寻找最佳供应商。如果现有供应商能够完成工作，采购部门总是将其作为首选。这一方法有一些优点，如现有供应商比较熟悉，采购部门对它们的执行能力和经验，有一个实际的看法。现存的关系意味着双方能更好地相互理解，两个组织中人员有良好的工作关系，并理解对方受到的制约。

（五）分析供应商提出的购买建议

在这一阶段，团体购买者将邀请合格的供应商提交建议书。根据采购的要求对建议书的检查和比较，选出合格的供应商。

（六）评价和选择供应商

团体购买者根据合格的供应商所提交的建议书，全面检查比较他们的产品质量、价格、交货时间、技术服务等方面的情况，选择最有吸引力的供应商。

（七）签订采购订单

指团体购买者根据所购产品的技术说明书、需要量、交货时间、退货条件、担保书等内容与供应商签订最后的订单。

（八）检查合同履行情况

这是购买决策的最后一个环节，团体购买者在购货并实际使用后，采购部门将使用部门以及相关部门对产品的使用意见收集起来，进行全面评价，并以此作为下次购买决策的依据。

五、团体消费者购买行为的影响因素

团体消费者的购买行为同样受到很多因素的影响。很多集团营销人员认为，团体购买者（采购中心）喜欢低价格、好产品和好服务的供应商。事实上，团体购买者实质上也是由人组成的，个人因素同样起作用，他们不是冷漠的，也不是光会精打细算的，更不是无私的，因此他们的反应也包括理智和感情。如果供应商提供的产品实质上都完全一样时，团体购买者就没有多大理性选择的根据了，既然每一个供应商都可以满足组织的需要，团体购买者就可能在决策中多考虑一些个人因素。相反，如果供应商提供的产品差别很大，团体购买者就会多考虑经济因素。总的来说，各种影响组织消费者购买行为的因素包括环境因素、组织因素、人际因素和个人因素。

第四节　互联网消费者行为分析

一、移动互联网消费者的界定

　　广义的移动互联网消费者是指通过手机参与营销活动的所有手机用户。狭义的移动互联网消费者是指通过智能手机、平板电脑移动等移动终端进行消费行为的移动互联网用户。分析移动互联网消费，首先需要确定中国的手机用户，当前中国的手机用户接近 13 亿，可以说移动营销的非常市场巨大；但是，移动营销的重点关注的是智能手机的用户，当前中国智能手机用户近 11 亿人；同时移动营销的主要营销对象是智能手机用户中的移动网络用户，即用智能手机用户上网参与营销活动的人群，这部分现在将近 10 亿。移动互联网消费者就是从移动互联网用户转化而来。

二、移动互联网 AISAS 营销模式

　　移动互联网营销的目的就是要推广企业或个人的价值，包括产品的顾客价值，企业的品牌以及企业的文化。前提是不断提高消费者的转化率。

　　首先，移动营销面向智能手机用户进行价值推广，促其实现向移动网络用户及使用移动客户端各种应用程序的用户的转化，进而移动网络用户会转化为企业相关营销内容的关注者，实现 Attention；其次，关注者的持续关注，产生兴趣同时采取搜索行为，促其成为企业的营销内容的粉丝，本阶段实现了 Interest 和 Search；再次，关注者一旦转化为粉丝，将采取购买行为，实现 Action；最后，这些购买者将成为继续传播者，为企业的营销进行免费的口碑传播，实现 Share，这些良好的口碑将进一步影响移动互联网用户乃至智能手机的用户，促其实现层层转化最终成为新的消费者。

三、三类消费者市场特征比较

当前，大家一般将传统的市场营销称为营销 1.0，网络营销称为营销 2.0，移动营销称为营销 3.0，结合传统市场营销理论，将营销 1.0 消费者市场、营销 2.0 消费者市场和营销 3.0 消费者市场三者的特征进行了比较，如图 3－3 所示。

营销方式 特点	市场营销（M）	网络营销（WM）	移动营销（MM）
非盈利性	强	较强	弱
非专业性	强	较强	弱
差异性	较强	强	很强
多样性	较强	强	很强
不确定性	较强	强	很强
层次性	强	较强	弱
替代性强	较强	强	很强
需求弹性大	较强	强	很强
少量性和重复性	较强	强	很强
可诱导性	较强	强	很强
购买流动率高	较强	强	很强
购买力的流动性	较强	强	很强

图 3－3　消费者市场特征

从图 3－3 可以看出，与传统消费者、互联网消费者相比，移动互联网消费者在其消费非专业性、层次性三方面表现的强度更小，说明移动互联网消费者除了扮演消费者的角色之外，还扮演经营者，同时由于移动网络的便捷性，使其对于产品更加了解；同时移动互联网消费者在消费方面表现出更加强烈的差异性、多样性、不确定性、替代性，由于比价的便利，对于产品的价格更加敏感；购买的便利性导致其购买的流动性更大，购买力的流动性更强。将相关特点进行赋值比较，得出如图 3－4 所示。

四、移动互联网消费新特点

移动互联网消费者在购买过程中表现以下新的特点：

（1）购买目的，在移动互联网下，消费者的购买目的更加多样化，受影响因素更多元化，除了受到传统营销中经济因素、社会文化因素、营销因素和心理因素的影响，还受到社交网络群体的影响。

（2）购买者由中间向两极发展。在移动互联网下，购买更加便

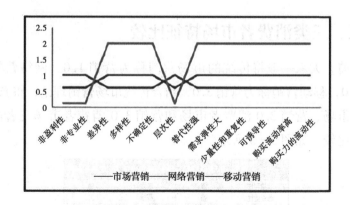

图 3-4 移动互联网消费者特征线性统计

利，智能手机的使用除了中青年人这些中坚力量外，更向老年、少年乃至幼年的消费群体渗透，其结果消费者也呈这样的发展。

（3）消费品更加多样。首先，移动互联网下，各种基于消费者应用 APP 大量出现，同时如微信、微博等社会化平台使得产品的销售更加多样，消费者购买更加便利，消费者购买的产品呈现更加多元化、多样化；其次，消费者的需求更加个性和多变，客观上刺激了消费品的供应呈现多样化。

（4）购买方式更加灵活。首先，消费者的消费不受时间和地域的限制，通过手机等移动终端，可以实现随时随地的购买。其次，支付方式更加多元化，在移动互联网下，消费者可以选择的支付方式有信用卡支付、支付宝支付、微信支付、微博支付等，所以这些便利性更加刺激了消费者通过移动互联网消费。

第四章　新经济背景下的企业市场营销策略的选择

市场营销策略是把多种营销手段有主有次、合理搭配、综合应用的实施过程。本章从产品策略、品牌策略、分销渠道策略、促销策略、服务经销策略、网络营销策略等方面入手，研究了在新经济背景下市场营销策略的选择与创新。

第一节　产品策略创新

产品策略要求企业明确提供什么样的产品和服务、建构什么样的产品组合来满足消费者的需求。毫无疑问，新产品开发将是企业产品策略中最基本、最有效的长期策略。但在知识经济时代背景下，产品概念的创新、产品组合的创新，在开发新产品的基础上，对于满足消费者日益变化的消费需求来说，更有现实意义。

一、产品概念创新

（一）产品概念及产品创新

1. 产品的定义

一般认为，完整的产品概念，也就是商品中五个最重要的部分，商品的核心功能期望产品以及其附加和潜在的价值，其中最重要的就是核心功能，也就是商品最主要的作用和吸引客户的重心，也就是消费者所得到的东西。

2. 产品概念创新

当一个产品的核心功能确定之后，产品在五个层面上的内容便大致确定。所谓产品创新，便是对这五个层面的内容进行整体或部分的改变：全新的新产品是对五个层面的内容（最主要的是产品的核心功能）在全面否定的基础上进行全面的修改、全面的创新；产品概念创新便是对构成产品内涵的五个层面的概念进行部分的改变和局部的创新，从而形成新的产品形态、新的产品属性、新的产品定位、新的产品消费群等。

（二）产品概念创新模式

1. 调整或增减产品核心功能形成产品创新

调整或增减产品核心功能，使产品的核心功能能够更好地满足消费者的需求，从而实现产品的新用途，发现产品的新市场，形成产品创新。海尔"地瓜洗衣机"的创新就是一个增加洗衣机核心功能的经典案例。1996年，曾经有一个例子，四川某农民投诉洗衣机的排水管老是被堵住，后来发现农民用洗衣机洗地瓜，但是服务人员依旧做出了处理并且尽力满足了农民的需求，农民对此十分感激，海尔人把这一点放在了心上。经过调查，他们发现，原来这位农民生活在一个"红薯之乡"，每年的红薯除了自家食用和鲜薯外卖外，红薯在加工之前要洗干净，对于红薯而言，下面的泥土和根枝的清洗都十分费力气，在这种情况下农民使用了洗衣机，根据后来的调查结果，不少农民都是这样做的这也就导致了洗衣机的转机磨损壳体发热。农民用洗衣机夏天洗衣服，冬天洗红薯使得海尔人产生了新的创意，现在的洗衣机不仅可以洗衣服还可以洗红薯乃至海鲜。价格与一般的洗衣机相当。这种洗衣机一经推向市场，便得到了非常好的市场反响。

2. 有形产品与无形产品融合形成产品创新

纯粹的有形产品即纯粹的制造业产品，有形产品可以单独形成消费者的使用价值；纯粹的无形产品即纯粹的服务业产品，无形产品也可以单独形成消费者的使用价值。随着生活水平的不断提高，消费者越来越倾向于将有形产品与无形产品融合消费，以提高产品的综合价值。

（1）增加配套产品或延伸产品，形成融合功效。对于有形产品而言，可以增加无形产品作为配套产品或延伸产品；对于无形产品而言，可以增加有形产品作为配套产品或延伸产品,以形成产品的融合功效,产生产品综合使用价值的创新。如在电影演出时销售爆米花,便是在提供电影这一纯粹的服务产品时以爆米花作为其配套产品较为成功的例子。

星巴克的成功则可以认为是有形产品作为服务产品的例子。1971年4月,第一家星巴克咖啡厅开业,最开始星巴克只是售卖咖啡豆,但是后来开始售卖手工制作的咖啡,这一切都是由于店内的装潢吸引客人在店里品尝咖啡豆,在这种需求的条件下,造就了现在的星巴克咖啡。星巴克还不定时地举办关于咖啡知识的讲座,作为促销咖啡豆的手段,以利于消费者买回咖啡豆更好地冲饮咖啡。星巴克咖啡,在几年内就开设了许多家分店,在1982年,星巴克有了转型的机会,舒尔茨在一次喝咖啡的时候发现店内人满为患,但是服务人员依旧可以喊出客人的名字,这种细腻的服务促使了分店的开设。咖啡店装潢温馨舒适,为人们在这里相聚、谈事提供良好的服务,给当地社区的居民提供了一种非常舒适的聚会场所。舒尔茨看到这种景象后,觉得这种咖啡店生意在美国也一定会深受欢迎和大有市场。回到美国后,1984年星巴克开张了一家特别的分店,这家店同时售卖咖啡豆和咖啡,这也是星巴克在此类店铺中的第一家店。星巴克成功了,成功的秘诀应该是一个系统的概念,不仅在于品牌战略、准确定位和独特品质,也在于星巴克所销售的不仅是咖啡,更是一种服务精神。

(2)满足物质层面需求与满足精神层面需求融合。一个老太太卖苹果的故事,能够很好地反映满足物质层面需求与满足精神层面需求融合所形成的新的产品价值。寒冷的冬天有一个老人在情侣俱乐部的门口售卖苹果,但很少有人买,老人听从路人的建议,把苹果成双成对用丝绸包装好来吸引情侣的注意力,售卖所谓的"情侣苹果",俱乐部中的情侣为了一个好彩头并且被这种新奇的方式所吸引,纷纷购买,这也就使老人的苹果被抢购一空,苹果只是多了一些附加服务,就变成了另外一回事。如果单纯卖苹果,仅能够满足人们对维生素等物质层面的需求,但是按"情侣苹果"来卖,既能满足情侣们对维生素等物质层面的需求,又能满足情侣们对"爱情"等精神层面的需求，满足物质层面需求与满足精神层面需求相融合，就产生了如此巨大的差异。

中国茶是又一个满足物质层面需求与满足精神层面需求相融合形成产品价值定位的例子。茶有两种，一种是"柴米油盐酱醋茶"的茶，另一种是"琴棋书画诗酒茶"的茶。第一种茶可满足人们"养身"的物质层面需求，如解渴、提神、去火、消食等；第二种茶则可以满足人们"养心"的精神层面需求，如抒情、礼仪、悟道等。对于工作忙、压力大、竞争激烈的现代人来说，饮茶所能收获既有物质层面需求的满足，又有精神层面需求的满足，但茶对于现代人来说，最大的价值是"养心"，"养身"则在多数场合下成了辅助价值。

3. 打破生产资料产品和生活资料产品的界限形成产品创新

大部分制造业的产品按照最终消费者的属性可以分为生产资料产品和生活资料产品，其最终用途、销售渠道、销售方式等多方面均有众多的不同。多数生产资料产品和生活资料产品在市场上是有较为明确的界限的，但还是有不少产品兼备生产资料产品和生活资料产品的属性，使得这些产品在目标市场确定等一系列的营销策略上要有相应的对策。而对于其他更多的生产资料产品和生活资料产品属性较为明确的产品，也可以在 STP 战略的实施中打破生产资料产品和生活资料产品的界限形成产品创新，形成产品多种产业属性的融合，这在知识经济环境中会越来越多。

广东某企业生产的专门储存红酒的电子冰柜，在海外及国内传统的市场概念中属于生活资料市场的产品，个人消费者买来用于家庭储存红酒，一则保证红酒的品质，二则在饮用红酒时能有较为适合的饮酒温度。所以，这种酒柜应该面对个人消费者，在小家电营销渠道中销售。但如果换个思路，电子冰柜的生产企业和红酒的生产企业联盟，将电子冰柜作为红酒企业红酒产品的包装，消费者在购买红酒的同时购买红酒的包装，还可作为储藏红酒之物。同时，作为较高档的红酒，其原有包装的包装费支出可能要高出电子酒柜的成本，此举也为电子酒柜生产厂家形成了一个较为稳定的销售渠道，这可谓一举三得。电子酒柜也形成了由生活资料向生产资料的转变。电子冰柜由最终产品变为红酒的包装，同时也形成了产品由生产资料产品向生活资料产品的转变。

4. 改变产品核心功能的属性形成产品创新

改变产品核心功能的属性并不是真的改变产品核心功能的基本属性，完全改变产品核心功能的基本属性属于新产品开发性质的创新，这里提到的改变是指改变产品核心功能基本属性原来的定义，或者原来基本属性所对应的目标市场等环节的变化。

（1）旅游观光采摘园改变了农产品原有的核心功能属性，形成产品创新。随着现代社会的发展，人们在观光的过程中对果园的采摘活动有了新的兴趣，旅游并不仅仅是游览风景，而是一种旅游为主的健身娱乐的综合放松方式，从单一的旅游方式发展成了一种全面的产品开发。也使适宜采摘的农副产品其原有的核心功能属性发生了改变，形成产品创新。旅游果园是现代城市的工业和农村的植物相结合的产物，满足了城市人群对自然的追求，利用果园的基础条件将果园的元素和条件发挥到极致，这都是果园对人群的追求的保证。

随着我国工业的发展和对资源的开发，自然资源对人们的吸引力越来越大人们更加热衷于这种贴近自然的生活，果园采摘也就迎合了人们的这种精神需求。旅游观光采摘园以大自然为基础，保持传统文化，为采摘活动赋予了一种精神寄托，农村的乡村生活为人们提供了适合的精神寄托。产生一种新的精神文化。寓情于景，情景交融，使人们在游览的过程中体验大自然的魅力使人们获得心理和生理上的需求，使人们在游览中满足自己。

在旅游观光和采摘的服务相结合之下，农副产品原有的核心功能属性还在发挥作用，并且是基础性质的作用，但在新的产品形态组合中其作用已经蜕变为配角，只是旅游观光采摘园这一新形态产品核心功能属性的一个组成内容，并且这种变化还预示着两种产品的产业属性也发生了变化。农副产品生产属于典型的第一产业，旅游观光采摘园属于典型的第三产业（服务业），在知识经济发展的背景下，这种组合及变化也会越来越多。

（2）脑白金变保健品核心功能为礼品，形成产品创新。"今年过节不收礼，收礼只收脑白金"的广告，虽然不一定每一个消费者都喜欢，但它却对脑白金这种产品的功能定位阐述得很清楚，即"买来送人的礼品"，而且与社会常见的作为送礼的烟酒等"不健康礼品"不同，送脑白金体现的是送健康、送关心、送爱护，送的是晚辈对长辈的一份孝道。将作为保健品的脑白金定位于"礼品"，可以形成多层面的产品创新。①实现了产品核心功能的转换。保健品的核心功能要有能够调理某些不良症状的"疗效"，礼品的核心功能要有人际交往中的"面子"。②将购买者与消费者分开，形成了产品的二次消费。产品实际购买者是要送礼的人，他所支出的是货币，所消费的是产品"面子"的价值。产品本身所具有的核心功能的实际消费者是受礼者，他所付出的是对送礼者的"情谊、友谊、爱意"等。③增加了产品满足人们精神层面需求的功效。作为保健品的脑白金，其核心功能只能是为处于"亚健康"状态的人们提供恢复健康状态的"物理"功效，这是一种主要满足消费者生理需求的"硬"功效；作为礼品的脑白金，其核心功能是为有需要"交际"活动的人们提供社会交往的"社会"功效，这是一种主要满足消费者精神需求的"软"功效。作为基础性的产品，脑白金的自然属性没有改变，但其市场定位的变化，不但增加了产品（脑白金）满足人们精神层面需求的功效，而且这种功效成为该产品核心功效的主体内容，产品原有的"硬"功效反而在产品的两次消费中均有所淡化，两类消费者对"硬"功效的关注均不如对"软"功效的关注，尤其是当礼品购买的消费者更是如此。④作为"保健品"的脑白金和作为"礼品"的脑白金，在目标市场的选择、广告促销、分销渠道以及定价等诸多环节均有众多的不同。

脑白金的成功印证了一个广为流传的故事。曾经有一个出售葡萄的小贩遇见买葡萄的孕妇问葡萄的酸甜，说是甜的结果孕妇想吃酸的，后来又一遇见一个想要吃甜葡萄的老人，结果因为孕妇想吃酸的而回答是酸的，又没有卖出去，这就说明了一些问题，最重要的还是商品本身，而不是个例的需求。更重要的是搞清楚到底怎么把葡萄卖出去，酸甜是葡萄本身的特质，而消费者对服务的需求是不一样的，所谓的酸甜就是提供服务的人对自己的市场定位，要熟悉自己能提供的服务，按照客户的需求提供最适合的服务。在这种同质竞争的环境下，葡萄的售卖还会被很多因素所控制，比如其他售卖葡萄的人，以及那些葡萄的价格是否更低，是否好吃以及服务态度是否更好等。不仅产品要满足消费者需求，而且要有差别性才能有较好市场表现的可能，如葡萄不仅甜，而且无核。如果市场需要的和你有的并不一致的时候，就要适当改变自己，不能只是坚持自己所拥有的，要适当做出改变，不要在乎那些人所观察的眼光，而要将自己的服务定位出一种新的策略，更要将自己的服务兜售出去。这个故事告诉企业必须全面考虑消费者为什么购买产品这一命题，"产品是为满足消费者需求所提供的一切利益"，这不仅仅是一种销售策略，也是一种营销意识，这种认识使企业营销策略空间拓展了许多，如甜葡萄可以是水果也可以是饮料乃至礼品等，中国是一个重视礼仪的国家，脑白金就是一种很好的把握这种礼品的心理的一种方式，把握了人们追求健康的时候的慷慨态度。

二、产品营销环节创新

在产品营销环节有许多创新的办法，创新空间极大。从某种意义上讲，来源于产品营销环节的创新，其价值与来源于产品自身的创新一道构成产品创新的整体。

（一）产品组合的创新

产品组合是某一企业或公司出售的各种产品系列的组合，包括厂家生产的所有产品系列或经销部门经销的所有产品系列，也是指一个企业所经营的全部产品组合方式。产品组合包括三个因素：产品系列的宽度、产品系列的深度和产品系列的关联性。这三个因素的不同，构成了不同的产品组合。产品组合的调整及优化是企业产品策略的重要内容，主要是通过增加或减少产品组合的宽度、长度和深度来形成一个企业所拥有产品组合结构上的变化，使之能够更好地适应市场的需要。常规的产品组合调整及优化主要是从产品的盈利能力和市场竞争力、不同产品寿命周期状态等维度进行测度和调整的，产品组合的创新要换个角度来实现产品组合的调整及优化。

1. 产品组合的复合度

这是对一个企业而言的产品组合的创新。

(1) 同一产品形成两个以上的核心功能复合。一般来说，一种产品实体只具备一种核心功能，这也是我们在市场上见到的大多数产品的现实状况。如果能够在一种产品实体上同时实现两种或两种以上的核心功能，这两种核心功能可能是并行的；可能是一种核心功能为主，另外一种核心功能为辅；可能是在一种场合一种核心功能发挥作用，另外一种场合另一种核心功能发挥作用；可能是一种核心功能在该产品物理寿命续存期间发挥作用，另外一种核心功能在该产品物理寿命结束之后发挥作用（如收藏价值）等。总之，一个产品复合的核心功能越多，其市场价值越大。当然，在核心功能复合的选择上，一定要注意"度"的限制，不要将一种产品变成"四不像"。同一产品形成两个以上的核心功能复合的例子会越来越多，如既能洗衣服又能洗地瓜的洗衣机、既能打电话又能看时间的手机、既能代步又能健身的自行车等。

"请为我们见证：我们将登上爱情专列，从今生出发，向来世远行，比翼双飞，钟爱一生，奉献铁路，享受生活。"2011 年 7 月 2 日，上海铁路局在上海虹桥站举办"爱在高铁"青年集体婚礼，24 对因忙于京沪高铁联调联试及运营准备而推迟婚期的新人发出"爱情宣言"，喜结幸福连理。将刚刚问世的现代化代步工具京沪高铁作为"婚车"，不失为这种创新的极佳应用。

(2) 满足物质需求与满足精神需求的复合。物质消费需求是指人们对物质生活用品的需要，精神的需求是指满足人的精神和精神活动的需要。与物质的需求相比，精神上的需求是高一层次的需求。从马斯洛需求模型看：越是处于低层次的需求，越是以物质满足为主、精神满足为辅，主要以有形的制造业产品、辅以无形的服务业产品来满足这种需求；越是处于高层次的需求，越是以精神满足为主、物质满足为辅，主要以无形的服务业产品、辅以有形的制造业产品来满足这种需求。随着人们生活水平的日益提高，马斯洛需求模型所展示的五个层次的需求，其需求的满足都会大大提高门槛，而且物质需求与精神需求的界限日益模糊，对既能满足物质需求又能满足精神需求的产品，其要求越来越高，需求的数量越来越多，形式也越来越多样化。因此，企业必须在产品组合的优化与调整中注意产品满足物质需求与满足精神需求的复合，形成产品创新，以适应市场需求的变化。

消费者精神需求体现的领域广泛，内容多且复杂，会随着时间及其他条件的变化有很大的动态性，受各种消费环境变化的影响较大，有较强的个性化特征，并且难以从个体消费者的消费表现等外在行为上准确地加以判断。如人的自尊需求：发挥自己的潜能、精神上的娱乐、爱的归属、自尊和被尊重、自我实现等；再如认知需求：好奇心、探索欲、神秘感等；审美需求：如秩序性、对称性、圆满性、协调性等；个性化需求：如个人风格、个人爱好。满足精神需求的产品和满足物质需求的产品是不同的。满足物质需求的产品强调的是产品的物质实体本身，反映的是一种自然层面的人物关系；满足精神需求的产品强调的却是附加在物质产品上的信息、关系、潮流、荣誉等虚化的因素，这些因素能对人们心理（精神）有所关联、有所触动、有所变异、有所调整，并且能够引起他人的感知及关注，反映的是一种社会层面的人际关系。当然，精神的满足也不能脱离对商品物质实体的消费，但这里强调的是物质实体本身并不能对精神满足起决定作用，起决定作用的是能够进入人们头脑的信息、关系、潮流、荣誉等因素，这些因素给人们带来精神上的愉悦和满足。满足物质需求与满足精神需求的复合，要求企业必须能够制造出凝聚着满足消费者精神需求因素的产品，不能很好地满足消费者精神需求的企业，无论其产品质量如何高，在今天的市场上都无法获得巨大的收益。

在原本是满足消费者物质需求的产品中加入满足消费者精神需求的要素，就能使这样的产品复合体价值倍增。如单纯的吃饭，吃的饭菜是最常见的满足消费者物质需求的产品，其本身的价值不是很高，但吃饭一旦成为请客的饭局，与自尊、社交等形成联系，吃饭就变成了不仅是满足吃饭人的物质需求，更是满足吃饭人精神需求的事情，所以价值会极大地提高。

2008 年，中国商人赵丹阳以 211 万美元成功拍得与股神巴菲特共进午餐的机会。如果仅从吃饭的角度看，一顿牛排大餐，要支付上百万美元的高价，这样的"饭局"其性价比就太低了。但赵丹阳表示，花上百万美元的高价不仅是吃一顿牛排大餐，更重要的是在与"股神"谈了投资、教育和慈善事业三大话题后，自己很多疑惑得到了解答，投资思路也更加明晰，同时也大大提高了自身的知名度，这样算，这种投资的性价比还是不错的。

实际上，几乎所有的满足消费者物质需求的产品都具有一定的满足精神需求的功能，几乎所有的满足消费者精神需求的产品也都需要一定的物质产品作为手段或基础。这里强调的满足物质需求与满足精神需求的复合，是企业要有意识地扩大这种复合的范围，加强力度，使这种复合产生更大的、有别于两者未能结合的追加效益。

（3）具有跨行业属性的复合。具有跨行业属性的复合，可以以多种形式实施。

1）一种产品两种核心功能的复合。在企业进行产品组合创新中，当某种产品被赋予两种或两种以上核心功能时，往往这两种核心功能所对应的产品其行业属性是不一样的，这便会形成具有跨行业属性的产品复合。如采摘园中的水果，兼有农业及旅游业的属性，这种情况对于调整区域产业结构也有重要意义。

2）两种不同行业产品的复合。两种或两种以上不同行业产品的复合，从较高的层面看，可以在三大产业之间形成不同的搭配组合；从较低的层面看，可以在三大产业之间或之内的细化行业之间形成不同的搭配组合。星巴克便是加工业与服务业复合的例子。

2. 企业间合作丰富产品线

这是对多个企业而言的产品组合的创新，也就是说，企业产品组合有时也可以，而且必须借助于外界的资源在联合的基础上形成。企业虚拟化经营、企业战略联盟等多种企业合作的形式，以及在知识经济形态下，企业由过去单纯地强调竞争，转向竞争与合作并存，由单赢变双赢甚至多赢的经营理念，使这种企业间合作丰富产品线成为可能；各种经营资源的稀缺性，企业占有资源的难度越来越大，代价越来越高，以及企业经营需要培育核心竞争力的经营要求，使这种企业间合作丰富产品线成为必要。

　　企业间合作丰富产品线可以通过多种形式实现，如制造企业（工业制造业、农副产品生产制造业）之间合作丰富产品线，制造企业与服务企业之间合作丰富产品线，制造企业与商业企业之间合作丰富产品线，服务企业与商业企业之间合作丰富产品线，商业企业与商业企业之间合作丰富产品线，等等。在企业的经营实践中，企业间合作丰富产品线的例子很多，形式多样化。如一家餐馆与一家经济型酒店合作，餐馆向酒店提供住宿者的早餐，丰富了餐馆服务产品线。

（二）变营销对象为营销伙伴，变销售产品为销售盈利模式

　　把梳子卖给和尚是营销界流传甚广、类似脑筋急转弯的一个案例，讲述的是如何把一件按照常规思维不可能做到的事变为可能（可行）。这个案例可以有多种解读，也能够很好地说明如何变营销对象为营销伙伴、变销售产品为销售赢利模式。

　　有多人去参加企业招聘，主考官出了一道实践题目：把梳子卖给和尚。众多应聘者认为这是开玩笑，最后只剩下甲、乙、丙、丁四个人。主持人交代：以十日为限，向我报告销售情况。

　　十天期限到了。考官问甲卖出了多少，这种情况下甲并没有成功，辛苦的游说并没有什么作用，和尚是不需要梳子的，本质不变，没有需求也就没有业务。示意用梳子挠痒效果更好，小和尚因为喜欢买了一把。主考官问乙，乙卖出了100把，因为山中的风大，而每一位上香的人都蓬头垢面，这种情况下每个寺庙可以卖出一把，供给香客使用。而丙则卖出了1000把梳子，他给和尚出主意，将梳子作为一种吉祥物，开光祝福，每一名香客都会买一把，一传十十传百销量很大，创收很多。主考官问丁："卖出多少把？"答："第一期5000把，后续会源源不断。"主考官大惊，问："怎么卖的？"丁说他已经与一座规模很大且香火极旺、急需修缮却又苦于缺少善款的寺庙达成了协议，已经给该寺院送去了5000把梳子，告诉寺院在梳子上下点功夫，分别刻上"开光梳""智慧梳""姻缘梳""流年梳""功名梳"等字样作为赠品。请高僧给"开光梳"开光，只赠送与该寺有缘的人，这些人

常年与该寺有各方面的联系，对该寺的生存发展有重要的意义。其他的梳子分别送与到寺院祈求各种心愿能够实现，并奉送不同香火钱的施主与香客作为留念，如祈求保平安、愿子女聪慧等。现在效果很好，并决定长期与我们合作。

总结这四人的销售方式可以看出：甲做的是推销梳子的营销实践，只不过他最后推销给和尚的不是梳子最基本的使用价值（梳理头发），而是梳子的延伸价值——挠痒功能。虽然也属营销创新，但只能以梳子的基本价格出售，且数量少，销售的持续性前景不明朗。乙的做法已经包含了两个方面的创新，一是他将原本不需要梳子的和尚对梳子有了新的需求，梳子成了和尚为香客提供服务的工具；二是为梳子最基本的使用价值找到了真正的使用者，该做法也属营销创新，但在这种模式下梳子的最基本功能还是梳理头发。因此，销售虽然有可持续性，但需求数量不会很大，售价只能按照梳子的价格销售。丙在乙的基础上又进行了创新，即将梳子在保持最基本功能梳理头发的基础上，赋予了新的价值，成为具有宗教信仰意义的纪念物。如果说在乙模式下梳子满足的是香客的生理需要，则在丙模式下梳子满足的是香客的心理需要，因此，销售具有很好的可持续性，同时，需求数量也会增加，并且售价还能相应提高。丁在丙和乙的基础上又进行了创新，即将梳子变成了和尚筹措善款的工具（实际上是盈利的工具），将和尚由最初的销售对象（不论是直接的还是间接的）变成了经营伙伴，将卖梳子变成了卖盈利模式，而和尚送给施主和香客的不仅是梳子这种物化的纪念品，更重要的是送给了极具个性化和针对性的祝福、信仰和心灵的慰藉，这是最值钱的。因此，销售具有更好的可持续性，同时，需求数量也会大幅增加，并且售价还能相应提高。

三、产品价值创新

对消费者创造价值的研究最早由经济学者提出，营销学者扩展了研究，Becker 和 Stigler and Becher 认为，消费者在市场上购买的产品，如汽车、电视等，并不能直接满足其需要，消费者必须懂得如何操作和使用这些产品才能满足其需要，即厂商给消费者的任何产品都不能直接满足消费者的需要，满足消费者需要的东西是消费者在厂商提供的产品基础之上自己创造出来的。当今世界最具影响力的社会思想家和未来学家阿尔文·托夫勒（Alvin Toffler）在《第三次浪潮》中提出了消费生产者（Prosumer）这个概念。有些消费者可以发现一些不同的商品使用方法，改变产品的结构。

（一）产品对于消费者的价值最终取决于消费者的感受

有一个流传很广的故事：苏东坡到金山寺访佛印，相对打坐参禅。良久，佛印问东坡：你看我像什么？东坡道：我看你像一坨屎。东坡问佛印：你看我又像什么？佛印答：我看你像一尊佛。苏东坡回家后，诉之于苏小妹，苏小妹评曰："佛由心生，心中有佛，所见万物皆是佛；心中有屎，所见万物皆化为屎。"由此看来，人即使是对客观存在的事物，其判断或评价会受到自身主观感受很大的影响。

"安慰剂效应"则从实证的角度进一步印证了人对客观事物的判断或评价会受到自身主观感受影响的现象。所谓的安慰剂就是在一些疾病的治疗中，医生开出的一些药实际上没有用，但是又不告诉病人，使人们的疾病得以治疗，这是一种心理暗示，但就是这种心理暗示在某种程度上也起到了一些心理作用，进而产生了治疗效果，很大程度上来讲，在治病的时候医生不得不考虑到这些情况，这些安慰剂也是有用处的。当然，一个性质完全相反的效应亦同时存在，即"反安慰剂效应"。当病人不相信治疗有效时，即使给其服用确有疗效的"真药"，可能会令病情恶化。笔者曾经听一个常年在青海湖景区带团的导游讲她所经历的事情：青海湖景区的平均海拔在 3200 米左右，可能会引发一些游客缺氧。一次该导游所带旅游团中一位游客因害怕缺氧，随身带了氧气袋，但当他感觉有点缺氧难受时，不巧所带氧气袋由于密封不好氧气已经泄漏，此时游客非常着急地问导游能否帮助充氧，导游刚想说没办法时，经验丰富的司机赶紧插话说："没问题，我可以帮助解决充氧。"于是司机拿着氧气袋到了旅游车的后面，一会便拿着满满的氧气袋回来交给游客。游客如获至宝，赶忙吸了起来，一会便说舒服多了，还感谢司机师傅说："你充的氧气还有一丝淡淡的烟味，不仅吸了氧，还小过了一把烟瘾。"过后导游问司机如何充的氧气，司机说："哪来的氧气，只是用嘴吹了一些空气进去。"因为司机是烟民，于是便有了带烟味的"氧气"。

哈佛大学心理学系终身教授艾伦·朗格曾经做过一个有趣的实验。她从一些酒店招募了一些女工人，将女工分为两组，一组告诉她们消耗的能量，另一组并不告诉，所有的女工都不认为自己锻炼了身体，但是巨大的工作量使得她们的运动量是一样的，只是自己并没有意识到，长时间之后就使她们之间有了巨大的身体差别。这也就是安慰剂效应，也就是心理暗示的巨大的作用。

好莱坞拍了一部名为《倒时钟》的影片，用影片做了一个实验，征集了足够的老人，把他们分成两组，为其中一组准备了他们年轻的时代所处的环境，使他们活出年轻的时候的状态，一段时间之后，这些按照年轻的生活状态生活的老人的身体状况有了显著的提高，这也是心理暗示的另一个例子。这些故事或实验都说明了这样的道理，以及这种道理所阐释的客观存在现象：人们的主观意识对客观存在的事物，其判断或评价会有很大的影响，并且会创造出有别于原本实际存在状况的一种新状况。如果说企业生产的产品或服务提供给消费者消费，消费者对产品或服务实际价值的判断或评价肯定会或多或少受到消费者主观意识的影响，并且会按照消费者的意愿、理解、观念及社会风潮等因素创造出有别于产品或服务实际价值的一种新价值，即产品对于消费者的价值最终取决于消费者的感受。

（二）体验经济时代凸显消费者体验感受

阿尔文·托夫勒在《未来的冲击》一书中指出，"经济下一步走向何方，服务业后，还搞什么"，"提供体验是超工业革命面临的重要课题之一"。现在全世界都发展到了信息时代，全世界都在飞速发展这种情况下经济和信息就十分重要。体验经济被视为服务的新的方式，在各行各业都绽放光芒，其影响越来越大。

在体验经济中企业就是要把客户体验放在第一位，为了客户的感受考虑，调整自己的经济情况和条件，进而在产品的设计和创新中产生的一种新的经济体系。现在的生产者不仅要考虑商品的好坏，更要在一些重要的方面设计和生产产品，还要充分考虑好消费者体验的方便性和易实现性。在体验经济中，销售的不仅是一些具体的商品，而是一种体验，一种特别的感受。并形成消费者二次或多次对产品价值再创造的空间。这样看来，在体验经济的时代消费者所购买的本质并不是商品或者说服务，而是一种情绪，一种对商品的体验和精神上的感觉，在过去人们消费的是一种物体，但是在现在，人们消费的就是一种情绪，一种感受，一种在消费过程中所收获的感受，这也就是现代体验经济的精髓。同时，这种所得是独立于企业所提供给消费者产品的效能的。

（三）协调、引导消费者对产品价值的创新

派恩二世和吉尔摩在《体验经济》一书中指出：没有两个人的体验是完全一样的。同时，消费者获得的价值与企业提供的产品也不会是一致的，消费者的体验导致了消费者的创造的价值，每一个消费者的观点不同所得到的体验也就不同所以得到的反馈也就不同或者大于，或者小于，或者等于，或者同向，或者反向，等等。

1. 消费者创新产品价值的特点

（1）突出对产品心理感受层面的创新。消费者对产品价值创新的行为属于自我实现的实践活动，这种创新可以表现为对产品物理功能改善的创新，但更多地表现为对产品心理感受层面的创新，这是一种以满足消费者精神需求为主的创新活动，这种创新消费者更乐于做，也更容易实现。体验是一个人的情绪、体力、精神等达到特定水平时其意识中产生的一种美好感觉，它本身不是一种经济产出，是虚幻的、无形的精神层面的产出，显然体验价值不能用精准的数据来量化其大小，但其大小还是能够以强弱等定性的度量描述加以区分的。这种对产品心理感受层面的创新，可以大大增加、丰富消费者的人生阅历。托夫勒说，大部分的艺术品都是生活中的一些特别的体验。心理学家的实验就表明了一个人有什么样的体验，只有真正代入角色才能明白一个人的心理体验，这也就是世界上的一些事情的变化太快导致的内

容的丰富，也就是人们的特别的体验方式。来"认知"和"感受"世界，而是以"事必躬亲"的方式去经历，则人们（消费者）对丰富多彩的世界给自身带来的各种利益和享受便会大打折扣，人们不可避免地会遭受很多机会损失。

（2）消费者创新的产品价值主要是体验价值。消费者创新产品可以对其物理功能进行创新，并获得新的使用价值，但更多地表现为对产品心理感受层面的创新，更多地希望获得体验价值。体验价值是指消费者从企业提供的产品或服务中所体味到的，或者通过自己再创造所感悟到的源于内心感受的价值，即在消费全程中，通过设置或创新一些体验性细节，更加人性化、生动化、体贴化，使得产品满足消费者物质及精神方面的需求的功能得以充分、全面的升级和扩散，以在传播的强度和深度上感染目标人群，获得更广泛的认同，这便是体验价值的两个重要来源。体验价值是服务价值的一种升华，是一种发自内心的精神满足，并会形成深刻记忆或产生美好回味。根据马斯洛的需要层次理论及消费者满足精神需要侧重点的不同，可以将体验价值分为社会需要价值、尊重需要价值和自我实现需要价值。

体验价值可以表现为：①情感价值。情感价值是指通过产品的提供或消费者再次创造使消费者产生愉悦等积极情感，从而使消费者觉得从产品中获得了价值的那部分价值。②心理价值。心理价值是指消费者消费或再次创造该产品心理感知风险低，从而使消费者感到从产品中获得的那部分价值。③知识（信息）价值。知识（信息）价值是指由于消费者在消费或再次创造该产品时得到了自己想要了解的信息，或由于消费产品增长了需要的知识而使消费者感到消费该产品给其带来了价值。

（3）极具个性化。由于消费者创新产品的价值重点表现出产品在用户心理上所表现出的个性和创新，从心理上使人们产生自己的感受，产生独属于自己的美好的个性和创新，使人们有着自己的独特体验。甚至同一个人在不同时间、不同消费产品的场合、不同的心境情况下对产品的消费感悟也会发生变化。西方有句谚语"一百个人就有一百个哈姆雷特"，说的就是这个道理。一百个人坐在戏院里看戏剧，看完以后，会有一百种不同的感受。所以，消费者创新产品的价值在价值的性质、价值的大小、价值的影响力等方面均表现出很大的不同，极具个性化。

（4）个体创新与群体互动式创新相结合。消费者对产品价值创新的行为可以个人实施，也可以群体互动式实施。群体互动式又包含消费者与厂家的互动及消费者与消费者之间的互动。农业经济、工业经济都是单向的产出经济，即这两种经济形态所有的经济产出物都在生产方（供给方）内部形成，不与消费者发生关系；服务经济和体验经济则不然，纯服务型产品的生产与消费过程在时间和空间上是高度统一的，消费者不仅要参与其生产与消费的全过程，而且消费者参与的综合状态会对产品的综合质量产生重大影响。体验经济更是这样，所有体验经济的产品，其生产与消费全过程更需要消费者全身心地、主动地参与，甚至消费者在体验经济产品的生产与消费过程中起主导地位，人们的体验都是消费者交流之间所产生的独特的体验。消费者对产品价值创新的行为正是体验经济产品生产与消费过程的延续和拓展，所以，这种创新应该是一种消费者与厂家的互动过程，消费者之间互相促进相互交流创新的过程，而且是这种价值得以实现的途径之一。在群体消费及体验产品过程中，通过成员之间的互动，能够激发、拓展创新的灵感，集思广益，有利于创新的实现。由于消费者创新产品价值主要是体验价值，体验价值是需要消费者自己去亲身体验的，但这种体验的感受需要与别人分享，在别人感知的情况下这种价值才能体现出来，这也需要消费者与消费者之间的互动过程。

（5）无法用投入产出关系判断消费者创新产品价值的合理性。消费者创新产品价值主要是虚幻的、无形的、精神层面的产出，不能用精准的数据来量化其大小。同时，消费者创新产品价值所发生的投入也可能是多样化、多形态的，有实物资源性的、有观念性的，等等，因此，无法用投入产出关系判断消费者创新产品价值的合理性。或许这种创新的产品价值需要很大的投入，或许不需要什么投入，或许仅需要物质的投入，或许仅需要精神的投入，也可能两者都需要，总之，"一切皆有可能"。

2. 协调、引导消费者创新产品价值的措施

（1）为消费者创新产品价值预留空间。无论是在知识经济形态下的企业生产，还是在体验经济形态下的消费，都需要真正做到以消费需求为导向，以消费者为主体，在产品的设计、生产、销售及消费等各个环节，不仅要十分清楚企业能为消费者创造什么？提供什么？怎么提供？如何让消费者方便快捷并节省资源地使用产品的功能、实现产品的价值等问题，还要十分清楚消费者能够用企业的产品再创造什么？是否容易实现这种创造？为消费者创新产品价值预留空间。曾听说过一家餐馆，餐馆可以为食客提供做好的美食（这是目前绝大多数餐馆的经营方式），但这家餐馆最有特色的是可以为食客按照标准的菜谱做好准备工作，让食客亲自掌勺；或者食客可以自己出创意，餐馆协助食客创新食谱，做出美食。

（2）吸纳、协助消费者对产品价值进行创造及再创造。企业应该将过去较为封闭的产品设计、生产、营销等环节有条件地向消费者开放，以各种形式吸纳、协助消费者对产品价值进行创造及再创造，鼓励、支持消费者参与对产品价值进行创造及再创造的活动，将吸纳、协助消费者对产品价值进行创造及再创造作为企业经营的重要的经营业务来规划、组织并运作，使这种经营方式变成企业的经营特色，形成一种核心竞争力。例如，在网络时代的今天，可以利用网络组织吸纳消费者在企业产品研发设计阶段就参与其中，现在不少企业通过网络建立企业虚拟的研发创意工作室，邀请广大消费者（或者有兴趣的非消费者）为企业特邀创意设计人员，通过网络对某项新产品的研发提供思路、设计方案等。再如，在产品的设计、使用等环节中加入更多的能引发消费者在感觉上形成共鸣的元素，既能在更大范围内引发消费者对这类产品进行价值再创造的兴趣，又能方便这种活动的实施，易于收到较好的效果。

（3）搭建消费者再创造产品价值的平台。企业除了在产品的生产技术、使用的技巧等环节注意消费者再创造产品价值的方便性及可行性，有利于消费者个体实施再创造产品价值的活动，更要注意搭建消费者再创造产品价值的平台，将再创造价值的个体活动变成一种群体

活动，在物质上、技术上、组织上、环境氛围的渲染、行为意识的引导等方面对消费者群体性再创造产品价值进行帮助。如赞助产品俱乐部、消费者的品牌社群活动等，使消费者再创造产品价值的活动在群体中实现。

（4）在宣传造势上支持消费者再创造产品价值。企业应将消费者再创造产品价值活动纳入企业正常经营的业务范畴之中，并将这一业务定位于品牌特色之一，这在体验经济方兴未艾的今天尤为重要。消费者再创造产品价值将是企业在体验经济中重要的竞争领域，谁在这方面抢得头筹，就能够较好地抢占消费者心理资源，形成较高的竞争优势。工业经济时代奉行"产品为王"，产品的使用价值"谁用谁知道"，别人知道与否基本不影响、不改变产品的基本功效。体验经济奉行"感受为王"，产品本身的价值以及消费者再创造产品的价值，由于感受（体验）价值来源于消费者的感受和别人的关注两方面，即其价值不仅"谁用谁感受、谁知道"，而且别人知道与否会在很大程度上影响、改变"感受"的功效。因此，企业在宣传造势上支持消费者再创造产品价值，形成强大的广告效应，增加关注此类活动的消费者，提高价值实现的可能性，对于这种活动的健康、持续的发展至关重要。

第二节　品牌策略创新

知识经济时代是信息化的时代，发达的信息传播技术将使品牌的知名度和美誉度的传播和扩散速度空前提高。知识经济时代是人们生活品质得以提高和改善的时代，人们对品牌的追逐，无论在高度、深度方面，还是在广度和精度方面都表现出极高的热情，品牌各层面（政治层面、经济层面、社会层面）的影响力有了极大提升。因此，品牌策略的创新，无论是对于企业、区域、城市乃至国家都显示了日益重要的现实价值。

一、品牌已经成为企业、区域乃至国家层面的竞争对象

(一) 品牌内涵及其扩展

1. 品牌的内涵

(1) 品牌定义。美国市场营销协会对品牌的定义："品牌是一种名称、名词、标记、符号或设计，或是它们的组合，其目的是识别某个销售者或某群销售者的产品或劳务，并使之同竞争对手的产品和劳务区别开来。"这一定义给出了品牌最原始和基本的内涵，随着品牌在市场上所发挥的作用越来越大、越来越重要，市场在不断地赋予品牌越来越多、越来越深刻的含义，这些含义也诠释了企业打造品牌的意义：品牌是一种口碑、一种品位（定位）、一种格调、一种形象、一种影响、一种时尚等，这是从品牌的精神、文化的意义上说的，强调的是品牌的档次、名声、美誉度，是人们心理层面的一种感觉；品牌从市场功能看，是一种载体，是产品价值的载体，是企业实力和形象的载体，是消费者认知产品（企业）的载体，是联系企业与消费者的载体，是利益分配的载体，是企业运用经营策略的载体，是企业竞争的载体；品牌具有巨大的"市场溢价"，能给消费者带来"额外的情感满足"和能给产品或企业带来"额外的、稳定的价值"。从某方面看，品牌内涵就是品牌最核心的价值，而这又成为品牌资产的重要组成部分，为品牌竞争力的持久保持提供了强有力的保障。

(2) 品牌内涵的四个维度。

1) 知名度。知名度是指某种品牌被社会公众认识和了解的程度，或者说是这个品牌在市场上有多少人知道及知道些什么，它是一个"量"的衡量指标。

2) 美誉度。美誉度是指某种品牌被社会公众信任和赞许的程度，是品牌得到社会公众"好评价"的度量，它是一个"质"的衡量指标。

3) 忠诚度。即客户对该品牌用实际购买的行为进行维护的程度，

最终表现为该品牌的市场表现。

4）信誉价值。品牌的信誉价值是指某一品牌在某一时点（年度）上的市场竞争力，它反映该品牌所处的地位。

2. 品牌内涵扩展

（1）品牌内涵由"单元"向"多元"的扩散。如果说品牌一开始的含义（所具有功能）就是一种商品的名字，则品牌的内涵演化到了今天其含义（功能）越来越丰富、越来越多元，而且这种多元化的趋势不会完结，会一直演化下去。品牌初始的作用相当于在消费者头脑中形成一种无形的识别器，能够使消费者快速、准确无误地甄别所选购的产品，帮消费者在选购商品时迅速做出购买决策，节省时间与精力。

（2）品牌内涵由"实"向"虚"的扩散。品牌内涵由"单元"向"多元"扩散的同时，就伴随着品牌内涵由"实"向"虚"的扩散，品牌的本质越来越多地向诸如形象、属性、价值、文化、个性、归属等反映消费者精神层面状态、价值及偏好等的要素飘移和扩散。

消费者对品牌认识与识别的最初阶段分为两个过程：第一个过程是联系和扫描的过程，也就是消费者在看到一个品牌之后，会将品牌的价值主张和表现与自己内心需求放在一起进行对比、分析，如果二者相一致，消费者就会主动和品牌建立联系，这是消费者对品牌的第一个认识与识别过程。这是一个非常复杂的思维活动过程，融合了意识空间的发散、联结、释义、延伸，其基础深受消费者经历影响，其比较的基础以实物形态的要素居多。第二个过程是情感的归宿、寄托和体验过程。这个过程，消费者通过意识空间的发散、延伸、释义等思维活动去与品牌主张和品牌表现进行连接，进行识别品牌主张和品牌表现与自己的兴趣、情感、期望等精神层面的标准是否相关、相近、相默契，而这种相关、相近、相默契是消费者对品牌产生联系的基础，也是产生情感归宿和寄托的体验基础，而这种情感的归宿、寄托和体验则来源于人们意识空间和心理方面对品牌的领悟和感受，更多地反映了消费者精神层面"虚"的成分，即品牌情感。

品牌情感是品牌在审美层面表现出来的文化意蕴，可以从感觉、情绪方面对消费者产生影响，促使消费者与品牌建立起紧密联系。正是因为有情感交流，所以品牌可以融入消费者的日常生活，与消费者产生紧密联系。情感从精神层面为品牌成长提供了有效支持与助力，为企业发展提供了消费者驱动力。现如今，面对激烈的市场竞争，仅凭品牌和服务，企业已无法吸引新的客户群，拓展新的市场，甚至无法维持现有的市场份额。企业要想拓展市场，就必须以精神力量，也就是品牌情感为支撑，实现吸引新的消费群体、拓展新的市场份额的目标。

（二）品牌竞争是市场竞争中最核心的内容

1. 市场竞争已经由产品竞争转向品牌竞争

随着物质逐渐丰盈，过去的卖方市场转变为现在的买方市场，市场中心变成了消费者。在这种市场环境下，仅凭一味地降低产品价格、大范围地打广告，企业很难刺激消费者产生购买冲动。为了成功地刺激消费者，企业必须提供高质量的产品和个性化的服务。在市场经济中，需求矛盾的平衡、价格变动的确定、企业经营的地位等都是通过竞争体现出来的，竞争是市场经济的本质，也是市场经济发展的动力，推动市场经济由一个阶段向一个更高的阶段发展。随着市场经济的发展，竞争变得日趋激烈，在各个领域全方位、多层次、持续地进行，由产品竞争转化为品牌竞争，品牌竞争成为当代市场竞争的焦点。

（1）品牌竞争的领域不断扩大。随着市场经济不断发展，品牌化趋势越发明显，其范围不仅覆盖了传统领域，比如工业消费品，还延伸到了原来不讲品牌或无品牌的领域，比如房地产物业管理、旅游业、服务业、农副产品、建筑产品、生产资料等。

（2）品牌竞争的内容不断丰富。现如今，从内容与形式方面来看，企业间的各种竞争都体现为品牌竞争。产品之间的竞争不是产品价格、质量等方面的竞争，而是产品品牌间的竞争，即便是价格竞争、质量竞争、服务竞争，也都体现为品牌竞争。

（3）品牌竞争力反映了地区经济的整体实力。归根结底，品牌竞争就是企业间整体经济实力的较量，企业在品牌竞争中获胜的关键就是强大的经济实力。一个企业只有拥有较强的经济实力才能培育出有竞争力、有生命力的品牌，只有在这些品牌的助力下，企业才能不断发展壮大，实现长久、可持续地发展。对于一个地区来说也是如此，只有有一定的经济实力，地区才能培养出有竞争力的品牌，在这些品牌的带动下，地区经济才能实现更好的发展。

（4）品牌竞争力反映了企业、地区竞争的综合实力。品牌竞争的内涵非常复杂，不仅是企业间技术的竞争，还是管理模式、人才队伍的竞争。现如今，对于一个国家来说，拥有世界知名品牌是莫大的荣誉，所以不仅欧美等发达国家注重品牌建设，一些新兴经济体也在品牌建设方面设定了远大目标，以期缩小与欧美等发达国家之间的差距。所以，品牌竞争不只可以作用于国内市场，在国际市场、国际竞争中依然有效。

2. 只有品牌产品才能拥有较高的市场占有率

各类消费品中，品牌优势巨大，市场占有率较高。据联合国工业计划署统计，现如今，全球共有 8.5 万种名牌商品，其中工业发达国家（包括欧美等传统的工业发达国家和亚太等新兴的工业发达国家）拥有的名牌商品占比超过了 90%。在全球所有品牌中，世界名牌所占份额不足 3%，销售额却占 50%。

比如，近年来，格兰仕微波炉的销量达到了 2200 万台，在国内市场占比达到了 80%，在国际市场占比达到了 30%。截至 2018 年 3 月，中国手机市场上的占有率苹果为 25.7%，OPPO 为 17.2%，华为为 16.8%，三大名牌合计占有率为 59.7%。美的中央空调 2016 年销量增长 18.65%，出口比重占全国市场的 34%，国际和国内占有率均居中国企业第一。品牌产品之所以拥有较高的市场占有率，主要是因为品牌产品的边际效用都比较高。如果两种同类型、不同品牌的商品的功能相当、价格相近，消费者往往会选择边际效用高的产品。正因如此，名牌产品可以 3% 的市场份额获得 50% 的销售额。

3. 商标是品牌的护身符

品牌的价值真正能够在市场上体现出来，必须将品牌注册成为商标。美国之所以能够成为超级经济大国，就因为美国在国际市场有

135 个世界性的驰名商标。所谓世界性，就是这个商标在 70 多个国家都会受到保护（加入马德里协定组织的国家，国际上的 77 个国家都可以保护这个国家的商标），其产品可以销售到这些国家。可口可乐便是这样可以销售到全世界每一个角落的世界性商标。一个品牌要成为世界性驰名商标，当属十分不易之事，一个国家到另一个国家去注册商标，由于各国的法律不同，各国的文字不同，不仅需要花费很多资金，还要很长时间，因此，其市场价值便会更大。

（三）知识经济更需要品牌在消费升级中发挥作用

知识经济会促进消费升级，消费升级是一个永远不会停止的过程，描述的是随着经济的不断发展，消费者的消费水平会呈现出阶梯式上升，具体表现在两个方面，一是消费结构升级，二是消费质量升级。从某方面看，消费升级展现了经济增长和社会发展现状及趋势。对于社会发展和人类自身的发展来说，消费升级都是一大追求。正是在消费升级的推动下，经济与社会才能实现持续发展、不断进步。另外，消费升级也是知识经济时代的发展在人们生活领域表现出的重要特征之一。

1. 品牌是消费者愿意支付消费升级后的消费品相对较高价格的理由

消费升级的一大表现就是消费者消费观念的转变。随着消费不断升级，相较于知名品牌来说，那些有着良好品牌形象的产品和服务更能吸引消费者关注，即便消费者要为此付出更高的费用。所以，随着消费不断升级，品牌将迎来重要的发展机遇，企业只要抓住这个机遇，通过品牌的发展，必将成为市场的宠儿。

2. 品牌是满足消费者个性化需求的内核

现代化的生产能力及技术水平，加上现代的营销手段及物流技术，使产品的生产和消费的趋同性日益加重。就产品的物理功能来看，其内涵的差异越来越不明显，在这种情况下，品牌赋予了每一件产品特殊的市场性质，赋予了产品生命，让产品具备了满足消费者精神（心理）需求的功能，这样使原本没有多大差别的产品之间形成了较大的差异，这种差异化恰恰提供了消费者可以无限拓展的心理需求空间，满足了消费者个性化的需求，给消费者始终保持追求个性需求的状态提供了理由及可能。

（四）品牌的赶超是企业（区域、国家）实力真正意义的赶超

1. 品牌的差距是真正实力上的差距

改革开放以来，我国的经济得到了快速的发展，我国的经济总量已经迅速缩小了与发达国家的距离，并且这种快速发展的态势在今后很长的时间内还将继续保持。同时，我国企业的品牌建设步入一个快速发展时期，品牌从无到有，逐渐增多。20世纪八九十年代的十几年间，我国企业实现了飞速发展，企业规模迅速壮大，催生了很多知名品牌。自加入世贸组织之后，我国部分企业完成了原始积累，开始引进或者自主研发先进的生产技术，快速走向成熟。同时，我国市场吸引了很多国际知名企业进驻。在这种情况下，中国企业对品牌建设的急迫性、重要性有了全面而深刻的认识，开始注重从质量、技术、广告宣传、销售服务等方面提高我国产品的国际竞争力、品牌影响力。现阶段，虽然我国一些本土品牌实现了迅猛发展，但与世界知名品牌之间的差距依然很大。

2. 品牌差距的追赶难度更大

改革开放以来，我国经济飞速发展，与欧美等发达国家之间的差距越来越小，甚至在某些领域已经超越了发达国家，占据领先地位。同时，在品牌建设方面，我国企业也取得了可喜的成绩，主要表现在以下几个方面：企业与消费者都形成了品牌观念；为了做好品牌建设，企业在相关的基础性工作方面不断加大投入；针对品牌建设，政府建立了相关的扶持政策和工作机制；我国知名品牌逐渐形成了世界影响力，越来越多的企业开始自主品牌创新，越来越多的自主品牌进入国际市场，比如海尔、华为、联想等。但相较于世界知名品牌来说，我国自主品牌受各方因素的影响与之还有很大的差距，相较于规模经济的赶超速度来说，我国自主品牌赶超世界知名品牌还需很长时间。

（1）我国 GDP 的赶超足迹。从宏观层面来看，1980 年，我国 GDP 在世界排名第 7 位，是同阶段美国 GDP 的 10.78%，日本 GDP 的 29.33%。2010 年，我国 GDP 超过日本，在世界排名第 2 位，是同阶段美国 GDP 的 41.36%，是日本 GDP 的 1.1 倍（见表 4 - 1）。

表 4 - 1　1980 年和 2010 年世界各国（地区）GDP 总值排名（按当时汇率）

年份＼国家	美国	日本	西德	法国	英国	意大利	中国
1980 年 GDP（亿美元）	27956	10279	8261	6824	5367	4546	3015
1980 年 GDP 排名	1	2	3	4	5	6	7
2010 年 GDP（亿美元）	146241.8	54742.0					60483.7
2010 年 GDP 排名	1	3					2

（2）我国企业规模的赶超足迹。美国知名的杂志——《财富》从 1990 年开始，每年都会评出世界 500 强企业。在 1994 年之前，参选企业主要是工业企业；1994 年之后，服务企业进入评选范畴。《财富》为企业排名的主要依据是企业营业额，除此之外还会对企业利润额、股东权益、资产额、员工数量等指标进行参考。虽然《财富》杂志不属于某国政府及某个世界组织，但它却具有世界影响力，为很多国家采用。

2011 年，69 家中国企业进入《财富》评选出的世界 500 强企业名单，相较于 2010 年增加了 15 家。其中，中石化排名第 5，中石油排名第 6，国家电网排名第 7，成绩喜人。更值得注意的是，进入该名单的日本企业有 68 家，美国企业有 133 家，我国成功超越了日本，仅在美国之后，创造出了历史最好成绩。中国石化、中国石油排名最高，分列第 5 位和第 6 位。69 家入榜企业中内地企业 61 家（比上一年增加了 15 家），数量上已经超过德国、英国和法国。

（3）我国上榜大企业的产业结构特征。《财富》中文网对中美两国上榜企业进行了比较分析，得出如下结论：

首先，从行业来看，美国上榜企业来自 35 个行业，中国上榜企业仅来自 22 个行业，说明美国发展成熟的行业更多。将中美两国上榜企业分布行业叠放在一起有 17 个行业重叠，这一现象表明，在国际竞争中，美国可以在 18 个行业避免与中国企业发生冲突，而中国无须与美国企业竞争的行业只有 5 个，这 5 个行业分别是建筑材料、船务、工业机械、贸易和公用设施。有美国企业却没有中国企业上榜的 18 个行业是食品饮料、电子及电子设备、食品服务、信息技术服务、半导体、烟草、计算机软件、建筑和农业机械、家庭及个人用品、互联网服务、管道运输、商业航空、娱乐、食品生产、制药、食品和药品零售、保健及其他。中国有 4 家汽车企业上榜，美国只有 3 家。其次，在中国上榜的 69 家企业中，致力于生产金属产品的企业有 8 家，占比最大，而美国只有 1 家金属企业上榜；在美国上榜的 133 家企业中，有 15 家保险企业上榜，占比最大，而中国上榜的保险企业只有 4 家。

（4）我国进出口总额的赶超足迹。一个国家的进出口总额可以反映出很多问题：该国参与国际市场分工的程度、该国产品在国际市场所占份额、该国调用全球资源的能力、该国的经济实力。

据统计，从 1950—1977 年，我国进出口总额以年均 9.9% 的增长速度从 11.35 亿美元增长到了 148.04 亿美元。改革开放之后，我国对外贸易实现了飞速发展。1978 年，我国对外贸易总额为 206 亿美元，2010 年我国对外贸易总额达到了 29727.6 亿美元，年均增长速度达到了 16.81%。

1950 年，在出口额方面，我国位居世界第 27 位；1980 年升至第 26 位；2007—2008 年达到了世界第 2 位，目前全球进出口前三强为美国、中国和德国。美国 2010 年为 32000 亿美元，德国 2010 年为 24000 亿美元。我国占全球进口总额的比例已由 1978 年的 1% 上升至 2010 年的 10% 左右。

（5）我国品牌的赶超足迹。

1）世界品牌实验室排行榜的状况。世界品牌实验室在 2004 年发布了《世界最具影响力的100品牌》名单，海尔成功入围，排名95位。在此基础上，世界品牌实验室在2005年发布了《世界品牌500强》名单，有28个国家的品牌进入名单，其中美国有249个品牌。在榜单排名前十的品牌中，有9个美国品牌；在榜单排名前100的品牌中，有70个美国品牌，法国以46席排第二，日本以45席排第三。入选排行榜第一的品牌是可口可乐，第二是麦当劳，第三是Google。共有4家中国内地企业品牌进入，海尔排名第89位，联想排名第148位，中央电视台排名第341位，长虹排名第477位。

在2010年的《世界品牌500强》名单中，Facebook成为排名第一的品牌，紧接其后是苹果，微软从2009年的第1名降至第3名。这些进入名单的品牌来自28个国家和地区，其中有237个品牌来自美国，美国依然是名副其实的品牌强国。紧随其后的是法国，有47个品牌进入榜单；日本排名第三，有41个品牌进入榜单。我国有17个品牌进入榜单，其中有4个品牌在前100名之列，分别是中国移动、中央电视台、中国工商银行、国家电网。

表4-2　2008~2010年《世界品牌500强》品牌入选数最多的10个国家（单位：个）

年份＼国家	美国	法国	日本	英国	德国	瑞士	中国	意大利	荷兰	瑞典
2008年	243	47	42	38	23	21	15	11	13	8
2009年	241	46	40	39	24	22	18	11	10	8
2010年	237	47	41	40	25	21	17	14	10	8

2）美国《商业周刊》排行榜的状况。2001年，美国《商业周刊》发布"全球最有价值的100个品牌"榜单，位居榜首的品牌是可口可乐，品牌价值689.5亿美元。在排行榜上位居品牌价值第2~10位的依次是微软（650.7亿美元）、国际商用机器（527.5亿美元）、通用电气（424.0亿美元）、诺基亚（350.4亿美元）、英特尔（346.7亿美元）、迪士尼（325.9亿美元）、福特（300.9亿美元）、麦当劳（252.9亿美元）和美国电话电报公司（228.3亿美元）。排名前10的

品牌有 9 个出自美国，只有诺基亚是芬兰品牌；排名前 100 的品牌有 62 个是美国品牌，其余的品牌大多出自德国、法国、日本、英国、瑞士等。

（6）我国品牌追赶步伐的艰难。对上述品牌排行榜进行深入分析可以发现：只有企业强大，国家经济才能强大；而企业要强大，必须壮大品牌的市场力量。美国成为世界第一经济大国的原因不只是拥有很多大型企业，比如在 2010 年美国有 140 家企业进入世界 500 强企业榜单，占 28%（第二的日本 71 家，占 14%），为世界第一，还因为美国拥有很多高知名度的品牌，比如在 2010 年美国有 237 个品牌进入世界品牌 500 强榜单，占 47.4%（第二的法国 47 家，占 9.4%）。尽管近些年由于中国等新兴国家的迅猛发展，尤其是 2008 年世界金融危机以来美国的经济霸主地位受到挑战，其相对地位在不断下降。美国在 2009 年世界企业 500 强入围数为 160 家，在 2009 年世界品牌 500 强入围数为 241 家，虽然实力优势在一定程度上被削弱，但依然是世界经济霸主，因为制造业、现代服务业、IT 等核心竞争力行业的实力在稳定提升。由此可见，美国经济因为品牌的强大而强大，随着品牌实力逐渐增强，经济霸主地位逐渐明确，很难再被其他竞争者撼动，这一点对于其他品牌大国同样适用。

对比我国企业在规模和品牌这些年追赶世界先进水平的步伐，可以看出明显的差别。从改革开放到 1994 年，大约用了 15 年时间，我国便有企业入围世界 500 强，1999 年我国便有了进入世界 100 强的企业，中国石油化工集团公司 1999 年排世界 500 强的第 73 位。到了 2010 年，中国有 54 家企业入围世界 500 强，占到世界 500 强企业总数的 11%，而且这种追赶的势头还在强劲持续。在我国企业入围世界企业规模 500 强后的 10 年，我国企业入围世界企业规模 100 强后的 5 年，在 2004 年度"世界最具影响力的 100 品牌"中，海尔是唯一进入榜单的内地企业。到 2010 年，我国也只有 17 个品牌进入"世界品牌 500 强"榜单，占比 3.4%。而在美国《商业周刊》全球最有价值的 100 个品牌的排行榜中，至今尚未见到中国品牌的身影。

二、品牌创新策略

（一）品牌创新

品牌创新可以表述为：企业依据市场变化、企业发展不同阶段的发展目标和条件、环境变化及市场竞争态势，特别是消费者需求的变化，在技术创新、设备创新、材料创新、产品创新、组织创新、管理创新以及市场创新的基础上，实行对品牌识别要素新的组合、品牌的营销传播新的组合等，并希望消费者能够认知一个在原有品牌基础上的新因素、新形象、新理念、新发展。

品牌创新是为了打破品牌固有的形象，推动品牌形象更好地发展，让品牌形象与消费者的心理预期相契合，从功能与情感两方面满足消费者的需求。品牌之所以要创新，主要原因在于消费者审美疲劳。从消费者的角度来看，任何一个品牌形象都需要不断地推陈出新，才能保持其对品牌的关注度和忠诚度，否则审美疲劳会使消费者对一长期没有变化的品牌失去兴趣；市场竞争是品牌创新的外在压力，在大浪淘沙、不进则退的市场竞争中，长期没有变化的品牌很容易被消费者怀疑该企业的发展能力，怀疑品牌的市场价值"现值"的发展趋势；科技进步推动了品牌创新。现如今，在迅猛发展、持续创新的科学技术的推动下，产品能实现有效创新，行业能实现更好的变革，科技的这种革新必然需要品牌不断创新来实现。因此，从这个意义上讲，品牌创新是品牌策略的永恒主题。

（二）品牌创新的原则

成功的品牌创新应该遵循五大原则。

第一，消费者原则。

第二，及时性原则。

第三，持续性原则。

第四，全面性原则。

第五，成本性原则。

（三）品牌创新的机会与挑战

1. 国家经济转型战略为品牌创新创造了良好环境

我们常说的经济增长方式有两种，一种是粗放型经济增长，一种是集约型经济增长。粗放型经济增长指的是通过不断加大资源投入量推动产品量持续增长；集约型经济增长指的是通过革新技术、提高生产率来推动产品量持续增长。经济转型就是从粗放型转向集约型。这种转型是经济发展形态从工业经济到知识经济转型的必然要求，是经济发展目标从一元到多元转型的必然体现，是经济发展结果从规模赶超到品质赶超转型的必然结果。《"十二五"规划纲要》要以科学发展为主题，加快转变经济发展方式为主线，要"坚持把科技进步和创新作为加快转变经济发展方式的重要支撑"，这反映了我国经济发展转型战略的内在要求。品牌博弈的背后是国家经济实力的对比和较量，是经济发展高端阶段的重要体现，中国企业只有走品牌化才能有出路，才能在日后世界经济发展较高平台上有立足之地。政府支持鼓励企业引进创新人才，提升创新能力，形成自主知识产权，自主开发产品、创建品牌，形成核心竞争力及强劲的品牌成长能力，是经济转型的要求和内容，已成为我国经济发展的当务之急。国家经济转型战略也为品牌创新创造了良好的环境氛围。

2. 企业具备了品牌创新的动力和实力

"有牌的产品是块宝，没牌的产品没人晓。"对于企业来说，品牌是非常重要的资产，是一种无形的"软资源"，可有效提升企业的竞争力，为企业自主创新提供强有力的支撑。今天的企业对于品牌的价值早已是"心知肚明"，所以，企业已经有了创建和创新品牌的动力。"动力"只能解决"愿不愿意做"的问题，而"实力"才能解决"能不能做"的问题。企业品牌创新的实力主要来源于技术创新实力和资金运作实力，经过30余年的高速发展，我国企业技术创新实力和资金运作实力均有了大幅增加。一个国家如果知识产权水平较高，技术创新能力也不错，必然有很多国际专利。该领域有一个国际条约——国际专利合作条约（PCT）。我国由于起步较晚，世界专利申请量、授权量相比发达国家长期处于弱势。但在 2005—2010 年的 5 年间，我国申请 PCT 国际专利的年均增长速度极快，甚至超过了一些发达国家，位居世界前列，这是很好的发展趋势。广告费是创建品牌支出较大的费用，我国的国内广告经营额从 1981 年的 1.18 亿元增长到 2009 年的 2041.03 亿元，增长了 1730 倍，增长速度远远快于同期国内生产总值的增长速度。2009 年，中国广告市场规模达到了 5075.18 亿元。次年，我国广告市场总投放同比增长 16.1%，增至 5890.70 亿元，仍以较大幅度超出同期我国 GDP 的增长速度，2016 年我国移动广告市场规模达 1750 亿元，同比增长 75.4%，预计 2019 年达 4843 亿元。这些数据均说明我国企业创建和创新品牌的资金实力在增强。

3. 企业创新能力尚不能适应我国经济发展的要求

一个企业有无发展潜力，发展潜力大小关键看企业的创新能力。对于企业来说，创新能力也是一种核心竞争力。现阶段，我国企业还不是创新主体，在成百上千的企业中只有极个别企业拥有自主知识产权优势，受各种隐性因素的限制，企业无法很好地创新技术，推动技术进步。除此之外，很多企业都没有形成专利战略意识，企业专利申请呈现出"双低"现象，一是专利申请比例低，一是专利申请授权率低。而在国外，企业是最主要的专利申请主体。

中国目前的创新能力与美国、欧洲各国、日本等发达国家和地区相比还有明显的差距。这种差距，也不是短时间内就能够彻底改变的。从专利申请与授权两个方面来看，相较于欧美等发达国家来说，我国知识产权产出水平非常低。据统计，2009 年，相较于美国来说，我国世界专利申请量仅占 17.4%，相较于日本来说，我国世界专利申请量仅占 26.6%，而在世界专利申请总量中，我国世界专利申请量仅占 5.1%。这一年，我国只有两家企业上榜"PCT 国际专利申请百强企业"，一是华为，一是中兴，而这个榜单上的美国企业有 29 家，日本企业有 31 家。企业创新能力是品牌建设最重要的技术基础，我国企业创新能力还远远不能适应经济发展的要求。

4. 品牌短视症现象严重

虽然许多企业已经具备了品牌创新的动力和实力，但相较于欧美等发达国家来说，我国市场经济起步晚、发展时间短，导致中国品牌的成长期较短，成长过程太急。在这个阶段，我国还没有真正形成市场经济体系，法制经济仍处在探索阶段，为我国品牌成长增添了很多阻碍，导致品牌成长先天不足，导致企业往往要用非理性的方法进行品牌创建。如面对市场的诱惑，一些企业违规经营，患了非常严重的品牌短视症，企业品牌观念淡薄，争创名牌的意识不强；有的企业甚至不能正确处理长期利益和短期利益的关系，法制观念淡漠，在市场秩序不规范、市场监管有缺陷、市场违规成本较低的情况下，做出一些自毁品牌的卑劣行为，严重影响甚至损坏了产品、企业、地方乃至国家的品牌形象。

5. 竞争品牌不断提高的竞争门槛

品牌在市场上的竞争，其本质就是性价比极高的获取利益能力的竞争，已经站在品牌高地上的品牌，已经获取并正在获取超额利润（利益）的品牌，这些品牌是不会轻易让出这种来之不易的竞争优势的，品牌也是市场中企业间经济竞争的最后的防线，也是最坚固的防线。所以，我国企业在品牌创新中既要完成自身的塑造、创新，也要在竞争中不断扩大影响力，最终实现品牌的超越，这必将遇到竞争对手的强力对抗，要越过越来越高的竞争门槛。

（四）知识经济条件下的品牌创新

品牌创新应该体现在品牌策略实施的所有环节上，比如有助于品牌积累的各种管理方法和营销策略，品牌化决策、品牌更新、品牌名称决策等。但在知识经济条件下，除了常规的品牌创新策略外，更应该关注在工业经济时代关注度较低的一些环节，在这些环节上突出品牌创新会取得更好的效果。

1. 变品牌竞争为品牌体系的竞争

如果说工业经济时代是科技竞争和速度（数量）竞争的时代，是"硬实力"的竞争，知识经济时代便是科技竞争和品牌（质量、品质）竞争的时代，是"硬实力"和"软实力"融合的竞争。同时，品牌竞争也会逐步由单一的品牌竞争转向品牌体系的竞争，构成品牌创新的重要内容。

（1）品牌体系的含义。品牌在现今的市场竞争中，无论是企业品牌的建设、品牌的市场功效及其发挥的作用，还是品牌在消费者心中的形象，都已经从单一的品牌向品牌体系转换。品牌体系是指品牌按照构成品牌各要素之间特定的逻辑关系，影响品牌的各因素之间的联系组合而成的整体或系统，品牌体系强调的是品牌的立体化、整体化和复合化。

（2）品牌体系的构成。由于品牌体系是品牌按照构成品牌各要素之间特定的逻辑关系、影响品牌的各因素之间的联系组合而成的整体，这种逻辑关系及联系都是多维度的，因此，品牌体系也是多维度的。

1）产品品牌、企业品牌和企业家品牌的"三合一"。对企业建设品牌来说，品牌通常分为产品品牌和企业品牌。所谓产品品牌就是以该企业某种产品名称命名的品牌，企业品牌就是以该企业的名称命名的品牌。从现代企业打造完整的品牌体系的要求看，一个完整的品牌体系由三部分构成，一是产品品牌，二是企业品牌，三是企业家品牌，即品牌的"三合一"。产品品牌和企业品牌，是企业品牌建设体系中两个相辅相成的元素，缺一不可。产品品牌是企业品牌的微观基础和条件，企业品牌是产品品牌的宏观表现，没有产品品牌的企业品牌是不存在的，没有企业品牌的产品品牌是不长久的。产品品牌和企业品牌在市场上的表现有很强的一致性：消费者可以从对企业品牌的信赖延伸到对产品品牌的信赖，进而做出产品购买决策，也可以从对产品品牌的信赖延伸到对企业品牌的信赖。这样一来，企业品牌与产品品牌就可以相互呼应、影响，前者为后者提供保障，后者为前者"锦上添花"。因此，企业要同时做好产品品牌和企业品牌的塑造，二者缺一不可。

对于企业品牌和产品品牌的创建来说，企业家品牌发挥着极其重要的作用。从某方面讲，企业家形象构筑了企业形象，是其中非常重要的组成部分，企业形象从一定程度上展现了企业家形象。企业价值观形成的基础就是企业家价值观，企业品牌与个性集中展现了企业家风格。企业家用其经营理念、企业文化、用人理念等因素塑造、创新品牌效应，对企业品牌功能发挥更大的促进和提升作用。知名企业家自身具有一定的知名度和美誉度，是企业的无形资产。知名企业家参加各种社会活动，频繁出现在社会公众面前，就是在为品牌打广告。与产品品牌或企业品牌的不同之处在于，企业家品牌的效应是由"活生生"的人来直接体现的，与消费者沟通会更直接、更具象、更亲切、更人性化。

　　根据传播学认知平衡论，如果消费者认可一个企业家，就会在很大程度上认可其产品和服务。相反，如果消费者对一个企业家非常反感，这种反感情绪就会延伸到其产品和服务。企业家品牌的建立在市场竞争中的作用日益明显，企业家品牌一旦形成，往往独具风格，很难受到竞争对手的挑战。但如果企业家形象被毁坏，企业形象也将在很大程度上受损。

　　由于企业经营的业务领域和经营模式的不同，使得产品品牌与企业品牌的具体表现形式也不尽相同：其一，产品品牌和企业品牌之分，仅是对于"多元化经营"企业而言的，对于"一元化经营"的企业来说，其产品品牌即为企业品牌。其二，对于生活资料市场的产品来说，产品品牌和企业品牌的重要性需要具体情况具体分析，也可能产品品牌重要于企业品牌，也可能产品品牌与企业品牌同等重要，也可能企业品牌重要于产品品牌，从而形成企业打造品牌的重心有所不同，两种品牌在市场上的表现程度和突出地位也有所不同；对于生产资料市场的产品来说，企业品牌的重要性大于产品品牌，产品品牌往往只是区分不同产品的"型号"而已，企业应以打造企业品牌为主。其三，对于有形的实物产品而言，既可以做产品品牌，又可以做企业品牌。其产品品牌，主要以产品的实物形态、包装、销售渠道在市场上的实力和形象定位等代表其品牌形象；其企业品牌，主要以该企业的LOGO代表其品牌形象。对于无形的服务产品而言，由于服务产品的无形性，导致打造产品品牌有许多技术上的障碍，所以更为适合做企业品牌（对于纯粹的服务型企业而言，只能做企业品牌），此时，企业的LOGO不仅代表企业的品牌形象，而且代表其服务产品的品牌形象。不论在哪种情况下，企业家品牌都会发挥其独特的作用。因此，产品品牌、企业品牌和企业家品牌的"三合一"，在知识经济的背景下是品牌创新的重要内容。

2）产品品牌、企业品牌与城市（区域）品牌的"三合一"。知识经济加快了世界经济全球化和网络化的发展，不仅使产品间、企业间的竞争越发激烈，而且使城市间、区域间的竞争也日益激烈，并且竞争不断升级。每个城市（区域）不仅为资金、技术、人才、市场而竞争，而且为注意力、声誉和品牌而竞争。品牌竞争是城市（区域）竞争的制高点，品牌优势是城市（区域）的关键竞争优势。城市（区域）品牌是一个城市（区域）在推广自身城市（区域）形象的过程中，根据城市（区域）的发展战略定位所传递给社会大众的核心概念，并得到社会的认可。城市（区域）品牌包含的内容很多，当然经济层面的内容很重要。反映城市（区域）品牌经济层面乃至社会层面基础的支撑要素便是其所属的产品品牌及企业品牌，是其优势领域所聚合的品牌集群。同时，当今市场上产品或企业间的竞争也都深深地印上了城市（区域）的烙印，城市（区域）品牌的因素已经成为产品或企业品牌的重要构成要素，产品品牌、企业品牌与城市（区域）品牌的"三合一"，打造竞争的格局已经十分明显。所以，产品品牌、企业品牌的创新必须与城市（区域）品牌的创新相协调、相一致，对城市（区域）品牌创新形成支持；城市（区域）品牌创新必须统领、引导产品品牌、企业品牌的创新，形成系统性的品牌集合，在城市（区域）产业集群的基础上打造品牌集群，发挥品牌规模效应。

目前，我国城市（区域）已经形成大大小小的产业集群数千个，一些区域的产业集群发展特点尤为明显，形成色彩斑斓、块状明显的"经济马赛克"，是我国经济版图中最活跃的力量，是区域经济发展的生力军。产业集群的发展集聚了行业创新资源，扩大了品牌影响，成为城市（区域）发展的经济名片。

3）产品品牌、企业品牌与国家品牌的"三合一"。如果城市（区域）的范围扩大至国家范围，产品品牌、企业品牌与城市（区域）品牌的"三合一"，便成为产品品牌、企业品牌与国家品牌的"三合一"了。而这个"三合一"主要体现在国家与国家的市场竞争中。

国家品牌有三个特性：一是公共性，由政府授权的组织或行业协会拥有，成员企业或被授权企业共同使用，属于公共资源；二是持久性，浓缩和提炼集群内企业品牌精华而形成，能产生广泛的、持续的品牌效应；三是国际性，在世界主要国家和地区广泛进行商标注册，在国际市场上有很大影响力。国家品牌不以某一个有形产品或企业为依托，而是以国家为载体；不为单个企业所享有，而是国家内所有生产相同产品的相互关联的企业共同享有；是国家内众多企业产品质量和信誉精华的浓缩和提炼，一旦一个国家的主要产品以国家的名义形成品牌，就会有力地推动国家市场扩张和产业集群发展，不会因为某个企业兴衰而改变。

2. 强化消费者在品牌定位及品牌价值增值过程中的互动性

（1）品牌的定位取决于消费者的认知。一个品牌的成功建立，以及品牌良好、准确、清晰的市场定位，最终需要并表现为消费者对其产生心理认同、好感，并产生以消费该品牌产品为安全的心理预期，以消费该品牌产品为荣耀（高兴、舒服等）的心理情结，变成消费者消费心理的"代言品牌"；一个品牌市场价值的实现及增值，最终需要并表现为消费者在其所能关联到的消费群体中能够经常地、自发地产生维护该品牌形象的行为，形成持续不断地购买该品牌产品的行为。品牌的本质意义，从产品品牌层面来讲，品牌是企业与消费者沟通过程中产生的。品牌不仅属于企业，品牌更属于消费者，在某种意义上说，品牌代表了消费者的一种生活方式、一种精神模式。也只有当企业所希望传递给消费者关于品牌的内涵、属性及定位，被消费者真正有效地接受，并变成自觉的认知，形成与消费者自身价值体系的高度契合，形成品牌属性相对于消费者消费心理的归属感，这样的品牌定位才算成功。所以说，品牌形象的塑造和市场定位，不仅取决于企业的主观理解、认识及努力，更取决于消费者进行的品牌内涵定义、消费者的认知和感悟。这是一个伴随消费者消费品牌产品的长期的互动过程，在互动中企业和消费者互相作用、互相融合、互相"借力"。在这种互动中，品牌的知名度越高、对社会生活的影响面越大、与消费者生活的关联性越强，其消费者所起的作用就越重要，常常起决定性作用。

从企业在品牌塑造过程中关于品牌的内涵、属性及定位等方面的意图、规划，以及落实这些意图或规划的方案或措施，与消费者真正有效地接受并变成自觉认知的最终市场表现或结果对应关系看，大致可以出现以下几种情况：①两者高度吻合，这是企业塑造品牌成功的标志，是企业最想得到的结果；②两者有偏差，但消费者所认知的结果要好于企业的初衷。这更是企业塑造品牌成功的标志，更是企业最想得到的结果；③两者有偏差，但消费者所认知的结果要差于企业的初衷。这是企业塑造品牌失败的表现，也是企业最不想得到的结果，对于这种情况，需要企业极为重视，认真检讨，及时采取相应措施，尽快改变这种状况。不论出现哪种情况，企业在品牌塑造过程中都需要十分注重与消费者的互动，关注消费者的消费心理变化，充分尊重消费者的消费行为，将所有品牌塑造的活动完全围绕企业自己的感觉、依靠自己的努力、运用自己的资源"单干"的做法，为同时围绕企业和消费者的感觉（以消费者的为主）、同时依靠企业和消费者的努力、同时运用企业和消费者的资源，形成"合作"的做法，取得互为促进、良性发展、双赢的效果，这本身便是企业品牌塑造的全新观念，是品牌塑造和维护的创新之举。

（2）发掘与消费者互动中品牌定位的创新。既然消费者在品牌定位中能够发挥决定性的作用，则消费者在品牌定位中的创新就是十分重要的事情，而且这种创新作用会随着消费者在市场中的主动地位越来越显著，品牌对于企业和消费者的重要性越来越明显。因此，企业必须重视、发掘和积极引导消费者在品牌定位中的创新，使得这种创新能够得到同时有利于企业和消费者的结果。

ZIPPO 打火机的定位过程便充分体现了消费者不断创新的作用。美国人乔治·布雷斯代是 ZIPPO 的创始人，1932 年，他发明了一个设计简单、不受气压或低温影响、定位于好用的"一打即着"和良好的"防风性能"的打火机。20 世纪 40 年代初期，ZIPPO 成为美国军队的军需品，随着第二次世界大战的爆发，美国士兵很快便喜爱上了它，并且在美国大兵主动创新其定位的互动过程中，ZIPPO 打火机的定位发生了嬗变：①它可以解决任何问题。ZIPPO 随着大兵们走遍了战场的每一个角落，大兵们还利用作战间隙，在 ZIPPO 上刻画上他们的美好向往和祝福，美国大兵所到之处都留下了 ZIPPO 叮当的声音。在残酷的战场上，百无聊赖的深夜，士兵们用 ZIPPO 来点火取暖，或者用它暖一暖冻僵的握着家书的双手来体会一下家的温暖，还有些人竟然用 ZIPPO 和一只空钢盔做了一顿热饭。在大兵们看来，他们几乎可以用 ZIPPO 来做任何事情！②防弹打火机。在一次战斗中，一名大兵左胸口受到枪击，子弹正击中了置于其左胸口袋的 ZIPPO 打火机上，机身一处被撞凹了，但却保住了大兵的命。战后，ZIPPO 能够防弹救命便广为流传，成为护身符。③信号灯。一名美军飞行员黑夜驾驶飞机开离机场后不久，发现飞机出现故障，不得已只好采取紧急迫降的行动。同时，他利用 ZIPPO 打火机的火焰发出求救信号，并以火焰引导前来救援的直升机迅速发现其迫降位置而安全获救。④防水功能。一名大兵在洗衣服时不慎将 ZIPPO 打火机也同时放到了洗衣机里，当他发现并找到打火机时，心想经过长时间的水浸，打火机一定不能用了，但当他转动打火机轮，竟然一打即着，好用如初。⑤可以保存于任何地方。1960 年，一位渔夫打到了一条大鱼。在清理内脏的时候，他赫然发现一支闪闪发光的 ZIPPO 打火机在鱼的胃中。这支 ZIPPO 不但看上去崭新依旧，而且一打即燃，完好如初。单凭这一点，便可以断言 ZIPPO 可以放在任何你伸手可得的地方。⑥工艺品。现在很多人购买 ZIPPO 并非用来点火，而是作为收藏，第一代 ZIPPO 早已成为收藏家们的囊中之物，与其他品牌的打火机迥然不同的是永恒的设计、世界著名的"咔嚓"声，ZIPPO 打火机成为打火机中的代表，深具收藏价值，也成为全世界成百上千万使用者可信赖的伴侣。

（3）消费者消费方式的创新，丰富品牌价值的内涵。品牌的价值及增值来源于消费者对该品牌的忠诚，体现于消费者持续不断地对该品牌产品购买的行为，以及在消费该品牌产品过程中所感受到的品牌产品对于消费者物质和精神层面需求的满足感，尤其是这种满足感以各种方式和途径在消费者群中的展示、组合、变异及扩散。消费者在持续不断消费某品牌产品的过程中，通过不断创新消费的方式、消费的意识、消费的组织形式等，可以促进和丰富这种满足感在消费者群中的展示、组合、变异及扩散，进而不断地丰富品牌价值及增值的内涵，这不仅能够提升品牌价值，更能够提升品牌的品质。也正是从这个意义上讲，不仅产品品牌的价值，甚至产品的价值，都应是消费者创造的。

如消费者群体（品牌社群）便是以品牌为中介或平台，相对于个体消费的创新消费方式，可能创造出超出品牌（产品）本身价值的增量价值，哈雷-戴维森摩托车手俱乐部的案例便能很好地说明这个道理。1903 年，远在美国中部聚居着德国移民的小城密尔沃基，哈雷和戴维森兄弟俩像所有美国男孩一样，怀着"能跑得更快"的梦想决定制造摩托车。在崇尚户外活动的美国，哈雷很快家喻户晓。第二次世界大战期间，哈雷同"印第安""威利斯"等品牌一道为盟军制造军车。战后，哈雷在继续为执法和公务部门制造摩托车的同时，也研发竞赛摩托车并且取得好成绩。

哈雷是美国文化的组成部分。哈雷摩托车的造型、排量、汽缸的排列形式、坐垫的布局等都反映了美国男人的需要。哈雷之所以成功，经营者善于抓住机会、敢于进取是一方面的原因，更深层的原因在于哈雷历经百年发展，形成了一种独有的品牌，成为一种精神象征。

消费群体能够提供给成员的价值包括：①信息价值。通过成为社群成员获得非成员无法获知的信息。②自我认同价值。有利于消费者表达自我、强化或改变形象识别。③体验价值。参与社群活动获得品牌体验。④社交价值。消费者是社会人，有社交需求，通过产品品牌的媒介形成的社交群是更纯洁的社交群，更能发挥社交给人们带来的精神层面的愉悦。

3. 品牌文化创新

一个品牌的竞争力或者说消费者接受品牌的本质内涵，是一个综合力的结果和表现，体现在品牌的构思、设计、生产、营销、服务等企业的整个经营过程。同时，需要企业建立相应组织、制度、管理模式、企业文化等作为品牌发展过程的支持系统。在这些影响不同品牌竞争力的因素中，有些因素是会随着社会进步、科技进步等的变化，越来越容易趋同化，如产品设计、制造技术等在高新科技日新月异的知识经济时代，不同品牌之间的差异会越来越小，即使某个品牌在特定的情况下在这些方面有了较竞争对手较大的优势，但很容易被后来者追上，这就导致不同品牌所体现的物质功能差异会越来越小。但还有些因素是不容易随着社会进步、科技进步等的变化发生趋同趋势的，品牌文化就是最容易保持个性的要素。所谓品牌文化，就是指文化特质在品牌中的沉积，是品牌活动中的一切文化现象。成功的品牌文化，通过文化因素突出品牌内涵，将文化价值具体化，形成品牌附加值的核心要素，即品牌的文化理念（精神功能），以及品牌文化理念所倡导的独特人生观（审美观或价值观）和前沿科学的行为方式（工作方式或生活方式）。这些理念能够恰如其分地满足消费者心理需求和审美需求，获得他们世界观和价值观的认同。所以，品牌塑造的高级阶段是塑造品牌文化等满足消费者心理需求的要素，并通过不断的创新，形成差异化，最终形成品牌的竞争优势。

品牌文化创新也可以既包括品牌文化塑造者（品牌产品的制造者）所进行的创新，也包括品牌文化接受者和传播者（品牌产品的消费者）所进行的创新，哈雷摩托车文化的演化过程也可以视为消费者进行文化创新的过程。

4. 服务品牌价值创新

2010 年，我国第一产业增加值占国内生产总值的比重为 10.2%，第二产业增加值比重为 46.8%，第三产业增加值比重为 43%。目前，北京市的产业高端化发展态势和服务主导型经济特征明显，第三产业的比重达到 75.5% 以上。服务经济规模和贡献率已经达到发达国家城市平均水平，金融服务、信息服务、科技服务、商务服务四大行业占服务业的比重达到 49%。

这些数据表明，第三产业服务业的地位越发重要，对我国经济增长的拉动作用越发显著。再加上，我国人口众多，劳动力资源丰富，人均资源占有率较低，非常适合发展服务业。在 2008 年金融危机之后，我国开始致力于转变经济发展方式，在这个过程中，加快服务业发展、提升服务业水平、扩大服务业在国民经济中所占比重是第一要务。发展服务业可有效提升经济运行效率，满足消费者多元化的服务需求。另外，世界各国的服务业都实现了迅猛发展，在国民经济中的地位得以大幅提升。在许多发达国家，约 2/3 的国内生产总值来自服务业。如美国服务业产值占 GDP 的比例由 1948 年的 54% 上升到 2004 年的 79.4%。

服务业的发展带来了理论界和实践界对服务营销的关注。自 20 世纪 70 年代后期花旗银行的副总裁林恩·肖塔克发表文章《从产品营销中解放出来》开始，服务的营销问题便得到了广泛的重视。服务与有形产品相比，具有不同的特征。菲利普·科特勒将服务定义为"一方能够向另一方提供的任何一项活动或利益，它本质上是无形的，并且不产生对任何东西的所有权问题，它的生产可能与实际产品有关，也可能无关"，并把其特征概括为无形性、可变性、易变性和不可储存性。法国服务营销专家皮埃尔·艾利尔和埃里克·郎基尔德认为服务有三个基本特征：服务是非实体的；服务机构与消费者之间存在直接关系；服务生产过程有消费者的参与。由于服务产品与有形产品相比，具有不同的属性及特征，因此，其品牌的塑造和创新也具有独特性。

（1）服务品牌的价值

1）服务品牌可以降低消费者的购买风险。因为服务业具有一些特殊性，所以在消费服务时，消费者拥有很强的品牌敏感度。如果某个服务品牌拥有良好的形象，就可以使无形的服务产品有形化，便于消费者对服务产品形成客观的认知，对消费风险进行科学评估，使消费风险大幅下降，以获得更多消费者的认可与青睐。

2）服务品牌可以满足消费者的消费需求升级需要。品牌能使消费者享受到各种各样的利益，比如功能性利益、情感性利益、象征性利益等。近年来，随着消费不断升级，消费者的服务消费需求也不断升级，消费服务过程中的品牌意识越来越强。在此情况下，企业可通过创新服务品牌来满足消费者不断升级的需求，特别是满足消费者心理层面的需求。

3）服务品牌是服务企业提高市场竞争力的重要内容。我国服务业的品牌意识形成较晚，缺乏具有较强市场影响力的品牌，面对强大的竞争对手，所处的竞争环境非常严峻，品牌塑造和创新也显得更加急迫。相对于有形产品的品牌而言，企业对服务品牌价值的重视程度更要加强。

（2）影响服务品牌塑造、创新的因素。服务有一些特殊性质，有很多因素都会对品牌塑造与创新产生影响，在这些因素中，有一些因素企业无法控制，给品牌塑造与创新带来了困难。

1）服务的无形性特征增加服务品牌塑造、创新的难度。相较于实体产品的品牌塑造与创新来说，服务品牌的塑造与创新表现出了很多独有的特点。服务具有无形性，虽然其中包含了一些有形要素。在无形性特征的影响下，服务展示与服务品牌信息的传递都受到了一定的阻碍，导致消费者无法正确认识品牌，增加了品牌塑造与品牌创新的难度。

2）企业家、员工是服务品牌形象的重要组成部分。对于服务产品来说，员工是提供者，也是产品的一部分。服务品牌的塑造与创新必须关注一个问题，就是通过员工的表现将品牌信息准确地传播给消费者知晓。

3）消费者的参与及互动对服务品牌的成功运作具有重要影响。品牌价值的最终体现取决于消费者的认可程度，而其认可程度的强弱大部分取决于其在服务产品的生产消费过程。因此，服务品牌的塑造、创新需要考虑如何正确地对在消费者参与服务产品的生产及消费过程中的行为及其心理进行相应的引导，使其在服务品牌的塑造、创新中能够发挥积极的作用。

（3）服务品牌塑造、创新策略分析。在服务品牌塑造与创新的过程中，服务企业必须面向服务的特殊性做到以下几点：

1）准确进行品牌定位，体现品牌的竞争优势。在传播过度的当下，服务企业要想在市场中占据一席之地，就必须准确地对品牌进行定位，让消费者对品牌产生清晰的认知，让消费者对品牌产生各种联想，将企业的竞争优势凸显出来。

2）塑造、创新独特的品牌个性，加深品牌的感染力。因为服务具有无形性，且不可存储，所以通过具有较强感染力的品牌个性的塑造可使品牌对消费者的吸引力越来越强，从而促使品牌与消费者建立密切联系。通过品牌，消费者可享受到功能性、情感性、象征性价值，而通过一个极具个性的品牌，消费者不仅能享受到这三重价值，还能增进与品牌的关系，增强对品牌的忠诚度。

3）加强关键时刻管理，提升服务品牌的品质认知。现如今，体验经济思维逐渐深入人心。对于服务品牌的塑造与创新来说，提升消费者的品牌体验是关键。员工与消费者都是服务产品的组成部分，员工给消费者留下的印象会对消费者的品牌认知产生直接影响。因为服务具有无形性、参与性、过程消费等特征，所以其质量难以把控。为此，企业要以服务的过程特点为依据找到消费者接触服务的关键点，制定科学的行为规则，提升触点管理质量与水平，控制、引导员工与消费者的互动，创造与消费者需求相契合的服务产品，优化消费者的服务体验，促使消费者对服务产品产生正确认知。

4）塑造、创新和宣传品牌文化，扩大品牌的影响力随着消费水平的提高，人们已从单纯的产品消费过渡到文化消费。现代市场竞争的焦点也从物质层面的产品竞争过渡到心理层面的文化竞争。浓厚的文化底蕴是品牌生命力的保障。品牌文化不仅体现在企业的经营管理中，而且也融入消费者的消费行为中。对于服务企业来说，塑造、创新品牌文化是提升其品牌内涵的重要途径。良好的品牌文化会对消费者和企业员工产生影响，加深其对品牌核心价值的理解并规范其行为。有感召力的品牌文化甚至会感染消费者，引发其产生强烈的共鸣。麦当劳的 QSCV 的品牌文化，通过对 Q（Quality，品质）、S（Service，服务）、C（Clean，卫生）、V（Value，价值）的不懈追求和宣传，不仅为企业员工塑造、创新品牌指明了方向，而且也扩大了其对消费者的影响力。

第三节　分销渠道策略创新

营销渠道的出现就是为了更好地满足市场需要，市场及其需要一直在不停地变化，营销渠道的最主要功能就是商品流通，流通的商品的性质、生命周期等也在不断变化，为应对这些变化，营销渠道需要创新。

营销渠道一词最初是用来描述连接生产者与使用者之间的贸易渠道。卢·E. 佩尔顿等认为，任何使得交换发生或为交换的发生做出贡献的、存在于个人或/和组织之间的连接。

通道，都是一个营销渠道。并将营销渠道定义为：在获得、消费和处置产品和服务的过程中，为了创造顾客价值而建立的各种交换关系。伯特·罗森布洛姆采取营销渠道的管理决策观点，将营销渠道定义为：与公司外部关联的、达到公司分销目的的经营组织。安妮·T. 科兰等认为，营销渠道就是一系列相互依赖的组织，他们致力于促使一项产品或服务能够被使用或消费这一过程。

尽管各学者对营销渠道定义不同，但在研究中对渠道的理解都相同。因此，本章对营销渠道的理解是：将产品、服务或信息从生产者到消费者所经过的一系列相互依赖的组织。这些组织是通过一系列的渠道流相互联系的。安妮·T. 科兰认为，渠道中的营销渠道流有实物拥有流、所有权流、促销流、谈判流、财务流、风险流、订购流、支付流及信息流。在传统的营销渠道中，实物拥有流及所有权流在渠道组织间的传递是必不可少的，而且是层次性的。知识经济时代，服务业的比重越来越重要，信息在渠道组织间的权重在不断增强，渠道组织之间的营销流的分配及传递顺序也相应有所变化。

一、信息技术对分销渠道的影响

新一轮信息技术革命深入人们的私人生活和公共生活领域，使人们的生活方式出现了崭新的形式。首先带来了通信手段的巨大变化。新技术可以满足语音、数据和视频的多媒体应用要求，实现网络资源最大限度的共享。同时，物联网、云计算等的出现，使人类信息共享发生着一场深刻的革命。技术进步不但可以提供同步信息交换，而且可以提供多主体共享的信息共享形式，可以实现远距离交流，打破了传统的信息共享的地域限制。由于信息技术的使用，人们的生活方式也发生了很大的改变。信息的搜索更加方便、快捷，对文化生活的需求不断增多，足不出户就能游遍世界。渠道终端的个性化需求越来越被制造商重视，对渠道终端信息的重视也导致传统的渠道关系有所改变。

（一）信息技术对渠道终端的影响

信息技术对渠道终端的影响主要表现为消费者与制造商沟通方式的变化及消费者行为方式的变化。传统的制造商与消费者之间似乎只有通过广告才能直接沟通，制造商与中间商也是由制造商的营销人员进行沟通。随着网络的普及，渠道组织间的沟通方式开始多样化，而消费者行为的变化及信息知识的重要性，使得渠道组织间更积极地进行信息交流。

1. 沟通方式的创新

微博、视频分享等上千种社会媒体工具可以帮助人们分享信息、感受、信仰和态度，而营销的主要对象就是人。因此，有效地利用各种社会媒体对组织品牌的宣传、形象的提升有重要意义。这里社会媒体主要承担了渠道信息流的作用。任何使得交换发生或为交换的发生做出贡献的、存在于个人和组织之间的连接通道，都是一个营销渠道。

（1）微博。微博因网民聚集度高成为网络营销的新渠道。微博能成为一种营销工具的基本条件就是它的受众规模。截至 2017 年 12 月底，仅新浪微博，其注册用户数就已经有 3.92 亿。因此，微博被越来越多的企业当作一种新的沟通渠道进行品牌宣传。

微博作为网络时代的一种重要营销渠道，从一诞生起就被先天赋予了特殊的优势，那就是直观高效、传播迅捷、受众广泛并且推广精准。描述产品的图片、视频、文字、链接等被企业发布在微博上，通过有效的运作，就可能以非常快的传播速度被大范围地推广开去。相比传统媒介及载体，微博有时更具有影响力。微博的所有者与关注者，是博主与粉丝的关系，他们建立的传播者与受众的信息往来，往往能达成产品宣传推广的良好效果。微博的互动，会形成一张具有连接、从属、权力、控制、利益和信任等属性的人际关系网络。这张网络既有社会政治意义，也有商业价值，成为一种基于人际关系的信息、资源、交流和分享的传播平台。微博自诞生到快速发展，从作为新生事物到被网民广泛接受并使用，用时不多，但对我国传统宣传载体以及媒介的影响是巨大，改变是积极的。它打破了以往媒体单向传播，受众被动接纳的固有模式，令传播者和接受者在一个信息通畅，互动迅捷的平台上，实现高效的信息交流。微博的重要意义在于它有一个意见领袖，有研究说微博中的粉丝是以 45°仰角在仰望着那个你关注的人。人人都以 45°仰角望着信息的来源，层层向上，就形成了一个金字塔的结构。Yahoo Research 调查结果表明，信息的来源主要是名人、博主、媒体机构代表以及其他正规团体和普通用户代表。

同时，微博具有信息筛选功能。就像传统中间商对产品进行筛选，以方便消费者购买，微博的粉丝们接收到的信息也都是经过筛选的，45°仰角的关系，又增强了粉丝们对所接收信息的信任度。由于这种信息筛选效果是靠着人际系统所达成的，因而比传统搜索引擎依照技术计算出来的更有人情味。微博这一社会媒体具有信息传播、筛选功能，尽管现有的微博是以人为单位，而不是以组织为单位的，组织依然要利用好微博这一渠道。企业可以在微博上用话题、搜索、群组、私信、关注等耐心地从海量的碎片信息中寻找本企业的目标客户，用对话、知识、问候、奖励、活动等黏住目标客户，利用数据挖掘和数据梳理鼓励用户用口碑、转发、聊天等工具，提升忠诚客户的参与能力，成为目标客户群的意见领袖。

（2）社交网络。社交网络（SNS）的发展非常类似于马斯洛的人类需求五层次。存储（Storage）就是社交网络中用户的最低需求，而且有约 2/3 的人群就仅仅停在这一阶层。他们只要求 SNS 网站可以简单地存放自己的照片、文件及收藏的网址。不过每个社交网站都有一定的目标客户，而且网站不仅有与联系人保持联络的基本用途，还有助于获得新客户、留住老客户，与客户群体交流沟通。全球最大的创新办公空间解决方案供应商雷格斯（Regus）进行的一项全球调查显示，44%的中国企业利用社交网络成功获得新业务。这些渠道可以让组织知道消费者对本企业产品和服务的态度，并给予消费者参加公司活动的机会。因此，社交网络在中国已经成为企业拓展业务的主要渠道。

SNS 有运用六度分割理论创建的"朋友圈"集聚效能，具有极强的信息针对性，可以进行精准营销与细分市场。社交网站可以成为企业一个优质高效的宣传平台，不仅可以为网民，尤其是本企业的精准消费者提供更优质的服务，而且还可以成为推广产品，宣传企业文化，拓展新晋用户的有效渠道。SNS 网站是集平面、视频、互动、娱乐的多功能网站，企业通过策划一些吸引用户参与的互动活动，将线下产品植入网络活动，让用户参与对产品的认知与体验，实现用户和企业之间的有效沟通，推动着网络营销的持续发展。如 2016 年 10 月，全国出现了一波大范围大幅度的降温天气，网易考拉海购在线下发起了一项城市行为艺术叫"网易觉得你冷"。活动内容是给全国十几个城市的裸体雕塑穿上了保暖内衣。与此同时，丁磊也为"资本寒冬里"的创业者送温暖，鼓励大家通过努力一起度过寒冬。就是这样一项线上与线下相结合的活动，不仅扩大了线上企业的知名度，还有效地推广了企业文化，树立了良好的公众形象。这一轮特立独行的宣传无疑是成功的。每个社交网站的定位各不相同，目前比较成功的 SNS 主要定位于娱乐类、校园类、商务类和婚恋类。这样企业就可以根据需要选择自己的目标市场，在相关的社交网站组织营销活动，达到精准营销的目的。

（3）移动媒体。我国手机的人均拥有量不断提高，2010 年电子信息产业统计公报显示：2009 年，中国手机 9.98 亿部，名列全球第一，其中智能手机超过 20%。以手机为代表的移动终端充分利用了人们的碎片时间，让人们可以随时随地上网。过去手机的核心价值就是一种普通的通信工具，以 3G 为代表的手机技术革命，将手机发展成为具有媒体化特征的智能终端。手机技术的演进，使手机营销信息迅速变得更加个性化以及相关联化。手机信息的透明化以及个人信息的授权保护等因素，促使移动媒体在作为营销渠道时更加高效和可信。

手机移动媒体除了承担信息流的传递，还可以承担渠道中支付的功能。随着电子支付行业市场的扩大，给移动支付平台之类的公司带来了很多新的机会。移动支付具有快速便捷性、安全性等属性，消费者可随时使用电子钱包进行电子支付，这使得移动媒体可成为银行、支付宝等的补充渠道。

2. 消费者行为方式的变化

具有购买力和需求的人构成了市场，因此，消费者是市场营销的主要关注对象。他们的举动对营销活动都有重大影响，渠道作为营销策略的一部分，其构建也是围绕着消费者进行的。

目前，消费者行为模式已从传统的 AIDMA（AttentionInterest Desire Memory Action）模式发展为 AISAS（Attention Interest Search Action Share）模式。AISAS 模式指注意、兴趣、搜索、行动和分享。与 AIDMA 模式相比，AISAS 模式强调了互联网时代下搜索（Search）和分享（Share）的重要性。这两个特性充分体现了互联网对于人们生活方式和消费行为的影响与改变。知识经济时代，消费者决策模式也发生了很大的变化。

根据 2018 年 1 月 31 日中国互联网络信息中心发布的统计报告显示，截至 2017 年 12 月，我国网民规模达 7.72 亿，普及率达到 55.8%，超过全球平均水平（51.7%）4.1 个百分点，超过亚洲平均水平（46.7%）9.1 个百分点。我国网民规模继续保持平稳增长，互联网模式不断创新、线上线下服务融合加速以及公共服务线上化步伐加快，成为网民规模增长推动力。据分析，网站、网页、移动互联网接入流量与 APP 数量等应用发展迅速，互联网商业模式不断创新、移动支付使用不断深入，互联网理财用户规模增长明显。国内上市互联网企业超百家，市值接近九万亿元，网络广告市场进一步成熟，市场结构更加趋于稳定。截至 2017 年 12 月，我国手机网民规模达 7.53 亿，网民中使用手机上网人群的占比由 2016 年的 95.1% 提升至 97.5%。手机成为网民搜索和分享信息的重要工具，搜索和分享的都是信息，因此，这两个特性的变化也就是信息传递方式的变化。传统经济下，信息的传递方向是单向层级式的，传递的媒体主要就是电视、报纸、杂志等。信息技术的发展和网络的普及使得信息的搜索和分享更加方便，尤其是社会媒体的出现，改变了人们接受和传递信息的方式。手机、微博、社交网站等新兴媒体对传统的电视、报纸等有很大的冲击作用。

（二）信息技术对制造商的影响

信息资源是企业生产及管理过程中所涉及的一切文件、资料、图表和数据等信息的总称。随着信息技术的飞速发展，企业信息资源的来源呈现多元化趋势。处于信息时代的大环境中，掌握和充分利用日新月异变化的信息，对于企业的发展与决策起着至关重要的作用。企业应该有效掌握互联网时代不断出现的先进的信息采集、数据分析和处理工具，透过纷繁复杂、浩如烟海的信息，准确分析和把握对自身经营、布局有益的信息，并将其与实际情况相结合，与内部数据相整合，形成精准的结果，为企业管理者提供充分而准确的决策依据。

（三）信息技术对渠道关系的影响

信息技术能够减少信息搜索成本、企业间的协调成本以及交易合同的监控成本，采用信息技术协调方式可以减少交易行为的不确定性，信息技术是减少企业间协调成本的有力工具，并提高企业间的整体绩效。一旦建立起了准确、高效、富有针对性的交互渠道，将会使得企业间的信息交流、业务往来的效率明显提高，真正实现大数据背景下的共赢。

在营销观念还处于产品或推销导向时，渠道之间的关系主要是交易关系，渠道中制造商占主导地位，拥有的渠道权利也较大。随着营销理念的创新和市场竞争的日益激烈，消费者购买行为对渠道的影响越来越重要。而一直以来，都是中间商与消费者直接接触，掌握了大量的消费信息，因而在渠道中的权重也不断增强。在知识经济时代，信息及知识的重要性日益凸显，有研究表明，均衡的渠道关系更有利于中间商向制造商的知识转移。

二、分销渠道策略创新

渠道设计是指在对市场分析的基础上，改善现有渠道或建立新渠道。渠道设计的决策阶段包括确认渠道设计决策的必要性、设立并调整分销目标、明确分销任务、设立各类可行的渠道结构、评估影响渠道结构的因素、选出"最佳"渠道结构、挑选渠道成员。营销渠道设计的目的就是产品或服务能够更好地被终端用户使用或消费。渠道设计的核心就是设立可行的渠道结构。

（一）营销渠道长度的创新

渠道的长度结构也称渠道的层级结构，指渠道的层级数量的多少。通常情况下，可分为零级渠道、一级渠道、二级渠道及三级渠道等。每一行业因其行业操作过程、市场特性及其他因素的限制，渠道长度并不完全相同。

渠道长度的创新也就是减少或增加渠道的层级。由于渠道层级的多少与分销成本在最终产品价格中的比例正相关，为了缩减成本，提高企业的赢利能力和市场竞争力，在满足终端用户的基础上，企业一直在追求着渠道的扁平化。而信息技术的不断进步，为实现企业的这一目标提供了可能性，使得各类信息在企业内部的交流和使用更加高效，使用范围更加广泛，随之带来的效益也更加显现。

渠道扁平化出现的原因有渠道纵向一体化的影响、当前消费文化的影响及信息技术的影响。

1. 渠道纵向一体化的影响

渠道纵向一体化主要是因为信息不对称和需求不确定引起了交易费用增加。一方面，全球经济的高速发展改变了市场主体——从卖方市场转向了买方市场。市场主体的改变使得接近最终消费者的渠道成员的权利增加，在厂商博弈中，制造商的话语权不断下降。渠道成员机会主义行为也会带来交易成本的增加，企业进行纵向一体化的动机增强。另一方面，随着信息技术和传播手段的日益发展，产品的生命周期缩短，产品同质化严重，顾客忠诚度下降。此时，制造商趋向于采取品牌竞争的方式，而品牌权益的建立需要下游渠道成员的通力配合，这就增加了下游渠道成员采取投机行为或进行恶意讹诈的机会，也会增加交易费用，进而使厂商可能会采取纵向一体化的策略。

2. 当前消费文化的影响

消费文化对渠道扁平化的影响也很重要。首先，当前的消费者越来越追求独立性和个性化，这就要求企业在提供品质优良的产品和服务外，更要达到消费者个性化的需求。因此，厂商必须充分掌握消费者的需求信息，而从下游渠道获得的消费者信息不仅滞后而且还不完整，为了缩短与消费者之间的距离，厂商也可能精简渠道层级。其次，当前消费者行为的不确定性增加和承诺的丧失，使得企业需要时刻关注顾客的行动，及时地调整应对措施。对多数顾客流失率高的企业来说，渠道扁平化是个不错的选择。最后，当今的很多消费者，尤其是年轻消费者，崇尚个性化，特立独行，不盲目从众，形成了多样化的行为习惯和消费方式。越来越多的消费者转变了过去低价购物的理念，尤其以80后、90后为代表的年轻消费群体的崛起，中国迎来了新一轮消费升级浪潮。他们在消费过程中，更加关注自己个性化的需求，希望通过消费来展示自己的品位和身份，"我的与众不同"越来越多地在消费中得到体现。他们通过积极的参与和持续的形象转换来寻求在各个非连续的、不同时刻上的良好的情感体验。厂商为了跟上消费者越来越快的变化步伐，会尽可能地贴近最终消费者，以指导厂商对消费者的相应变化做出调整。这就要求渠道结构能够精简、长度能够缩短。

3. 信息技术的影响

信息技术的飞速发展，科技的不断进步，为渠道扁平化的实现提供了基础条件。各种商业活动中，网络及网络技术的应用范围越来越广泛，重要性也越来越明显。过去既有的经济学理论和实践将逐步为信息技术进步所促成的扁平化所取代。渠道中分销成本的比例构成也发生了很大程度的变化。这些使得在网络技术普及的今天，渠道扁平化结构具有相对意义上的经济性。网络时代到来后，新技术、新模式也不断被应用到企业的营销行为中，为企业的经营赋予了更多的模式和渠道。销售方式、宣传载体不断推陈出新，各类针对消费者的精准营销模式效果明显。团购、共享、促销、代购等商业新事物层出不穷。过去的经营模式中，商品传递到最终消费者手中必须经过每一层营销渠道。在新科技、新技术、新模式发展日新月异的当下，一些过去无法想象的销售方式被广泛高效地运用，一些可以通过网络直接传递的商品，比如消费者欣赏的音乐、阅读的图书、使用的软件等，被最大限度地转换为数字化的商品，以最迅速、最便捷的方式流通到消费者手中，大大减少了中间环节，节约了时间以及销售成本。也为消费者提供了更多的便利，同时也使渠道得以精简。同时，人们获取信息、传递信息的方式在网络技术的影响下也发生了很大的变化。传统经济下，消费者获取商品信息的主要方式是通过传统媒体，而且信息的传递是单向的，消费者接收信息也是被动的。网络技术的发展，使一些新兴媒体得以普及，消费者获得信息的方式开始多样化，他们不仅是信息的接受者，同时也可能成为信息的传播者，厂商与消费者之间的沟通更加方便，也更加快捷。为了削减分销成本，厂商有理由精简原先只承担信息传递这一营销渠道流的渠道成员。

渠道扁平化的实施需要企业有足够的资金保障，有很强的管理能力。对于一些中小型企业来讲，他们本身资金实力不足，管理和营销水平落后，渠道扁平化并不是他们目前最需要的。同时，由于原有的渠道商力量还很强大，即使大企业在进行渠道扁平化时，也会遇到很多障碍。目前制造商的产品销售中，传统渠道的销量还占到60%以上。因此，企业多采用传统渠道与现代渠道并存的双渠道或多渠道模式。

（二）营销渠道广度的创新

渠道的广度结构指企业使用多种渠道的组合，即企业根据消费者行为特点，进行长渠道和短渠道的结合、宽渠道与窄渠道的结合。随着网络技术的发展，第三方网络平台越来越成为渠道设计时的重点考虑对象。目前，主要的渠道组合模式有混合渠道模式、水平整合渠道模式及垂直整合渠道模式，如图4-1所示。

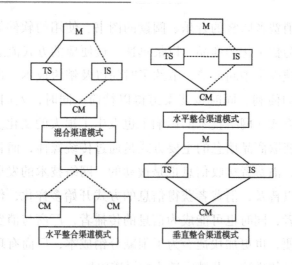

图4-1 渠道组合模式①

1. 混合渠道模式

混合渠道模式指制造商在保持原有的渠道外，增加了网络平台销售。其中根据网络平台的构建主体不同，增加的渠道有本企业官方网站销售和第三方平台销售。第三方平台根据是否承担产品流，又有"淘宝"模式和"京东商城"模式。

企业自有网站应具有信息发布、产品管理、会员管理、订单管理、邮件列表、论坛管理、在线帮助、站内检索、广告管理、在线调查、流量统计等功能。为了获得用户欢迎和信任，要保证信息有效性强、网页下载速度快、网站简单易用、网站功能运行正常、网站链接有效、用户注册/退出方便、保护个人信息、避免对用户造成滋扰。

如果第三方网络平台承担产品流，则此网络平台就相当于传统的中间商，所不同的就是它直接与终端用户接触，而不需要再增加新的渠道层次，如京东商城。统一采购，统一配货，京东有自己的物流送货，其优势是给消费者以信心，质量和退货问题，有京东做担保；统一采购进货，也可以拿到相对低价；自建物流渠道，商品能迅速到达消费者手中，增加消费者良好的购物体验和信心。然而其劣势也是明

---

① M表示制造商，TS表示传统中间商，IS表示网络平台，CM表示终端用户，实线与虚线分别表示不同的渠道。

显的，自建库存要占用其大量的成本，自建物流渠道，也会增加物流成本。

如果第三方网络平台不承担产品流，则此网络平台只是一个信息交流平台，如淘宝。淘宝向商家提供了一个网络的分销平台，把商家资源聚合集中向用户展示，帮助消费者节约成本，方便消费者购物。进行信息资源和资金的整合，消费者可以在淘宝网上搜索，结合网店的信誉和评价选择需要的产品。企业在淘宝上进行分销时，不会带来增加分销渠道所需要增加的库存成本，有效降低企业的资金占用成本，使资金得到合理利用，提高资金的转化率，使成本处于最优化的消耗状态，从而提升企业的整体效益。

作为第三方网络平台的网络团购，其发展颇受关注。团购网站的鼻祖 Groupon 于 2008 年 11 月在美国上线，并迅速在全球掀起了团购热潮。国内效仿 Groupon 的团购网站也呈井喷式发展，有统计表明，国内团购网站从 2010 年 3 月开始，经过短短几个月的发展达到 1664 家之多。2010 年国内网络团购行业信用调查报告显示，团购已经逐步成为消费者追求的一种现代、时尚的购物方式，我国团购的"主力军"主要分布于北、上、广、深等一线大城市，并且已经蔓延到全国各大城市，消费者集中于 25～35 岁的白领女性，而且普遍具有大学学历。网络的普及让团购成为很多年轻人参与的消费盛宴。具体构成情况为：①性别构成，国内网络团购消费者性别比例是女性为 51.6%，男性为 48.4%；②年龄构成，18 岁以下的消费者占比为 1.6%，19～24 岁的消费者占比为 15.4%，25～30 岁的消费者占比为 40.3%，31～35 岁的消费者占比为 22.2%，36～40 岁的消费者占比为 8.9%，41 岁以上的消费者占比为 11.6%；③收入情况的比例构成，月收入在 1000 元以下的消费者占比为 7.0%，月收入在 1001～2000 元的消费者占比为 14.8%，月收入在 2001～3000 元的消费者占比为 23.7%，月收入在 3001～4000 元的消费者占比为 23.3%，月收入在 4001～6000 元的消费者占比为 18.2%，月收入在 6001～9000 元的消费者占比为 7.9%，月收入在 9001 元以上的消费者占比为 5.1%。

根据网络团购的消费者构成，企业可以选择适合目标消费群的产品或服务，通过团购网站销售。团购网站目前发展得并不完善，存在不少欺骗消费者的团购，导致团购网站的整体诚信度并不高。Itrust调查显示，2010年国内团购网站平均诚信度为68.7%。为了保证产品或服务的品牌信誉，企业在选择团购网站时，也要慎重考虑。团购网站多以低价和大的折扣来吸引消费者，因此，企业在进行品牌推广时，可以选择恰当的团购网站，以低价吸引消费者注意，来提高品牌知名度；在产品库存较多时，选择团购网站，可以迅速削减库存，进行资金回流。

2. 水平整合渠道模式

水平整合渠道模式有两种形式：零售商在进行线下销售的同时，进行网络平台销售；终端用户既作为最终消费者又同时兼有中间商的角色。

零售商网上销售额占总销售额的百分比在持续上升，不仅大部分新生企业对线上销售特别重视和依赖，而且越来越多的传统领域和企业也在紧跟时代的脚步，参与到互联网线上营销的"大战"中来。实践证明，要避免被淘汰的命运，企业必须扣住时代的脉搏，拓展多样化的销售渠道，线上与线下结合，优势互补，才能有效规避经营风险，创造更大的利润空间，实现企业的稳定、长远发展。麦肯锡资料显示，采取多种渠道，比如网络购物，实体店购物相结合的消费者，要比单一方式购物的消费者的支出金额高出数倍，并且互联网在人们生活中越来越普及，接受程度越来越高，大宗消费品购置比例呈上升趋势，不仅在零售业中的比重越来越高，而且对人们的消费习惯以及生活的影响日趋明显。

国美、苏宁这些电器零售企业也开始了网上销售和实体商店两种销售模式。国美2010年11月收购了库巴，开始了其网上销售之路。2011年4月20日，国美正式推出了其旗下的电子商务网站，即国美网上商城，全力推进电子商务业务的发展。消费者同时具有中间商角色的水平整合渠道模式中，做得较好的是凡客诚品。凡客达人是凡客诚品的一个社区化营销平台，凡客达人们无须为发货、物流等环节烦扰，仅需按照自己喜爱的风格随意搭配VANCL的各种服饰。这里凡客达人既是凡客诚品的最终消费者，同时作为中间商，他们主要承担渠道中的信息流和促销流。

3. 垂直整合渠道模式

与传统营销渠道中生产者、批发商和零售商相互独立不同，为了挑战传统的营销渠道中的各利己因素，垂直营销系统逐步建立起来，成为新形势下，渠道发展的特殊现象。以往传统营销渠道中的各方，都是各自为"阵"，以自身利益最大化为最终目标，有时不惜损害整个系统的利益。而垂直营销系统则不是这样，这个渠道中的生产者、批发商和零售商是一个利益同共体，它们之间可以相互交叉着拥有他方的产权，避免或者有效解决在生产经营活动中产生的利益冲突，维持一种内部的平衡、高效，以实现各方利益的最大化。

第四节　促销策略创新

一、广告促销策略创新

21世纪，随着知识经济的到来，市场营销领域中知识营销取代了传统的营销模式，广告作为营销系统中的一个起着非常重要作用的子系统，其形式创新与否，关系到营销策略的实施。在新型营销理念异军突起的今天，广告促销能否跟上时代的发展，能否科学地组织运作，是今天我们面对的一个关键问题。

（一）新型市场营销理念对广告促销的启示

1. 社会营销理念对广告促销的启示

菲利普·科特勒认为："社会营销是设计、执行、控制的方案，是希望使目标团体接受社会的某些理念、思想或措施，它是通过对市场的细分与组合、顾客行为的研究、概念的演变与沟通、动力效应、诱导机制、交换原理等手段，使目标团体利益的最大化。"同时，他还强调可持续发展的社会营销战略，一切以顾客的需要为中心，更注重社会利益，其中不管是顾客短期的需要还是长期的需要，力争满足。特别是在世界人口迅速增加、资源匮乏、贫富差距越来越大、环境污染、生存空间受到威胁……一系列社会问题频现的情况下，企业更应该勇敢地站出来，妥善地处理好顾客利益、顾客需求和社会长期利益之间的矛盾。企业进行的这种营销方式也是人们经常说的生态营销，或人道主义营销，更以人为中心而不是利益。

随着社会营销理念的不断更新发展，广告作为塑造品牌的必然手段必须与时俱进，根据新兴的营销策略和营销手段做出对应的调整，找到更好的广告营销策略，不断尝试新的、更合适的广告形式，以便将广告中的关键因素刻在受众脑海，达到广告营销的真正目的。

2. 体验营销理念对广告促销的启示

体验营销理念的重点在于"体验"二字，就是消费者在与品牌产品或品牌接触的过程中，通过用、看、听、参与等手段刺激消费者的情感、行动、购买欲等感性和理性的因素，让消费者体会到品牌的魅力，进而喜欢这个品牌并且产生一次又一次的购买交易。体验营销理论出自《体验经济》一书，当时大家对这个观点议论纷纷。书中认为，随着全球经济逐渐转变成体验性的经济活动，越来越多的经济活动喜欢将"个人体验"嵌入其中，因此品牌营销也要相应的提供个性化体验服务，将个人的情感纳入广告促销中，才能为品牌吸引无数"回头客"。

3. 差异化营销理念对广告促销的启示

差异化是各个企业、各种营销理念最具竞争力的因素，是区别于其他同行竞争者独有的个性化优势，这些差异化会给企业带来巨大的价值。正如菲利普·科特勒的观点"差异化是企业所独有的，能赢得竞争者的市场份额的东西，树立差异化的过程就是建设有价值、有意义的差异"。广告促销的差异化理念可以从服务、人员、渠道、形象和产品五方面树立。

（二）知识经济条件下广告创新的条件

广告创新是一项艰巨的系统工程，一蹴而就是不可能的。知识经济为广告创新提供了可能。

1. 湿营销催生变革

湿营销理念中的"湿"不是我们现在所理解的气候的湿度，比如气候变暖引起的全球变暖。而是指能建立起人与人之间湿乎乎的交际关系的社交软件，比如博客、电子邮件、开源代码、聊天室。这些社交软件缩短了人与人之间的距离，让人际关系更具体、更有人情味、更现实化，构造了更具意义的社交圈。随着互联网的普及和人们对社交软件的依赖度越来越高，基于火热的社交软件构建起的湿营销理论被越来越多人认可。湿营销就是在社交软件上进行营销，根据社交软件的聚集效应集中投放广告，让社交软件的用户愿意购买并分享品牌的产品，从而实现宣传和营销的目的。在新媒体盛行的时代，这种利用消费者主动参与营销的湿营销方式有利于形成品牌的聚集效应。湿营销理论来源于克莱·舍基的《未来是湿的：无组织的组织力量》。

2. 点对点传播，精准投放

随着传媒技术的日新月异，传播媒介不断扩展和延伸，从传统的大众纸质媒介，比如报纸、广播、电视，向广播电视为主的电子媒介，以手机、无线网络为主的第五媒介发展。其中传播方式从大众化发展转为针对化发展，越来越重视不同需求用户的个别属性。因此，以传播媒介为主要手段的广告营销也在发展改变，从大众迈向个性化，在以社交网络、手机等新媒体的传播中尤为明显，广告营销针对这些新媒体实现了点对点的传播，根据不同用户的需求和关注度高低，为他们推送精准的广告宣传。

3. 广告效果可测量

如今新媒体时代已经到来，新媒体技术与各项信息技术融合不断优化了新媒体的传播方式渠道，并和用户形成很好的互动。比较常见的是，新媒体能对用户实现实时监测，检测用户近期的需求和最关注的东西。网络广告营销利用新媒体也能通过采集用户数据，根据他们的回复、评论、留言、点击、关注等互动性的数据监测网络营销的效果，以便及时找到最好的营销模式。这或许将改写广告界的那句名言"我知道我的广告费至少浪费了一半，但我不知道究竟浪费在哪里"。

（三）知识经济时代广告的主要形式及其特征

1. 搜索引擎广告

互联网时代，人们足不出户便能知天下事，互联网已经成为人们获取资讯的手段之一，其中90%以上的人善于利用互联网上的搜索引擎获取自己所需的讯息。因此，搜索引擎成为互联网上使用用户最多、关注度最高的工具之一，是决定网站的点击量、访问量的重要因素，越来越多营销策略把关注度集中到搜索引擎上。其营销方式主要是，通过用户进行关键词搜索，将广告放在搜索结果页，按收费来排名每一项、每一页搜索结果显示，用户一般会优先选择排名较前的搜索选项。这种营销方式有两种收费特点：竞价分配，在同行竞争之间尤为常见，价格更高的排在前面，点击量更高；按点击量多少收取费用。这种搜索引擎广告在各大搜索引擎网站都比较常见，比如百度、Google……据相关数据显示，2009年中国搜索引擎企业的收入达70多亿元，增长率高达38%。可见，这种广告营销方式备受企业欢迎。而且现在网民对搜索结果的相关性需求越来越大，不像以前那么精准，他们更希望通过搜索关键词能获得更多的讯息。

2. 博客广告

随着博客这种新媒体在互联网的盛行，巨大的点击量和访问量、用户规模吸引了大量广告主的注意力，于是一个新的广告营销模式、新的广告载体开始兴起。博客的传播特点与它的媒介特性一样，不同阶层的用户之间能形成互动，具有聚众效应，口碑和意见领袖在讯息传播、舆论导向等方面扮演重要角色。其广告营销模式主要有三种——一是由专业机构代理，这种方式是博主利用自己的粉丝聚集效应，将自己的博客交给专业的机构代理，主要负责博客广告合作、发布博客进行宣传等工作；二是与博客网站合作，按照博客页面的访问量高低，对访问量更高的页面进行高价收费；三是网站与个人博客合作的模式，通过形成联盟投放广告，最后广告费按一定的比例分配给个人和网站。一般来说，博客网站上粉丝量更高的博客用户更具有广告价值。博客在国内起步较晚，博客这种广告宣传渠道比较新鲜，因为收费模式和广告投放方式会比较简单，存在一些问题。

3. 社交网站（SNS）广告

如果说博客更具意见领袖性和口碑性，那么社交网站则更具有全民性和草根性，自 2008 年"开心 001"社交网站一枝独秀，出尽风头；到 2009 年社交网站百花齐放，其用户量高达 1.79 亿，主要以白领、学生等年轻人为主，他们熟悉社交网络，喜欢挖掘新鲜事物，因此这些活跃度能转化高达 45.8% 的传播效应。而且对于广告主来说，学生和白领是最具有消费能力的消费群体，他们具备引领潮流的群体，是各个广告都力争的目标客户群体。社交网站上的广告模式比较多样，主要包括用户定制化广告，就是根据广告主的产品推出全套的广告和服务；最基本的平面广告，网页上的 LOGO、宣传海报、广告动图等；植入广告，是社交网站的衍生产品，比如游戏中植入广告。社交网站的广告传播性较好，因为这种社交关系是建立在真实的生活圈子的关系。

4. 手机广告

手机最早是一种通信工具，实现人与人之间的远距离沟通。随着信息的不断进步，手机被赋予了越来越多的功能，从 2G 时代的便携式电话终端到 3G、4G 时代集生活、娱乐、工作、沟通于一体的工具，人类与手机的关系越来越密切，是人们影子一般的存在。手机作为一种信息媒介，传播方式从短信到基于网络的互动，甚至人们只需要可以联网的 3G、4G 手机便可以实现人们生活中的大部门需求。而且基于手机已经形成了一系列的利益产业链，比如彩铃、手机报、各种 APP、手机支付，因此基于手机的广告营销方式，即无线营销是一片蓝海，吸引一批又一批广告主不惜投入巨资达到更高效率的广告传播。无线营销拥有保存简单、低成本、互动性强、私密性强、精准定位和传播速度快等特点。随着移动支付时代的到来，手机广告是未来网络营销的必然趋势。

二、公共关系创新

（一）知识经济条件下公共关系的新特点

1. 经济全球化必然带来公关对象和工作活动的国际化

所谓经济全球化，就是各个国家和地区充分发挥自己的相对优势，以促进世界经济的发展。在经济全球化的背景下，信息技术和科学技术飞速发展，跨国公司如雨后春笋般逐渐兴起，并发挥了重要作用，冲击了此前世界范围内的经济模式，新的产业结构出现。

在经济全球化的背景下，企业之间的经济活动都是跨国进行的，不再是一个国家的单独买卖，更涉及国际交易，比如信息咨询、买卖交易、商务谈判、协调办理、策划公关等经济活动，都必须在各国公司之间进行，或者在国家与地区之间进行。总而言之，经济全球化的背景下许多经济活动都要在国际范围内展开。这直接改变了经济活动面对的受众和范围。例如福特公司的老板只要待在底特律总部，就能决策全球福特汽车的贸易、销售、生产和宣传，其公关人员的工作活动也只需要待在总部便能与世界各国的合作企业沟通完成。波音公司亦是如此，他们的飞机零件的生产商和供应商可以是来自全世界 70 多个国家或地区的企业，波音公司的总裁只需要坐在西雅图的办公室里就能和这么多国家和地区的企业进行合作，同时他们的公关人员也可以在西雅图总部与全球范围内的合作企业进行商务洽谈、贸易往来。经济全球化的发展态势下，公关活动范围和对象不断扩大，让各国、各地区之间的商业往来越来越密切。

2. 知识经济时代必然带来公关手段的信息化

经济全球化时代，产业结构得到调整，互联网逐渐普及，信息技术日新月异，以沟通联络为代表的科学技术飞速发展，跨国企业、跨地区等远距离企业之间通过信息网络建立起近距离的联系。比如播音和福特公司，他们可以通过信息网络实现供应商和生产商之间几乎是面对面的交流。

对于公关工作来说，信息技术是其传播的关键渠道，信息技术的发展提高了公关的传播速度。信息技术作用于公关，可以实现——首先，网络没有时间、地点的限制，在网上进行宣传、销售同样不受地点、活动范围、时间的限制，客户能随时接收到企业的产品、服务和广告宣传；其次，随着互联网的普及，渗透进一代又一代人的工作和生活，网上贸易必将成为贸易活动的主要方式；最后，信息技术的发展极大的推送了讯息的传播速度，只要登录互联网，一切信息应有尽有，了如指掌。

3. **经济全球化、信息国际化必然要求公关队伍的素质知识化**

所谓知识化，要求公关工作者在知识经济时代具有掌握现代科技信息能力的较高素质。

因此，知识化时代下公关人员的素质要不断提高，能洞察新时代的各种信息，了解各种信息技术。也许在未来，公关公司的公关人员都是高素质人才，拥有丰富的学识和敏捷的思维能力，并且能拥有得到社会肯定的职称，像工程师和高级工程师一般备受肯定的职位名称。

4. **信息国际化必然带来公关理论和实践的进一步更新**

新时代下，人们对公关有了更深的理解，公关理论也要随着时代的变化和人们的理解水平的提升不断变化，公关实践也要适应技术手段、传播手段的更新。这对研究公关理论的学者们提出了新挑战，他们不能再用以往的公关理论、模式和技巧来应对当今时代的公关事件，应该从横向和纵向两个方面为公关理论增添新的生命力，按照信息技术和传播手段的变化发展适当地修改和完善公关学。

（二）知识经济条件下公关创新形式——博客公关

企业博客公关是企业在互联网新技术动力学上发展起来的企业网络公关新形式。博客是网络时代下企业进行公关、传播、树立企业形象的主要渠道之一，这是利用博客的聚众性、直接性、平等性、敏捷性、迅速性等特点建立起来的新渠道。企业在博客上的公关方式与营销有所不同，营销更针对客户、受众群体，公关则更在企业自身的维护上，比如维护、树立企业形象，与各种的用户群建立多样、多维、多结构的公共关系。

企业在传统意义上的公关是"推"式的，有时甚至造成由于过量的公关而给客户带来冗余繁杂的筛选与接受负担。而在新媒体发展时代，互联网以一种"拉"式态度出现在人们面前，企业博客公关也是如此。亚马逊公司的前首席科学家 Andreas 提出了一种"Participation Economy"（参与经济）的观点，认为客户的参与价值对企业发展至关重要，而企业博客公关的关键任务便是寻找、开拓、聚集并维护好与企业客户的各种关系。到底谁才是企业博客真正需求的目标公关对象？曾经有专家评论说，在网络海洋中，网民的身份有极大的模糊性，企业无法以简单的经济地位、公司身份等现实区分参数来选择网民中身份准确的目标人群，可以说，企业必须要把所有的网络人群都当作"客户"来小心对待。

博客与其他网络公关途径相比，博客公关更具比较优势。

1. 博客具有人格化特质与强大的社会化属性

博客的人格化特质体现为真诚、亲密、值得信任。客户或许不容易接受网络广告游说，却会更喜欢与企业在一个博客平台上进行直接与平等的对话。博客内含一种强大的社会化属性可以引发某种交流和讨论，进而通过超链接的扩张与博客圈的群聚，极大地影响到社会的所有关联利益体。博客公关与传统公关途径相结合，将能在第一时间创造第一直接接触点，有利于传统公关活动的效率提高。

2. 博客公关形成全方位的立体式沟通系统

企业博客通过各种方式塑造或推出意见领袖形象，发表有见地的行业观察评论，将有助于企业在行业地位、权威形象、舆论关系上的长期强化。企业通过博客能灵活创造某种新闻价值，引发新闻关注，并影响主流媒体报道。企业博客可通过社会化书签收藏等多媒体技术应用，形成全方位的立体式沟通系统。

3. 有利于企业应对公关危机

企业博客的历史公关记录一般能受到良好的存储保护，并能方便地被搜索引擎常年搜索，有助于提升企业的知名度，间接协助企业的线下营销开展。企业通过博客公关，能够长期潜移默化地影响客户意识里对于企业品牌或产品的良好印象与观念认同，从而间接促进现实中的产品销售。在预防或应对企业的危机公关时，博客成为第一线直接的灵活公关手段，通过博客发表企业观点立场，与多数利益相关人群进行即时的沟通，更易于澄清企业负面消息或降低危机对企业所带来的名誉冲击。

企业能通过对博客的持续监测及时发现相关问题，为潜在公关危机做好准备。搜索引擎是企业应用博客进行公关的优势之一，就是因为博客更为丰富、自由、形式灵活等特性，以及博客的日志式更新频次，相比企业网站能在更大范围内获得搜索引擎的关注。通过各种途径增加企业博客在搜索引擎上的可见度是公关的重要任务。同时，企业博客在自身的公关设计中也可根据需要，设计安装符合企业公关趋势和要求的自主搜索引擎。

（三）知识经济条件下公关创新形式——网络危机公关

1. 互联网时代网络危机公关的重要性

互联网时代带来的是机遇与挑战并存，这一"双刃剑"效应同样在企业危机公关中凸显。通过互联网进行危机公关，不仅是现代企业公共关系的重要活动内容，而且已成为决定企业兴衰成败、生死存亡的重大问题。企业网络危机公关的场景每天都在上演。在互联网时代，危机公关是否及时得当，回应网民的效果如何，很大程度上决定着企业的发展态势。开展有组织、有计划的网络危机公关，采取有效的网络危机公关策略，对于争取公众的理解和信任、保障企业正常发展至关重要。

在互联网时代，对于企业来说，危机有两方面基本特征需要特别注意，它们决定了企业危机公关的策略选择。第一，危机具有突发性，它会在某一时空点上突然爆发，令企业防不胜防。第二，危机具有破坏性，影响企业的公众形象和生产经营。而且危机的大小程度不同对企业的影响也不同，轻者影响企业的收益、利润、财务目标；重者失民心，导致企业溃败。在互联网时代，高速的传播速度增加了危机的破坏性，正向大家所说的"好事不出门，恶事传千里"，因此当企业面临危机时一定要及时进行危机公关，防止过激的、不好的言论迅速传播，掌握主动权，及时挽回民心，挽救企业形象，才不会以讹传讹，被公众主宰。

2. 网络危机传播中公众更容易积聚力量，使得网络危机传播与传统的相比出现更大规模、更大范围、更大效应

在传统时代，大家接收讯息主要依靠电视、报纸、广播和杂志，与互联网时代媒体的传播速度相比较慢。在互联网时代，人们接收讯息和发布讯息的渠道越来越多，每一个人都能成为"举报者"，将"证据"——记录下的视频、音频、文字等讯息上传到网上，立马就能引起热烈关注。于是在言论自由的时代，每一个人都可能成为意见领袖，形成舆论导向，让危机事件爆发出更大的影响力。

网络危机传播与传统危机传播的特点比较见表4-3。

表4-3　网络危机传播与传统危机传播的特点比较

项目	网络媒体	传统媒体
信息数量	接近无限	有限
信息展现方式	文字、声音、图像等综合多媒体展现，超文本链接	文字、声音、图像各自独立展现，线性文本
信息内容	原创新闻少，多为新闻信息汇集，检索方便	一味追求快，新闻是易碎品
信息时效	在强调快的同时，注意新闻的集纳	包含社会各个阶层，被动性强
传受关系	受众概念模糊，参与自由度大，互动性强	传者主导，互动性弱
舆论形成方式	自下而上，舆论自发聚集，并对政府决策形成舆论压力	自上而下，以正确的舆论引导人，并形成舆论强势
政府控制	可控性差	可控性强

3. 企业在网络危机公关中的不足

（1）危机意识不够强烈。企业的危机意识不够强列主要包括两方面：一方面是企业过于高估自己，过于乐观，对危机的破坏性不够了解，轻视危机；另一方面是企业意识到了危机的破坏性，采取了一系列的措施进行防备，但是没有达到预期效果。

（2）反应不够迅速。网络时代的危机具有一个最重要的特点——迅速。其传播速度是传统媒体不能望其项背的。许多企业网络危机公关失败的最主要原因就是没把网络传播速度考虑进去，仍然用传统媒体的眼光思考问题，不能及时应对网络时代危机中出现的问题，不能准备把握时机。

（3）没能开诚布公。不够坦诚，是国内企业的通病。一般当企业面临网络危机时，网络上许多所谓的"知情人"一般来说都是企业的利益相关者或前任职员，他们由于各种原因在危机发生时"揭露真相"，用过于主观的角度引导舆论。因此大多数企业面对这种情况要么轻视他们，要么都藏着掖着事实，不够坦诚，对公众隐瞒，导致失去民心。

（4）没有统一口径。在网络时代，人们的信息源越来越多，当网络危机发生时，不同的平台、媒介渠道涌现出各种声音。许多企业在进行危机公关时就忽略了这点，发布信息时文字、语言、说法、发布平台都无法统一，导致受众眼花缭乱，无法确认哪种说法才是企业真正的态度。

（5）忽略了网络媒体与传统媒体的结合。如今，无论是网络媒体还是传统媒体都有很大的受众群，因此企业在进行网络危机公关时不能重此轻彼，重视传统媒体的严肃性和权威性，忽视网络媒体的时效性和大范围传播，应该整合这两种资源，实现信息的迅速传播和严谨性，不放过任何一类别的受众群。

（6）没有详细周密的网络危机处理预案。当网络危机出现时，企业缺乏对危机事件的把握，缺少详细周密的网络危机处理方案，不能迅速把握其中的主要问题，无法预测事件的发展方向。因此企业要做好事先防范，准备好一套应对网络危机公关的应急方案，才能临危不乱。

（7）与受危机事件影响的对象关系处理不当。网络时代的危机事件波及面更广，往往不仅受到危机的企业受到影响，而且与之利益相关的企业也深陷其中。因此当一家企业面临网络危机时，应当出于企业的社会责任感和人道主义原则，处理好与受危机事件影响的对象企业的关系，尽可能地避免他们受到波及。

第五节　服务营销策略创新

在当前我国的经济结构当中，服务业的地位具有举足轻重的作用，要衡量我国的经济发展水平就必须要参考服务业的发展程度。科技革命的发展使得知识经济逐渐取代工业经济走向了主导地位，这也是社会经济不断发展的必然前景。我国的服务业受到知识经济的影响呈现出欣欣向荣的局面，发展程度、发展速度都空前繁荣。

一、知识经济呼唤服务营销

工业经济时代是制造业发展的黄金期，制造业获得了迅猛的发展，而知识经济则为服务业的发展提供了土壤，服务业必将在知识经济时代获得增长。

（一）知识经济中服务营销的必要性

1. 知识经济具有服务经济属性

知识经济含义中包括了服务经济，后者也是前者的一项重要的特征。知识经济的发展离不开知识以及信息的作用，这两者通过分配以及生产等多种过程使得知识经济不断发展，而知识也是知识经济当中的主要因素。信息成为知识经济发展当中不可或缺的资源，经济增长的途径有了新的趋势，即以知识为主导的经济决策和资产投入额无形化特征趋势。服务业在经济结构中的作用越来越大，且逐渐取代制造业，特别是以信息和知识服务为主的知识产业更是发展成了经济社会的主要经济产业。知识经济还能够对传统的经济产业进行改造与升级，从分配以及生产等各个环节不仅是在方式上，还在结构上进行改革升级，逐渐形成了新的服务行业，同时，也能够推动新型服务业的发展。服务业能够在知识经济时代实现跨越式的发展，并逐渐发展成为主导。

2.　知识经济中对服务消费需求的增加

随着知识经济的发展，一方面带动了对生产型服务业的需求，在知识经济条件下，社会分工向纵深发展，分工由产业间的分工深入产业内分工，进而深入产品工艺环节的分工。社会分工的深化，使整个经济运行对生产型服务业的需求迅速提高，正是由于这些改变，催生了一系列的新型服务业比如管理咨询、工程咨询，营销、广告、企业形象的策划以及市场调研服务等，同时，也促使金融、证券、研发、信息网络服务等服务业的发展。另一方面，知识经济的不断进步同时提升了生活类服务业需求的提高。这正是由于人们的经济收入不断提高所致的，一方面人们希望能够使得生活的质量得到提升，生活的环境也需要被改善；另一方面人们还不仅仅对物质生存资料有需求，人们迫切地希望增加自己的精神生活资料需求。这些需求的出现，使得满足人们物质生活需要和精神生活需要的生活服务业也会越来越壮大。

3.　制造业的服务化趋势的增强

知识经济的来临，服务业尤其是生产性服务业与制造业之间呈现一种有机融合的趋势。这种融合的趋势主要由以下两种情况所强化：一种情况是，由于在中间的投入当中增加了服务的投入，这就使得有一些的制造业难以和服务业进行区分。在现代工业体系当中，服务更多地成为中间投入，同时由于中间需求的不断增加，服务业自然也不断增长。我们从制造企业的投入与产出两个方面来看，当前服务不断增加在制造企业当中的投入，这就使得制造企业开始呈现出服务化投入的表现，随着服务投入的深入，最终可能使得在制造企业的产出中也越来越突出服务要素的作用，就会形成产出服务化这一表现。除却这一种方式，服务不再像早期一样单纯只是依附于制造业，而是变成了主体阶段。当今以知识为主导的经济社会，制造业企业开始强调服务的相对独立性，更加注重服务的作用，其所提供的也不只是一项产品，更多的是服务、知识以及产品等多项要素组成的共同体。在这个共同体当中，服务的作用无疑是最重要的。服务的角色的变化使得服务为制造企业创造的价值也不断增加。与以往不同，现在的制造企业要想获得巨大的价值，他们不是从生产的过程中来获取，而是从企业的产品形象、自身新技术的发展等方面来获取。

（二）我国服务创新的现状及面临的挑战

近年来，我国服务业发展迅速，企业在服务领域的竞争日趋激烈，与此同时，经济的一体化带来服务的全球化，要求企业具备相当强的国际适应能力和竞争能力，这促使企业加强服务创新活动以提高竞争力。综观我国企业服务创新状况，仍存在一些问题，面临着严峻的挑战。

1. 服务营销理念不强

由于我国市场经济机制运行的时间还比较短，企业的市场意识、服务意识还很薄弱，企业缺乏服务创新意识，服务创新动力不足。在全球经济一体化中，我国企业不可避免地在国内市场和国外市场上与外资企业展开竞争，外资企业先进的营销哲学和管理经验、完善的营销网络、高效的营销运作体系，肯定通过其优秀的营销能力给我国制订服务业巨大的打击，使得我国服务企业难以实现创新服务。

2. 服务资源投入能力不足

我国服务企业多以中小企业为主，整体经营规模小，运营资金短缺。中小服务企业无论在硬件设备还是在软件上均投入不足，同时也难以获取先进的技术，致使这些企业的服务能力及竞争能力处于较低的水平。而外资企业就不同了，他们具有资金、技术、知识优势，使得我国的服务企业难以应对国际竞争，其生存和发展空间受到挤压。

3. 服务创新管理能力存在较大缺陷

我国企业进行服务创新活动的时间较短，服务创新管理经验不足，服务创新战略导向不清晰，创新管理人才缺乏，因而企业服务创新的管理方法和模式缺乏有效性，创新效率和创新效益不理想。外资企业能够利用现代化的高新技术开展创新活动，如服务组织创新、服务策略创新、服务品牌创新等，在创新管理方面，我国企业面临的挑战更加严峻。

4. 服务创新动力不足

由于我国的市场化发展不充分，竞争局面发展程度低，这就致使企业很少鼓励创新。这种情况的存在影响了企业创新体系的形成，使得企业的创新能力难以增强，创新潜力得不到激发。

综上所述，我国企业在服务营销上还存在诸多问题，面对激烈的国际竞争，我国企业需要进行服务营销的创新，以迎接来自国内外市场竞争的挑战。

二、服务营销策略创新

企业服务营销的创新活动是一个系统工程，要结合企业的自身条件和外部环境，对创新活动进行有意识和系统化的组织和管理。

（一）服务营销创新的切入点

企业在进行服务营销创新的过程中，要结合企业的资源与优势，制定适合的创新发展战略。同时，企业要确定好服务营销创新的切入点，企业可以从以下几个方面来寻找服务营销创新的突破口。

1. 服务产品的创新

服务作为无形化的产品，一方面，可以独立地提供给消费者，如信息产品、教育培训产品等；另一方面，服务更多地可以和有形产品结合在一起。这种情况下，服务产品的创新与实体产品的创新结合得更加紧密。

设计是产品和服务创新的开端。产品中的服务因素凝结在产品设计中的客户需求当中，这一服务因素同时也是一项创新的方法。服务企业通过建立完善与销售捆绑的服务体系，在销售的各个阶段为用户提供全方位的服务，同时服务项目还需要推陈出新。咨询、指导以及培训等服务当中有些部分会随着时间的增加被吸收进产品当中去，其中的没有被吸收的属于创新的成分，才是真正的服务的内容。这就说明了，服务不是静止不变的，服务需要更新以确保其保持自身的品质。

2. 服务流程的创新

服务的性质之一是生产与消费的不可分离性，基于这一特性，服务创新中的最为重要的步骤就是服务的流程创新。服务流程对于服务的生产率意义重大，要想使服务流程创新不断进步，需要将服务企业当中的各个环节和部门都能够统一到服务流程中，需要创造性地规划服务业务流程，绘制流程图。流程图可以将服务企业当中的每个部门、环节以及各个员工的服务工作流程进行程序化的明确，使服务企业中的每个部分都能有具体的参照。同时流程图还有利于企业的自省与自我改进，其重要性不言而喻，服务流程创新是服务营销创新的关键步骤。

3. 服务技术的创新

通常情况下，一个先进的服务理念的落实，一项创新的服务项目的实施，客观上都需要有相应的设备和技术的支持。从整体的方面来看，服务技术方面的创新最终的目的就是使得人类的需求得到最大限度的满足，它是一项软技术，具体可以分成两类，即物质产生软技术以及文化产业软技术创新活动。从企业微观角度来看，企业服务技术的创新主要是引入支持服务项目提供的制度和技术，卓越的技术和严谨的制度是顾客感受、认识服务质量的重要依据。在服务生产中运用标准化技术能够使服务生产的质量以及产量十分稳定，同时能够克服诸多人员服务在时间及空间上的种种限制。

4. 人力资源的创新

企业提供的服务产品和服务项目质量的优劣是与提供服务人员的素质密不可分的，所以，在企业服务营销创新过程中，人力资源的创新是基础和根本。服务人力资源要想创新，关键是要使得人力资源的素质得到提升。因为在服务营销中，员工的素质是重中之重，它包括了服务的态度、服务的意识以及服务的具体技能，如果员工有很强的服务意识和先进的服务理念，必然会提升顾客所感知的服务质量，带来倍增的服务效果。服务员工的优秀服务技能对于满足客户的需求、提升客户对于产品服务的满意程度以及服务的效果意义重大。服务企业能够通过一系列的措施来提升员工的素质，在招聘、培训和各项激励手段以及企业理念中都应该渗透有素质优先的意识，使员工具备良好的服务理念、丰富的服务知识、先进的服务技能。其次，在提高服务员工素质的基础上，要给员工放权，使其能够有一定的自主控制的权利。好的服务是企业能够在市场竞争中取得优势的关键，所以企业要增强对客户的吸引力，而这当中的关键就是给予员工一定的自主控制权，使其在和客户在交流的过程中能够做到一定程度的自主决策，提升服务的灵活程度，增强员工在现场服务环境中的反应能力，提高服务质量，这样的员工才能更好地吸引客户，使客户满意。

5. 顾客管理的创新

企业向顾客提供服务的过程也是顾客体验和感知企业服务产品的过程，因此，在进行服务创新时，既要进行企业服务产品的创新，也要进行顾客管理创新的双重创新。顾客管理的创新中，加强顾客期望的管理是一个关键点，要结合合理的约束顾客期望和无条件的服务理念。最大限度地给顾客提供其需求，才能获得顾客的满意，才能在市场竞争中赢取顾客的货币选票，但还要注意一点就是不能在策略的实施上太过死板，必要的合理约束好客户的产品期望值是有意义的。同时要知道，客户对于产品的期望值和产品的质量的感知同样重要，两者在客户的眼中相当时，顾客是满意的；当顾客对企业服务产品所感知的品质高于顾客对服务产品的期望值时，顾客是格外满意的；当顾客对企业服务产品所感知的品质低于顾客对服务产品的期望值时，顾客是不满意的。所以，当企业服务产品所感知的品质是不变的前提下，顾客的满意与否通常取决于顾客对服务产品的期望值。因此，企业对于员工对于客户的承诺以及自主权方面也不能过度地放任，不然会导致客户的期望值过高，最终可能会得不偿失。这两者的关系需要谨慎且正确地进行处理，企业需要认真对待。顾客管理创新中的另一个关键点是对顾客参与服务过程的管理，鼓励顾客积极参与服务过程不但能增加顾客消费的主动性，提升顾客的体验价值，而且还能节省服务的劳动量，同样的条件下能够使更多的客户需求得到满足，提高服务的效率是一个双赢的策略选择。

企业在进行服务营销创新时，首先要找到上述创新的切入点，然后可以以一个或同时以几个切入点展开，在此基础上还要进行服务营销策略的创新。

（二）服务包装化营销策略

1. 服务包装化的含义

服务包装，是指能够展示或提示服务内容的环境信息。服务包装化策略，就是服务环境的"营销"策略，也就是有策略地设计和提供服务环境，让顾客通过接触环境来识别和了解服务的理念、质量和水平等信息，从而促进服务的购买或交易的策略。

2. 服务包装化的作用

由于服务自身具有无形性，因此，相对于有形产品而言，服务的包装化意义重大。

（1）有利于识别服务理念和服务特色。在当前的市场条件下，更新领先的服务理念可以使得企业立足于市场，独有的服务特色能够帮助企业在竞争中脱颖而出，而这些无形且抽象的服务理念与特色都要服务包装化来使其得到体现。

（2）有利于烘托和提高服务质量。客户在接受服务的时候，一方面会依据服务人员的销售行为来进行服务质量的评价，另一方面也会依据整个服务的环境来进行评价。所以这些环境中的因素比如服务的设施、服务的人员外表等都有一定的影响。所以，服务包装化为消费者创造良好的消费环境，提高消费者的消费体验，进而烘托了企业所提供的服务质量。

（3）有利于拓展服务销售渠道。服务网点的扩展是扩展服务销售渠道的主要手段，而发展服务网点就涉及服务的环境这一要素。这一要素的设计好坏对于网点的发展有重大的意义。以肯德基为例，在肯德基的全球各个网点中，不论是店堂环境的装修设计，还是服务人员的服务技能、着装规定、服务礼仪等，这些服务环境设计因素都按照一定的规定来执行，有利于销售服务网点的发展。

（4）有利于开展内部营销。服务包装或环境作为服务的有形线索，不但能够向外部顾客展示服务信息，而且对内部员工发挥潜移默化的提示作用，提醒他们使自己的行为举止与良好的服务环境相称。

这样，内部员工更加强化对顾客的服务意识，提升自己的服务技能，企业在做好内部营销的基础上更有利于外部营销的开展。

3. 服务包装化的设计

（1）注重服务包装要素的全面化。服务包装的设计要素不但包括服务地点、建筑、装修、场地、设施、工具、用品等有形环境要素，而且包括信息资料、人员形象、气氛等抽象要素的设计。就是要在服务营销中尽量发挥服务包装或环境作为服务有形线索的作用。

（2）加强服务包装的系统性。企业的服务包装设计涉及诸多要素，是一个系统开发工程，是一项复杂程度高、耗资大、周期长的系统工程，对服务包装化的设计要做好系统总体规划，才能使服务系统具有良好的整体性，也会使各阶段的工作具有连贯性，从而使系统整体功能达到预期的目的和目标。同时，要注意服务包装化系统具有较强的拓展性，以适应未来发展的需要。

（3）关注顾客的需求。在企业的服务包装设计中，要特别关注的是客户对于服务的内心感受。这就需要企业对客户要有一个全面且深入的了解，依据客户的需求来进行服务的提供、服务环境的设计，这对于吸引客户意义重大。

（三）服务品牌化营销策略

1. 服务品牌化的含义

服务品牌，是指服务机构或其他服务部门、服务岗位、服务人员、服务生产线、服务活动、服务环境、服务设施、服务工具乃至服务对象的名称或其他标识符号。服务品牌化，就是服务机构建立自己各种服务品牌和利用品牌来促进营销的活动。

2. 服务品牌化的市场效应

品牌效应就是指产品或企业所创造的品牌所产生经济或社会等方面的影响。从经济角度讲，品牌效应是其因满足社会需要而获得的经济效果，是品牌的信誉、声望产生的影响力。

（1）品牌的磁场效应。如果大众对某一产品的品牌很熟悉，并且对于产品的质量、外观等均非常的满意，那么对于顾客来说，他们对这一品牌会树立极强的信任度，这样使得他们在对产品有需求时，就会反复对他们信任的产品进行购买，并形成了习惯。对于同类产品消费者就很难再购买其他品牌的，品牌就是一块磁铁，顾客被深深地吸引住而成为企业的忠实顾客。顾客被品牌吸引而不断购买，从而使产品的销量大大增加，在市场中覆盖的区域越来越广，在市场中占有的份额也越来越大，品牌在市场中的地位也越来越坚固。这就是人们所说的品牌磁场效应。

（2）品牌的扩散效应。如果某种产品因为各方面都很过硬而成为品牌产品，那么顾客及社会都会对这种产品以及制造这种产品的企业都持有极度的信任感与好感。要是企业再运用一定宣传技巧，使企业整体或者品牌成功地从某一具体的服务中将好感和信任接力过来，那么企业就可以利用品牌的效应来制造此品牌的其他产品或者进军其他领域。

3. 服务品牌的建立和发展

服务品牌化或品牌营销，关键是建立和发展品牌。从服务营销的实践看，服务品牌的建立和发展，要从以下几个方面入手。

（1）建立服务品牌的视觉形象。服务品牌的视觉形象，包括统一的招牌或店面的字体大小、颜色搭配、图形组合等，如果视觉形象设计的比较得体，那么不仅使服务理念可以很好地表达，就连服务品牌的建立和推广也可以很好地进行，使服务营销能够得到有效的发展。

（2）建立服务品牌的口碑传播。由于服务的无形性，如果没有购买，消费者并不知道服务的品质如何，消费者是否购买与这也有一定的关系。所以，就服务的品质而言，企业借助自身的服务能力满足现有的顾客需求，并维系住现有的顾客群体，依靠现有的顾客群体的口碑传播来挖掘更广泛的潜在顾客群体。例如，会所的服务、教育机构的质量等，都是通过老顾客的口碑传播而得到扩展的。

（3）参加服务机构的评级。顾客通过服务机构的评级可以了解到服务的质量、水平以及规模等，服务机构进行评级之后能够更好地建立服务的品牌，其也能够更好地发展，一家服务机构等级的提高，显然有利于其服务品牌的建立和发展。

（4）重视服务品牌的估价。服务品牌虽然是无形的，但不代表它是无价的。对品牌的价值进行估计，那么这个代表价值的数值就可以精简将服务品牌的质量、水平和规模体现出来。所以对于某一行业某一家服务机构来说，市场就可以凭借其品牌价值的数值以及变化来判断这一服务品牌的质量、水平和规模。所以，对于服务品牌的建立和发展来说，服务品牌的估价有着至关重要的作用。

（四）服务承诺化营销策略

1. 服务承诺化的含义

服务承诺，是指公布服务质量或效果的标准，对顾客加以利益上的保证，对服务效果的实现进行担保。服务承诺化，就是企业对所提供的服务的全过程的各个环节、服务内容的各个方面的质量实行全面的承诺，并以此促进服务营销的活动。

2. 服务承诺化的效用

由于服务的无形性、服务的事前不可感知性等特征，使得服务承诺化的做法相对于有形产品而言具有格外的意义。

（1）有利于降低服务消费者的认知风险。因为服务不是具体存在、可以感知的事物，顾客在购买之前就只能凭感觉，这样所承担的认知风险就比较大，由于信息不对称或者是消费者购买信息获取的不足，会使消费者所承担的认知风险更大。企业服务承诺的出现，就可以有效地应付这种购买风险，保障和维护顾客的利益，使顾客无须顾忌或较少顾忌因认知不到位而产生的购买风险，使消费者对于购买行为充满安全感，使顾客快速决定购买，有利于服务销售量的提升，使服务营销的效果大大加强。

（2）有利于提升服务理念和服务竞争能力。要先将其服务承诺的内容尤其是服务质量的标准制定出来之后，才可以正式地退出服务承诺。在制定服务质量标准的过程中要以顾客所期望的和其根本利益为出发点，这样才能深深地吸引客户，也促使提供服务的企业对于消费者就消费时所存在的一些需求、要求以及顾虑的方面进行深入的探讨，有利于服务理念的落实和培养。同时，服务承诺的推出具有双重作用，在保证顾客利益的同时，也对企业激励和约束员工有很好的促进作用，质量标准的制定，一方面使顾客被企业服务深深地吸引住，另一方面，对于企业的员工来说，也是一种挑战，会激励员工自觉提高自身的服务技能，增强自身的服务竞争力。

（3）有利于信息反馈和顾客投诉的解决。服务承诺的推出是要有明确的服务质量标准作为基础的，明确的服务质量标准成为判断服务是否合格的一种依据，这就有利于顾客意见的反馈。当顾客出现不满而提出投诉时，明确的服务质量标准有利于判断顾客的投诉是否成立，加快了顾客投诉的解决速度，使得顾客与企业的沟通渠道更加畅通。

3. 服务承诺化的基本要求

在服务营销创新中，推出的服务承诺要有营销吸引力和市场竞争力，那么，服务承诺必须满足以下基本要求。

（1）明确而易于理解。企业在推出服务承诺时，必须是清晰明确、简明易懂的，不应该存在模棱两可或引起误解的情况，能量化的条款尽可能做到量化。如售后维修服务承诺，"24 小时之内到达故障现场"是明确的承诺，而"不影响正常生产"则是模糊的承诺。而对于消费者而言，只有明确的承诺才具有可信度，才能产生营销力。

（2）真诚而不缺乏规范。企业推出的服务承诺应该是真诚的，是能够提供给消费者实实在在的利益的，而不是用来吸引消费者注意力的噱头，这样的服务承诺才能给客户安全感。比如，有一家旅行社承诺"最低价"，如果有客户表示怀疑，他们立刻会联网进行价格查询比较，并将所有同行的价格显示在屏幕上，如果确实不是最低的，他们就会马上兑现承诺，给予补偿。这项承诺是非常真诚的。真诚还有另外一个非常重要的表现就是兑现的速度，兑现的程序要简便，速度要快。否则，承诺便是虚假的，毫无诚意的。服务承诺不但需要真诚性，还要符合社会规范性，符合行业规范要求，能够使社会规范加强的服务承诺才是合格的服务承诺。

（五）服务技能化营销策略

1. 服务技能化的含义

服务技能，是指服务人员服务的熟练程度，在提供服务过程中所体现的服务技艺和服务能力等，借助这种高水平的技能来吸引顾客，并且满足客户的要求，使技能的作用在服务营销中尽可能地发挥出来。

2. 服务技能化的作用

由于服务的生产与服务的消费密不可分，基本上是同时进行的，因而服务人员的技能高低决定了服务品质的高低。所以，实行技能化的服务是开展服务营销活动的基础。

（1）有利于增强服务营销的吸引力。服务技能是服务产品价值的核心来源。无形的服务产品之所以能够产生营销力，关键在于支撑服务产品的服务技巧、服务技能的增强，无疑会从根本上增强服务营销的吸引力。例如，在家电等耐用品营销中，安装、维修等服务内容成为产品竞争力的重要方面，在服务提供上的服务人员的技能与技巧的差异带来营销吸引力的不同。

（2）有利于营销要素"人"的管理。服务营销中有一个非常重要的要素，那就是"人"，而"人"的管理中最核心的问题就是技能。服务技能化策略的推出可以带动服务人员管理的各个环节。在招聘环节中，服务态度与服务技能是招聘的基本条件；在培训环节中，人员培训的主要目的就是增强服务技能；在激励环节中，只有让服务人员发自内心的热爱技能，才会展现出非常好的服务态度。服务人员的服务技能包括服务人员的交际能力，服务人员的技能将会影响到处于服务过程中的顾客和服务人员的配合程度。所以，服务技能化有利于人员管理的一系列工作的开展。

（3）有利于提升顾客的体验价值。服务产品的营销中，顾客对服务产品的感受与体验是服务产品价值的集中所在，也可以说，顾客对服务产品的感受与体验决定了服务价值的高低。而在顾客的感受与体验中，起到关键作用的当属服务人员的综合服务技能，服务人员的服务技能传递着服务产品的价值，决定了顾客对服务产品的评价。

3. 服务技能化策略的实施途径

服务的提供主要是由服务人员来完成的，因而通过管理服务人员来实现服务技能化，其实施途径主要体现在以下方面。

（1）开展服务技能的培训。企业服务人员的服务意识、服务态度、服务技能和服务综合水平是服务技能化策略的基石，服务技能化策略实施的首要途径就是开展对服务人员技能的培训。针对服务人员制定相应的培训的制度和方案，采用案例分析、情景模拟等多种方法，提升服务人员的服务技巧与服务能力。

（2）激励服务技能的提升。服务培训是让服务人员掌握服务技能最基本的方式，而服务人员的服务技能能否有效地发挥还要取决于服务人员所受的激励。建立完善的服务激励机制，运用物质激励与精神激励两种手段来发挥激励的作用。具体的方式有很多，可以根据企业的具体情况来选择。例如，以设立服务标兵，并以其为榜样来提高服务人员整体的服务水平；不定期地举行与服务技能相关的比赛或者座谈会，通过这些方式来提高服务技能的水平；给服务的技能进行定价，服务机构在进行定价时将技能的高低作为定价的关键，并根据这些来采取调价和差价的营销方式；等等。

（3）调节服务的能见度。肖斯塔克提出，服务机构有一条能见度界限。能见度界限，是指在服务过程中服务机构能直接被顾客看到或感知的部分与其余部分之间的分界线。研究发现，服务机构或服务过程的能见度与服务技能的层次及相关的营销吸引力之间存在着某种联系。技能层次较低的服务适当地减小能见度，可以在顾客心理上提高服务技能的层次和营销吸引力，而技能层次较高的服务适当地增大能见度，可以增强顾客对服务的参与感、接近感和可靠感，从而也有助于提高营销吸引力。

（六）服务知识化营销策略

1. 服务知识化的含义

服务知识，是指服务人员所掌握的与服务有关的自然知识和社会知识，是服务技能的基础，也是服务技能层次提高的表现。服务知识化，就是让服务人员在知识以及涵养方面的水平得到提升，在服务的过程中，无论是服务的内容还是服务的技巧，都要加大知识的含有量，让知识尽其可能地来促进服务营销的发展。

2. 服务知识化的作用

正是由于服务业的发展和大力的支持，知识经济时代中的知识才得以正常生产、消费以及流通，从某种程度上来说，知识经济等同于服务经济。服务营销要使自己的科学文化涵养和知识不断地得到提升，才能更好地为知识经济服务。

（1）有利于增强顾客对服务质量的感知。增加服务过程中知识的含有量，可以使服务质量更具说服力，更加的可靠，使服务的产品更加的透明，这些都是顾客心里所期待的。比如，一家从事保健服务的企业，为了更好地销售企业的保健服务项目，就要向顾客提供更丰富的保健养生知识等。

（2）有利于提高服务技能的层次。服务技能的层次高低与知识含量的多少成正比，知识含量越高，服务技能就能取得更大的成果，所以说，知识可以使服务技能的层次得到提升。高水平的知识素养可以满足那些对于服务要求较高的顾客的需求，如社会尊重的需要和自我实现的需要等。

3. 服务知识化的途径

从服务营销的实践来看，服务知识化的途径有以下几条。

（1）提高服务的知识含量。企业的服务是由企业服务人员借助服务设施来提供的，企业在开展服务知识化的过程中，要将科技元素尽可能多地融入服务的环境和设施之中，同时也不能忽略服务人员的知识含量，将它们有机地结合起来，就能使服务成为知识密集型的产品，更加适应知识经济时代消费者的需要。

（2）开展文化营销。知识营销另外一个非常重要的方式就是文化营销。文化艺术和社会科学、自然科学比起来，不同之点在于文化艺术具有感情色彩，所以文化营销可以打感情牌，这是其他营销方式不具备的。而服务文化营销，就是将服务最深层次的含义挖掘出来，注重用文化知识来包装服务，使文化渗透进服务营销。

（七）服务个性化营销策略

1. 个性化服务的概念

个性化服务是以满足顾客个性化需求为目的的活动，要求一切从顾客的要求出发，通过对每一位顾客开展差异性服务，以最大限度地满足客户所提出的服务要求，使客户服务做到更加周到细致。个性化服务是哲学领域顾客满足的具体体现，体现了企业以人为本的经营理念，是现代企业提高核心竞争力的重要途径。

2. 个性化服务的作用

（1）适应了知识经济时代个性化的消费需求。在知识经济时代，由于消费者文化水平的提高，他们在消费选择上更想彰显自己的个性，需要选择符合自己要求的、具有一定个性的产品和服务，他们的需求越来越朝高层次、个性化的需求发展。个性化服务的推出，正是迎合了消费需求个性化的发展趋势。

（2）提高顾客价值和忠诚度。第一，顾客能够在第一时间内将对产品的个性化的需求反映给企业，从而获得一对一的服务，达到了其预期的利益目的，顾客的总体价值得到了提升。第二，个性化服务可以使顾客通过多种方式与服务企业的工作人员进行实时的交流沟通，大大简化了寻找和挑选以及购买的程序，从而节省了大量的时间和精力，使顾客的时间利用率得到了提升。第三，个性化服务能让顾客更加地信赖以及依赖企业，有利于建立良好的合作关系，顾客也会更加忠诚于企业，有利于形成忠诚顾客群。

3. 实现服务个性化的途径

（1）构建电子商务平台。在知识经济时代，互联网的出现是实施服务个性化的技术基础。互联网提供给企业与顾客之间连接的平台，顾客可以通过网络平台提出自己的个性化服务需求，让企业及时准确地把握顾客的需求信息，企业可利用网络与顾客进行一对一的交流。与此同时，还可以利用可视电话、卫星通信和信息高速公路等多种技术全面地了解其服务项目，建立征询系统，甚至让顾客参与服务的设计，为企业开展有针对性的个性化服务提供了平台。企业应在合理利用代理商、供应商、物流等外部资源，提升服务个性化服务的能力。

（2）加强客户关系管理。企业应当把顾客当作一项资产来经营，顾客资源是企业事业长久的基础，为了维系住现有的顾客，企业要加强对顾客资源的管理。建立顾客档案是最基础的工作。首先，顾客档案的资料应是全面的，有助于企业全面把握顾客的概况。其次，应该对顾客的资料进行实时的更新，在每次与客户进行互动之后，都要把最新的信息及时地补充到档案中去，这样有利于企业所掌握的客户信息永远是最新的。最后，应该把客户的信息在企业内部进行公开，这样当有关部门需要客户信息时，拿到的都是最新最准确的信息，有利于个性化服务的开展，提高企业服务营销的效率和顾客的价值。

（3）以柔性化生产为基础。服务个性化策略的实施要以企业的柔性化生产作为基础，为了使顾客各种各样需求得到满足，企业必须实现适合于个性化生产的模块化设计和模块化制造。有了柔性化生产运营模式，才可以支撑服务个性化的策略。企业要尽量实现产品的模块化，一旦有顾客需要特殊要求的服务时，就可以把符合要求的部件进行组装，大大减少了提供服务的时间。

（4）以扁平化的组织为保障。为了提高个性化服务的效率，企业必须在最短的时间内对于市场做出非常准确的判断，这时市场是由顾客来驱动的，需要变革原有的金字塔形的组织模式，建立扁平化的组织结构，减少企业内部纵向的层次，加快信息交流与传达的速度，充分发掘员工的创造能力，使企业的灵敏度增强。

个性化服务是目前企业众多的竞争方式之中的一种，根据个性化服务的优点，与本企业的实际情况相结合，综合选择一种最适合本企业的竞争的方式，这才是企业取得成功的秘诀所在。个性化服务需要在一定的基础条件下进行，如完善的网站基本功能、良好的品牌形象等。企业需要在借鉴他人成功经验的基础上，根据自身条件逐步建立起一套行之有效的服务体系。

第六节　网络营销策略

近年来，随着信息科技的迅速发展，互联网日益在全球得到普及与运用。由于互联网所连接的用户数日益增多，企业逐渐发现其中蕴含巨大商机。

互联网具有很多的功能应用，主要有电子邮件、远程登录、档案传输协定、网络论坛以及电子布告栏等。其中电子邮件顾名思义就是在网络上的邮件，其功能是通过邮件来在世界各地的网络连接点之间传输文字、图像以及声音等；档案传输协定可用于在各个计算机之间的大型档案的传输，一般用在世界各地伺服机公共软件；远程登录可以在远程对家中的计算机设备进行控制以及数据传输等；网络论坛是一种互联网上的论坛形式，只要能够连接互联网，经过注册账号就可以在论坛上进行发言、讨论；全球网在当前非常流行，其主要的功能是以多媒体互动的形式来展现网络信息。这些网络功能能够使得信息在互联网上被广泛地传播与交流，自然也就具备了交流沟通以及商业上的交流的功能，企业能够通过互联网来进行商业贸易。

一、网络营销方式

（一）网络直复营销

网络营销是一种直复营销。所谓直复营销，是指不通过分销渠道，而是利用可相互交流的媒体，企业与消费者连接；同时企业与顾客间是互动的，顾客对这种营销努力有明确的回复，企业可以统计这些明确的回复数据，由此对其营销努力进行评价。直复营销通过为每一位客户创造一条直达营销者的通道，便于双方的交流与沟通，同时由于因特网的极速与便捷，客户们可以直接向对应的营销者传递信息，表达需求，同时得到大量的产品销售后的服务。同样地，营销者也能够通过因特网来对客户进行访问，了解自身的不足，借此来改善自身的服务质量，提升服务的水平。

（二）网络软营销理论

网络营销和工业经济时代的强势营销观念不同，网络营销的针对性、人本性更强，它强调一种软营销理念，即在营销时，企业需要更加重视客户的感受与消费体验，改变营销者单方面的、强势的营销活动，而是让客户的主动性提高。这两者的根本不同就在营销活动中的主动一方发生了转变。正是因特网使得客户心中的主动需求得到了实现。要想让这种主动成为可能，企业就需要在因特网上提供足够的企业以及产品服务的信息，给客户充分的心理预期以及评估途径，驱使客户让其以自主的个性化需要来做出实际的消费活动。当客户开始消费活动时，营销者就需要积极主动地为客户提供进一步的服务，满足客户的进一步需求。

二、网络营销的顾客购买特点

在传统环境下，由于地域所限，消费者采购的范围很小，且采购中往往只能凭直觉办事。大范围选择和理性购买是网络环境下顾客购买行为的特征。

（一）大范围选择

正是由于互联网这一网络大环境的影响，消费者可以在网络中对各式的产品以及服务进行大范围的选择，网络上能够整合进所有地域的产品和服务，这就给了客户最大的选择空间；同样的网络也整给了所有时间段的产品和服务，客户能够买到各个时间点提供给客户的所需的一切。

（二）理性购买

由于受到互联网大环境的影响，客户才能够进行理性化的消费。因特网时代使得各类定量以及定性的方法得到了应用，客户可以根据因特网上获取的各类信息进行产品与服务的自我评估以及比较。因特网使得顾客能够获取最大限度的参考资料，客户的选择条件更加丰富，自然地，他们选择以及决策的过程也会更加的科学以及理性。

三、网络营销战略计划

对于营销战略，网络营销同样也是必不可少的。网络营销的战略指的就是结合网络营销的理念以及产品服务、客户等多方面因素，制定的一项网络营销活动安排。它的主要目的就是促进网络营销活动的有序进行。

（一）明确网络营销的战略目标

网络营销活动需要最终做到的效果以及目的就是网络营销的目标。目标的确定需要对当前的经济环境、企业的实际情况进行正确的评估，而且还需要结合企业经营策略、企业的经营目标。所以，网络经营目标的确定经过企业中的决策管理层、策略管理层以及业务操作层等多方经营参与者的参与和研讨。具体的网络经营目标主要有下面几类：

（1）服务型。该目标指的主要是讲网络联机这一服务提供给广大的客户，这样客户就能够通过提供网络来了解产品服务、获取指导以及售后服务等。

（2）拓展型。该目标指的是企业通过因特网的互动、经济以及实时快捷的特性来减少营销的支出。具体通过建立产品服务网上销售网点，可以全天候地为客户服务，这有利于增加效率，提升营销活力与竞争力。

（3）品牌型。该目标指的是通过在网络上的一系列如广告等来建立优秀的品牌形象，带动品牌效应，同时改善网络客户联系服务质量，牢牢把握客户，这有利于企业的持续发展。

（4）混合型。该目标类型指的是结合上述的多种网络营销目标，在实际营销活动中一方面要建立优秀的品牌形象，一方面还要提升营销效率、扩宽营销途径，通过营销目标以及方式的结合来提升企业的综合竞争力。

（二）选择网络营销战略模式

网络营销目标确定之后，企业还需要结合自身以及客户的多方面特征等来确定网络营销的战略模式。具体的网络营销战略模式主要有下面几类。

1. 留住顾客型

留住顾客，增进与顾客的联系，以及最终提升企业获利能力的网络营销模式，如图4-2所示。

图 4-2　留住顾客型网络营销战略模式

互联网具有信息丰富、高度的自主选择以及企业客户双向交流的特点，这就说明了因特网是一种很好的与客户交流沟通的工具。在网络营销过程中，企业作为营销者应该为客户提供最好的服务，借此来使自身的品牌形象得到提升，这也能够带动客户与品牌建立起长久的忠诚度。建立起忠诚度的客户一方面会不断地购买该企业的产品与服务，另一方面也会带动身边的亲朋好友来购买。这就能够推动企业品牌形象的进一步提升，同时还能为企业带来高额的利润，推动企业占领市场。

2. *刺激消费型*

有的放矢地向顾客提供实时、有用的信息来刺激消费的网络营销战略模式，如图 4-3 所示。

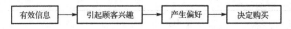

图 4-3　刺激消费型网络营销战略模式

企业可以在互联网通过互联网的信息传递与交流的功能对客户进行产品与服务的新信息推送，同时依据客户的兴趣方向适时、定点投放新的服务以及产品资料等。在很大程度上，这能够有效地对客户的消费行为进行刺激和引导，增加企业产品和服务的营销量。

3. *降低成本型*

互联网具有虚拟性，真是因为其虚拟性，在网络上进行营销活动的支出在很多方面只需要现实实体营销的很少一部分。直复营销就是很好的例子，它能够很大程度上减少营销的成本以及营销当中的管理支出，这是在企业层面。在客户层面，直复营销还能方便客户，客户只需要在家中轻点鼠标就能完成消费活动，不仅简约了时间成本，还节省了大量的体力以及精力的消耗。这对于满意客户，增加企业的盈利意义重大。

（三）建立数据库营销

数据库在网络营销中的作用不可忽视，因为网络互动以及实时的特性决定了企业能够在对网络营销活动进行动态、实时的改进以及添加等。数据库中包含了各个时间阶段以及各个地点的市场、产品、消费者信息，企业管理者需要以数据库中的数据为依据来对营销活动进行改进。

（四）从4P到4C的营销组合

市场营销策略组合4P代表了营销者的观点，从买方的角度看，每一个营销工具都是用于为顾客提供利益的。企业的4P对应为顾客的4C营销组合（表4-4）。因特网和电子商务技术的发展，加速了营销组合从4P到4C的演变过程。

表4-4　4P与4C

4P	4C
产品（Product）	顾客问题的解决（Customer solution）
价格（Price）	顾客的成本（Customer cost）
分销（Place）	便利（Convenience）
促销（Promotion）	沟通（Communication）

1．从产品策略到为顾客提供解决问题的方案

市场营销的方向由客户的需求来决定。企业在发展过程中，要求获得长久的发展必须要有坚持以客户为重点，为客户解决问题，满足客户的产品与服务需求。这就要求简单的企业产品必须改进为产品和服务平台。

在以往的营销活动中，企业设计人员以及工程师等往往决定了企业生产产品的各项特征与性能，客户在产品开发的过程中丝毫没有参与的权限。产品设计好了之后，企业生产部门就会通过各项以产品为中心的生产活动来使其更快更好地生产完毕，以便于销售。之后经过销售部门，最终到达客户的手中。整个流程中，产品是中心。

2. 从推出式为主的促销策略到双向沟通

传统强势营销理念中，促销的作用十分巨大。企业通过事先的促销策划，进行大幅度的宣传以及推广活动，客户在宣传和推广中只能进行被动的选择。这就是单向、推出式的促销。但是网络营销环境下的促销就不同，它强调的是企业和客户之间的双向沟通。在促销的过程中，必须要让客户参与进来，了解到客户的心理以及市场的需求，再来进行营销策略的制作。这种交流很大程度上能够推动企业和客户之间的双向理解，把握消费的方向，最终也能达到更好的营销效果。

随着时代的进步，市场环境已经延伸至全球，而无所不到的因特网正是市场环境中进行营销活动的良好手段。企业应该充分借助因特网来对自己的产品以及服务进行宣传，吸引广大的客户消费群体。

四、网络经济下市场营销策略

（一）转变市场营销观念

网络经济下，使得企业市场营销手段应更加多元化，才能满足现代消费者的个性化需求，从而推动企业发展。首先，必须转变营销观念。广泛收集市场相关信息，统计并分析客户的消费需求，在了解客户的需求之后，将其投入到生产当中，和产品相结合，创新出新的产品，才能使产品最大化地满足客户的需求，提升他们的满意程度，这样才能更好促进企业市场营销的发展与进步。同时网络经济下，客户才是主体，在市场营销过程中，应考虑到网络具有交互性和实时性等特点，注重以客户为中心，分析客户的心理特征，和他们建立起长期合作的关系，只有这样方能真正了解他们想要的。其次，主动提供优质服务。由于网络经济下，信息传递十分迅速快捷，在一定程度上企业的产品和服务在实体上存在的差异已逐渐被淡化了，面对竞争激烈的市场环境，企业应注重大力改善服务态度和营销环境，致力于提升服务质量，从而提升客户的满意度，进而提升自身的竞争优势。

（二）建立合作型的竞争关系

网络经济下，消费者对产品的要求越来越高，需求越开越多，企业必须进行营销模式转型，和其他企业建立合作型竞争关系，拓宽销售渠道，保证产品的质量高，且能满足更多消费者的需求。在这种情况下，营销模式转型的关键就是生产技术，企业和其他企业建立合作关系，共同开发新生产技术，提高产品质量，从而提升企业利润。通过合作型竞争关系，能充分调动员工积极性，提升企业的核心竞争力，还能提供更加全面，更具个性化的服务。当市场不需要这种关系时，也可自行解除这种关系，不会对企业造成经济损失。这种互利共赢关系使合作企业之间均能在市场中获益。

（三）建设网络平台，创新促销策略

网络经济时代，企业的市场营销方式发展越加多样化，给企业营销带来了新机遇。网络营销成本较低，企业可借助网络打破地域的限制，高效且低成本地将企业产品远销世界任何角落，大大提升了营销效益。广大消费者也可随时随地买到极具个性化的商品，满足消费需求。企业也可通过网络平台，第一时间将企业的产品展现出来，消费者只需浏览网络网站就可获知企业的核心产品信息。尤其是现代网络技术发展越来越快，体制也越加完善，企业均需建立属于自身的网络平台，建立独立网站，为企业带来更多效益。

（四）营销手段越加多样化

网络经济下，消费者习惯在网络上进行搜索，从中找到自己所需要的信息，所以，为提高企业营销能力，必须在网络经济环境下创新营销手段。首先，使用智能化信息促销手段，企业可借助微博和消费者进行互动、分享以及信息传播，利用微博的时效快、传播范围广、影响力大的优势，大力推动企业的产品。也可将商品主题词进行分类，并通过同类产品的联想式搜索方式达到促销目的。其次，加强营销技术与策略的创新，促进营销。在注重企业产品的宣传的同时，还需注重消费者对产品的满意度反馈以及使用效果反馈，缩小企业和消费者之间的沟通障碍，及时解决消费者提出的问题和反馈的信息。若不及时根据反馈信息改善产品，在网络经济市场环境下，很容易被其他企业的新产品所取代，不利于企业的发展。所以，企业必须及时与消费者进行交流和沟通，了解商品的优势，加深消费者对企业的了解，提升消费者对企业产品的忠诚度，为商品销售提供更多机会，也可促进消费者进行后续购买。

综上所述，网络经济下，企业市场营销环境产生了巨大变化，当前，企业应对网络市场营销的优势有一定了解，并根据企业自身的实际发展状况，通过转变市场营销观念、建立合作型的竞争关系、建设网络平台、丰富营销手段等营销策略，为消费者提供更加优质的服务，满足消费者的需求，从而提升企业的市场营销水平，促进企业实现健康可持续发展。

第五章　新经济背景下的市场营销保障体系

市场营销是个人和群体通过创造并同他人交换产品和价值以满足需求和欲望的一种社会过程，是市场经济体制下企业的一项重要经营活动，其管理必须依托于一定的机构或部门进行。本章阐释了新经济背景下的市场营销保障体系。

第一节　客户关系管理

如今人们已经越来越深刻地认识到，市场竞争其实就是企业争夺客户的竞争，企业要实现赢利就必须依靠良好的客户关系。所谓客户关系，顾名思义，就是指企业与客户之间的相互作用、相互影响、相互联系的状态。

一、客户关系管理概述

（一）客户关系管理的产生

1. 需求的拉动

（1）客户的重要性。客户是指愿意以适当的价格购买产品或服务的个人或组织。客户的重要性是指客户为企业创造的所有价值的总和，而不单单是指客户的购买为企业带来的利润贡献。客户的重要性体现在三个方面：客户是企业利润的源泉；客户的信息价值；客户的口碑价值。总之，市场竞争其实就是企业争夺客户的竞争，企业要实现赢利，必须依赖客户，客户的存在是企业存在的前提。

（2）客户关系管理的重要性。很多企业虽然在信息化方面做了大量的工作，但销售、营销和服务部门的信息化程度越来越不适应业务发展的需要，表现在难以获得所需的客户互动信息、无法将各部门零散的客户信息加以整合利用。越来越多的企业要求提高销售、营销和服务部门日常业务的信息化，将各部门获取的客户信息进行集成、共享，实现面向客户的、统一的、动态的全面管理。

2. 管理理念的更新

从最初的以重视生产效率为根本的产品理念发展到重视产品功能的产品理念时代，再到以推销为基础的销售理念，最终发展到以充分关注顾客需求、欲望的客户导向和注重社会长远利益的社会营销理念，营销哲学的发展与进步体现出了客户在当今商品经济中的地位在不断上升。与此同时，企业管理理念也随着市场环境的变化而进行着自身的调整，逐步形成了以客户为中心的管理理念。

3. 技术的推动

计算机技术、网络通信技术、数据库技术的飞速发展使得企业收集、整理、加工和利用客户信息的能力大大提高，企业能够适应市场客户需求的动态变化，能够对市场活动、销售活动进行追踪分析。先进技术的发展使得客户关系管理不只停留在理论探讨的层面，而且还能有效地转变成现实的应用。它有效地增强企业的销售能力、营销能力、客户服务以及对客户需求的反应能力，从而改善企业与客户之间的关系。

（二）客户关系管理的内涵

CRM 是 Customer Relationship Management 的缩写，一般译作"客户关系管理"。关于客户关系管理的定义，不同学者或商业机构由于研究目的与角度不同而提出了不同的理解，目前尚无一个公认的统一定义。在这里，给出有代表性的几个定义，以便对 CRM 有比较全面的了解和分析。

（1）CRM 是一种商业策略，它按照客户的分类情况有效地组织企业资源，培养以客户为中心的经营行为以及实施以客户为中心的业务流程，并以此为手段来提高企业盈利能力、利润及客户满意度。此定义是高德纳咨询公司（Gartner Group）在 1993 年前后提出的，它明确指出，CRM 是企业的一种商业策略与管理模式，注重企业盈利能力和客户满意度，而并非是单纯的 IT 技术应用。

（2）CRM 是通过提高产品性能，增强顾客服务，提高顾客让渡价值和顾客满意度，与客户建立起长期、稳定、相互信任的稳定关系，从而为企业吸引新客户、维系老客户，提高效益和竞争优势。这是 IBM 公司给出的定义，它兼顾了顾客、企业、具体业务操作等各种因素的影响。

（3）CRM 是一种以客户为中心的经营策略，核心是对客户数据的管理，记录并应用统计模型分析企业在整个市场营销与销售的过程中和客户的互动以及有关活动的状态，为企业经营决策分析提供支持，增强企业的客户保持能力和客户认知能力，最终达到客户收益最大化目的。这是 SAP 公司给出的定义，它明确提出了通过记录和分析客户数据，指导企业进行决策和提高经营水平。

（4）CRM 是一套先进技术。莱因霍尔德·拉普（Reinhold Rapp）博士认为，CRM 是一套管理软件和技术。赫尔维茨集团（Hurwitz group）提出，CRM 的焦点是自动化。有些国内学者认为，CRM 是一套先进的技术手段，它的作用是有效地整合人力资源、业务流程与专业技术。这些观点都是从 CRM 应用的角度出发的。

（5）CRM 是一种企业经营运作体系。有些国内学者将 CRM 理解为一种企业经营运作体系，它要求生产、物流、营销和客户服务等企业业务流程的自动化及重组。也有人认为，CRM 是一套融入了企业经营理念和商业策略等内容的关于客户关系、营销方针等的理念和企业运作方式。还有人认为，CRM 是一种动态运作过程和经营策略。

各个公司、研究机构或组织等从不同的角度提出了对 CRM 的理解，可以从管理理念、业务流程、技术支持三个层面归纳 CRM 的定义。所谓 CRM 是一种旨在改善企业与客户之间关系的新型管理机制，它以信息技术为手段，按照"以客户为中心"的原则对企业业务流程进行重组和设计，通过分析客户、与客户互动来提高客户满意度和忠诚度，达到获取新客户、保持老客户的目的，最终实现企业利润增长的目标。

（三）客户关系管理的意义

1. 降低企业的成本

（1）降低企业维系老客户和开发新客户的成本。据调查，企业在新老用户之间的成本支出上具有重大的差距，招揽新客户的成本是老客户的五到八倍。CRM 的意义在于它能够通过维系客户的忠诚度来固定老客户，同时使用老客户的口口相传来为企业做宣传并吸纳新客户的到来，这就为企业招揽新客户节约了大量的支出。

（2）降低企业与客户的交易成本。保持好的企业—客户之间的关系能够促进两者形成稳定的信用及合作关系。这一关系有利于推动消费的进行，而且消费的方式也会从以往的单次谈判消费转变为有规律的程序化消费。这对于节约交易成本意义重大。

2. 促进增量购买和交叉购买

客户的关系管理能够使得客户对企业的产品以及服务更加信任，这样就能够在一定程度上增加消费金额。例如，在银行办理活期存款账户的客户，因为银行为他提供了良好的服务，所以后来又申请了定期存款账户、汽车消费贷款以及住房消费贷款，为银行带来了持续不断的利润。

客户的关系管理能够使得客户在该企业的消费产品以及服务的范围扩宽。例如，购买海尔冰箱的客户，可能因为感知到海尔与其良好的客户关系，当需要购买电视、手机等产品时，就比较容易接受海尔的相关产品。

3. 提高客户的满意度与忠诚度

企业通过数据挖掘、数据库分析等技术进行客户关系管理时，能够对客户的独具个性的个人信息进行把控，同时能够迅速发觉顾客潜在需求的变化，可以及时推出新品满足或引领消费者需求。客户关系管理能够使得客户的服务效率得到提升，这有利于客户享受到最舒适便捷的服务，并以此来留住客户。同时，该管理还能够促进企业进行自我改进、调整，通过经营方式的更替来保留客户。

4. 提高企业的盈利能力

客户关系管理为企业和客户之间提供了一条稳定的关系链，所以这就可以减少企业在经营中的风险，提高生产经营的效率，增加企业的经济效益。同时，当获得较好的客户关系时，客户还会由于对企业的信任以及好感度的增加而一定程度上忽略了产品或者服务价格的上升，这就能为企业的盈利带来好处。

（四）客户关系管理的研究内容

1. 建立客户关系

建立客户关系的目的是通过该关系使得目标客户以及潜在的客户有购买产品或服务的想法，加快拉拢他们进行消费。

2. 维护客户关系

维护客户关系指的是企业进行一系列的行动来使得企业和现客户之间的关系得到巩固以及进一步的发展，目的就是要提升客户的忠诚度。这个维护的过程不仅停留在维持关系的角度上，还需要对该关系进行进一步的发展和升级。

3. 恢复客户关系

当出现客户关系破裂时，企业应当及时修补、恢复关系，努力挽回流失的客户。如果企业不能尽快恢复客户关系，就可能造成客户的离开。当客户对企业的信任开始减低的时候，企业要积极寻找顾客流失的原因，针对原因采取挽救措施，促使客户重新购买企业的产品或服务，与企业保持合作关系，继续为企业创造价值。

二、客户关系的建立

（一）关系客户的选择

关系客户的选择是指企业在客户细分的基础上，对各细分客户群的赢利水平、需求潜力、发展趋势等情况进行分析、研究和预测，最后根据自身状况、市场状况及竞争状况，选择并确定一个或几个细分客户群作为自己的服务对象。那么，企业为什么要选择关系客户？选择关系客户的原则和方法有哪些?

1. 选择关系客户的原因

由于需求的差异性、企业资源的有限性以及竞争者的客观存在,每一家的企业都只能为有限的客户提供有效的服务,在市场中,也仅限于小部分的客户会是企业的实际客户,剩下的则被称为非客户。这就要求企业能够准确地挑选出实际客户,排除非客户的干扰,用最少的资源来进行客户的选择。

客户之间也是有区别的,有些客户能带给企业价值,有些则不然。有的客户有些时候会给企业带来不必要的麻烦,甚至是危机。所以说,要判断一个企业的获利能力,客户的数量已经不是唯一的数据了,客户的质量与素质已经成为关键。

如果一家在客户的定位上对所有的客户一视同仁,那么企业的定位就会不清晰,客户们也会对其产生模糊且混乱的印象。同样,企业加入正确定位一定的、经过选择的客户,那么企业的形象和特色就会十分鲜明。仔细挑选特定的客户是企业在处理客户关系上争取主动的一种策略,有利于建立良好的客户和企业之间的关系,并对客户进行有效的管理与服务。

总的来说,能够成为企业的客户群体以及能够给企业带来利润的客户群体并不是随机挑选或者一概而论的,必须要有确定好特定的客户群体,帮助企业自身建立起鲜明的形象。相反,正确选择客户是管理好客户关系的前提,选择正确的客户还能增加企业的盈利能力。

2. 选择关系客户的原则

菲利普·科特勒将一个有利益的客户定义为:能不断产生收入流的个人、家庭或公司,其为企业带来的长期收入应该超过企业长期吸引、销售和服务该客户所花费的可接受范围内的成本。一般来说,"好客户"通常要满足以下几个方面:

(1)购买欲望强烈、购买力强,有足够大的需求量来吸收企业提供的产品或服务,特别是对企业高利润产品的采购数量较多。

(2)相对服务成本较低。服务成本是相对而言的,不是绝对数值的比较。比如,一个大客户给银行带来的净收益是 10 万元,服务成本是 200 元；而一个小客户实现的净收益只有 20 元，服务成本是 10 元。10 元的服务成本在绝对数值上比 200 元少很多，但是相对服务成本却多了很多倍。

（3）可以使企业获得足够的利润，对企业产品与服务的价格变化心理承受度大，且会按时支付，诚信度高。

（4）愿意与企业建立长期的伙伴关系。

总的来说，"好客户"的特征就是客户价值较高、使企业获得的盈利高且风险较小的客户类型。企业也应该及时动态地来对客户进行评价，并且有效地掌握与追踪客户的财务状况信息，提防"好客户"变为"坏客户"。

3. 选择关系客户的方法

企业应该意识到，企业与客户之间是双向选择、对等选择的过程，要想找到实力相当的客户就要结合客户的综合价值与企业对其服务的综合能力进行分析，然后找到两者的交叉点，一般可分成三个步骤：

第一步，客户综合价值分析。要判断关系客户是否具有较高的综合价值，可以从五个方面进行分析：①客户向企业购买产品或者服务的总金额；②客户产生的增量购买和交叉购买等；③客户的无形价值，包括口碑价值和信息价值等；④客户为企业带来的风险；⑤企业为客户提供产品或服务花费的总成本。

第二步，企业综合能力分析。企业综合能力是指企业是否具备足够的能力来满足关系客户的需求，一般以客户让渡价值的理念来衡量企业的综合能力。也就是说，如果企业能够为关系客户提供的产品价值、服务价值、人员价值及形象价值之和减去关系客户需要消耗的货币成本、时间成本、精力成本、体力成本是正值，则说明企业具有较强的综合能力满足关系客户的需求。

第三步，寻找客户综合价值与企业综合能力两者的结合点。要将价值足够大、值得企业去开发和维护的而且企业也有能力去开发和维护的客户作为企业的关系客户。

结合上述三个步骤，将选择关系客户的思想用"关系客户选择矩阵图"展现出来，如图 5-1 所示。

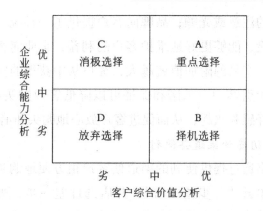

图 5-1 关系客户选择矩阵图

在图 5-1 中，A 区域客户是企业应该重点选择的关系客户群。因为这类客户的综合价值较高，而且企业的实力足以去赢得和维系这类客户。B 区域客户是企业应该择机选择的关系客户群。因为这类客户的综合价值高，但是企业对这类客户的服务能力有限，当企业服务能力提高时可以加以选择。C 区域客户是企业应该消极选择的客户群。尽管企业对其服务的能力较强，但是这类客户的价值有限。D 区域的客户是企业应该放弃选择的客户群。

（二）关系客户的开发

关系客户的开发就是企业让关系客户产生购买欲望并付诸行动，促使他们由潜在客户转变为企业现实客户的过程。开发关系客户的思路是产品或服务要有吸引力，购买或消费的渠道要便利，定价或收费要恰当，促销活动要有成效，从而使关系客户主动地、自愿地与企业建立关系。

1. 产品或服务要有吸引力

有吸引力的产品或服务是指企业提供给客户的产品或服务非常有吸引力，能够很好地满足客户的需要，这不仅包括产品或服务的功能、效用、质量、规格，还包括特色、品牌、商标、包装以及相关的保证等。

功能越强、效用越大的产品或服务对客户的吸引力越大；质量优异的产品或者服务总是受到客户的青睐；具有足够特色的产品或者服务能吸引客户的注意或光顾；品牌向客户提供了一种统一的标准，减少了客户的风险，能够更好地维护客户的利益；企业向客户提供的各种服务越完备，产品的附加值就越大，客户从中获得的实际利益就越大，也就越能吸引客户；承诺和保证可以降低客户购买的心理压力，会引起客户的好感和兴趣，从而促进客户放心地购买和消费。

2. 购买或消费的渠道要便利

企业还应当通过提供便利的渠道使客户很方便地购买到企业的产品或服务。古语云"一步差三市"，开店选址差一步，买卖就有可能差三成，一旦消费的地点或便利性不够理想，客户就会放弃购买，或者转而向竞争对手购买。随着信息技术和自动化技术的不断普及，企业可以通过技术手段提高购买或消费的可获得性、便利性。

3. 定价或收费要恰当

企业应当根据产品或服务的特点以及市场状况和竞争状况，为自己的产品或服务确定一个对客户有吸引力的价格。企业可以灵活运用多种定价策略吸引客户，比如低价策略、招徕定价策略、差别定价策略、组合定价策略等。

4. 促销活动要有成效

促销活动指的是企业通过网络、电视、推销员等多种途径来将产品或服务的最近咨询传达给客户群体，并且通过和客户之间的沟通交流来引起客户的注意，刺激客户进行消费的行为活动。具体的促销形式主要可以使用公共关系、网络电视广告和人员推销等形式。

三、客户关系的维护

（一）客户分级及管理

1. 客户分级

经验表明，每个客户给企业创造的价值是不同的，有些时候甚至会产生巨大的差距，有一些客户给企业带来的利润很有可能就是别的客户的一二十倍，而有一些就客户非但没有产生利润，有些时候还可能会给企业带来损失。虽然客户的重要性不容忽视，但是由于企业所掌握的资源是有限的，企业就必须将有限的资源用到最需要投入的客户之中去，以产生最大的价值。不同的客户会对企业产生不同的需求以及预期的待遇，所以企业要把更多的资源用在最有价值的客户当中去，为这些客户提供最好的服务以及产品，借此来使得客户内心的忠诚度和对企业的满意程度得到提升。要想对客户实行科学有效的管理模式，分级管理必不可少，分级管理十分有利于提升管理的效率以及激励客户。

一般企业根据客户给企业创造的利润和价值大小，将客户分为三级：关键客户、普通客户和小客户。图5－2是"客户金字塔"模型，体现了客户类型、数量分布和利润创造能力之间的关系。"客户金字塔"包含的重要思想是：一个企业在对待客户的态度与模式上应该挑选出关键客户，并为之提供最优产品和服务以及最丰富的资源，这样企业才能获得最大的利润。

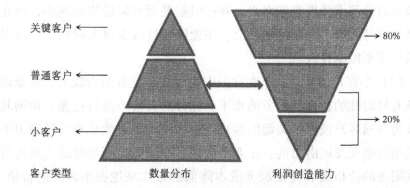

图5－2　"客户金字塔"模型

2. 管理各级客户

客户分级管理是指企业在依据客户带来利润和价值的多少对客户进行分级的基础上，区别对待与管理不同级别的客户，重点放在关键客户上，同时积极提升各级客户的级别，放弃劣质客户，合理分配企业的资源。

（1）关键客户的管理。提升客户的忠诚程度是关键客户的管理目的，在与客户保持良好关系之后，进一步提升关键客户给企业带来的价值。首先，企业要成立一个专门服务于关键客户的管理机构。为企业高层提供准确的关键客户信息，密切关注关键客户的动态，强化对关键客户的跟踪管理。及时发现新的关键客户和退化的关键客户，相应地调整服务策略，以实现利润最大化。其次，集中优势资源服务于关键客户。企业要增加给予关键客户的财务利益，比如提供优惠的价格和折扣等。最后，企业应利用多种手段与渠道加强与关键客户的沟通和交流，如有计划地拜访、经常性地征求意见、及时有效地处理投诉或抱怨。总之，让关键客户感觉到双方之间不仅是一种买卖关系，更是合作与共赢的关系。

（2）普通客户的管理。在普通客户的管理当中，有两个方面值得注意，即控制成本和提升客户级别。

对于普通客户中有些有望升级成为关键客户的，需要加以正确的引导、管理以及激励；对于当中升级的希望并不大的客户，企业在客户管理的模式上可以使用维持的模式，在管理中的各个方面包括人力以及财力等都维持现有的水平，有些时候甚至可以适当地减少，以此来减少交易的成本。在此基础上，还能够通过减少服务时间、内容以及项目等来控制投入。

（3）小客户的管理。小客户当中也有许多发展潜力较大，企业就应该有针对性的提升其服务的水平，充分对其潜力进行挖掘，帮助其成长为普通客户或者是关键的客户。小客户当中必然也有发展潜力不大甚至是毫无发展潜力的，企业不应该过早放弃，而是要适当地提升为其服务的价格或者是使服务成本降低的方式来挖掘小客户的价值。针对劣质客户，企业要及早终止与他们的关系，压缩、减少直至终止与其的业务往来，以减少利润损失，使企业的资源能够尽快投入其他客户群体。

（二）客户沟通

客户沟通指的是客户和企业之间通过已经建立好的各种交流途径来使得双方对于合作的前途进行一个全方面的了解，并借此来拉近两者之间的距离，使企业获得客户的忠诚度和满意度的行动。

1. 客户沟通的作用与内容

（1）客户沟通的作用。

1）客户沟通是实现客户满意的基础。据调查，客户对企业不满意的原因中，除了1/3的产品或者服务的原因，其余皆是由于两者之间的沟通不良导致的。所以说，要想提升客户对企业的满意度，良好的客户沟通必不可少，只有这样才能知道客户的想法，了解需求，尤其是当企业的产品或者服务有误时，良好的沟通十分有助于企业知晓客户的意见或者建议，帮助企业进行改正并赢回客户的心。

2）客户沟通是维护客户关系的基础。要维护企业和客户之间的良好关系，增强两者之间的感情是关键。而要增强这两者之间的感情就需要与客户沟通，通过沟通告知客户两者合作的前景以及意义。企业和客户之间假如缺少必要的沟通，那么客户关系就会很容易受到各种问题的冲击而消散。

因此，企业要通过顺畅的沟通渠道，及时、主动地与客户保持沟通，维护好客户关系，最终赢得稳定的老客户。

（2）客户沟通的内容。沟通的内容主要是信息沟通、情感沟通、理念沟通、意见沟通，有时还要有政策沟通。

所谓信息沟通，就是企业把产品或服务的信息传递给客户，也包括客户将其需求或者要求的信息反映给企业。

所谓情感沟通，主要是指企业主动采取相关措施，加强与客户的情感交流，加深客户对企业的感情依恋所采取的行动。

所谓理念沟通，主要是指企业把其宗旨、理念介绍给客户，并使客户认同和接受所采取的行动。

所谓意见沟通，主要是指企业主动向客户征求意见，或者客户主动将对企业的意见（包括投诉）反映给企业的行动。

所谓政策沟通，主要是指企业把有关的政策向客户传达、宣传所采取的行动。

2. 客户沟通的途径

为了确保客户与企业的沟通，企业必须鼓励不满意的客户提出自己的意见，设法降低客户投诉的门槛，为客户提供便利的途径，保持畅通的沟通途径。企业采取的沟通渠道有：开通免费投诉电话、24小时投诉热线或者网上投诉等；设置意见箱、意见簿及电子邮件等；建立客户与企业的沟通制度。总之，企业要使客户与企业的沟通（特别是客户投诉和提意见）更加便捷，并且尽可能降低客户投诉的成本，减少花在投诉上的时间、精力和金钱等。

3. 处理客户投诉

客户抱怨或投诉是客户对企业产品或者服务不满的正常反应，它揭示了企业经营管理中存在的缺陷。客户投诉可以使企业及时了解和改进产品或服务中存在的不足。

为提高处理客户投诉的质量，企业应该建立完善的投诉系统，详细记录客户的投诉及处理过程，统计和分析客户的意见，及时总结经验和教训，为将来更好地处理客户投诉提供参考。

提高一线员工处理投诉的水平。有些员工在处理客户投诉时往往流露出不耐烦甚至反感的情绪，容易引起客户的不满，甚至造成客户资源的流失。企业应该为一线员工提供各种形式的培训，传授处理客户投诉的技巧，同时加大对一线员工的授权，以便对客户的投诉及建议作出及时响应。

提高产品质量、改进服务态度与水平，从源头上控制客户投诉的产生。

（三）客户满意

1. 客户满意的概念

美国学者卡多佐（Cardozo）在 1965 年首次将客户满意的观点引入营销领域，此后学术界掀起了研究客户满意的热潮，客户满意成为颇受西方企业推崇的经营哲学。

菲利普·科特勒认为："满意是指个人通过对产品的可感知效果与他的期望值相比较后所形成的愉悦或失望的感觉状态。"所谓客户期望，是指客户在购买、消费产品或服务之前对产品或服务的价值、品质、服务、价格等方面的主观认识或预期。所谓客户感知，是指客户在购买或消费过程中对企业提供的产品或服务的感觉。

总的来说，客户的满意指的是客户对企业的要求被满足了之后内心的开心的心理活动状态。客户的满意度指的是客户满意这一状态的程度，这一程度的决定因素是客户的内心期望以及实际产品和服务的体验，具体包括三种状态，即失望、满意和很满意。失望指的是客户消费所得到的实际产品和服务体验未达到消费前内心的期待；满意指的是客户消费所得到的实际产品和服务体验达到了消费前内心的期待；而很满意自然就是指远超期待的状态。

对企业来说，不满意的客户下次将不会再购买企业的产品，而一般满意的客户一旦发现有更好或更便宜的产品也会很快地更换品牌，只有高度满意的客户才有可能成为企业的忠诚客户。因此，现代企业把追求客户的高度满意作为自己的经营目标，以培养客户对品牌的高忠诚度。

2. 客户满意的意义

（1）客户满意是企业取得长期成功的必要条件。据美国汽车行业的资料显示，一位对企业服务感到满意的客户能够为企业带来八笔潜在的消费，而这八笔当中至少会有一笔能够成功消费；而一位对企业服务不满意的客户则会最终影响到二十五位消费者对该企业产品或服务的选择。此外，对企业满意的客户还能起到宣传推广的作用，这极大地降低了企业寻找、招揽新客户的支出，还有利于树立企业良好的形象。此外，随着客户权益保护主义的兴起，企业的经营压力越来越大，也迫使企业不得不站在客户的角度考虑问题，重视客户满意，并且努力让客户满意。

所以说，企业要想获得长久的发展并取得事业上的成功，使客户满意是必不可少的条件。

（2）客户满意是企业获取竞争优势的重要手段。客户及其需要是企业生存和发展的基础，能否比竞争对手更好地满足客户的需要，是企业成功的关键。

如今，竞争的关键是比较哪家企业能给客户提供更加满意的产品和服务体验。如果企业不能满足客户需要，而竞争对手能够满足，那么客户很可能会选择离开，转而投奔那些能让他们满意的企业。因此，谁能更好地、更有效地满足客户需要，让客户满意，谁就能够获取竞争优势，从而战胜竞争对手、赢得市场。

（3）客户满意是实现客户忠诚的基础。客户忠诚通常被定义为重复购买同一品牌的产品或者服务，不为其他品牌所动摇，这对企业来说是非常理想的。

从客户的角度来讲，曾经带给客户满意经历的企业意味着可能会继续使客户再次满意，或是降低消费的风险和不确定性。因此，企业如果上次能够让客户满意，就很可能再次得到客户的垂青。但如果没有令客户满意，则很难形成忠诚的客户。客户不满意，就会不再光顾该企业，给企业造成非常大的直接损失。某企业评估一位忠诚客户产生的终生价值是 8000 美元，并以此来教育员工失误一次很可能就会失去全部价值，提醒员工要时刻让客户满意，才能确保企业得到客户的终生价值。

3. 提高客户满意的途径

从菲利普·科特勒对客户满意的定义不难看出，影响客户满意的因素就是客户期望与客户感知价值。那么，要实现客户满意，必须从以下两个方面着手：

（1）把握客户期望。如果客户期望过高，一旦企业提供给客户的产品或服务的感知价值没有达到客户期望，客户就会感到失望，进而产生不满。但是，如果客户期望过低，可能就没有兴趣来购买或者消费企业的产品或服务。因此，企业要善于把握客户期望，采取相应的措施引导、修正客户的期望，让客户的期望值维持在一个恰当的水平上，然后根据具体情况来超越客户期望，从而使客户产生惊喜，这对于提高客户满意将起到事半功倍的作用。

（2）提高客户感知价值。提高客户感知价值可以从两个方面来考虑：一方面，增加客户的总价值，包括产品价值、服务价值、人员价值、形象价值；另一方面，降低客户的总成本，包括货币成本、时间成本、精神成本、体力成本。

（四）客户忠诚

1. 客户忠诚的概念

客户忠诚是指客户对某企业的特定产品或服务产生好感，形成偏爱,进而重复购买的一种行为倾向。从客户忠诚的定义中可以看出,客户忠诚主要表现在态度和行为两个方面:①态度上,表现为客户对企业或企业所提供的产品和服务产生一定的偏好;②行为上,表现为客户会持续购买企业的产品或服务。客户忠诚是客户满意的直接体现,很多实施客户中心战略的企业都把客户忠诚度作为市场营销工作的重要目标之一。

2. 客户忠诚的意义

(1)降低营销成本、交易成本和服务成本。比起开发新客户,留住客户的成本要相对"便宜"很多,特别是客户越"老",其维系成本越低。美国的一项研究表明:吸引一个新客户要付出 119 美元,而维系一个老客户只需要 19 美元,也就是说,获得一个新客户的成本是维系一个老客户的成本的 6~7 倍。由于忠诚客户比新客户更了解和信任企业,彼此之间已经达成一种信用关系。所以,交易的惯例化可使企业大大降低搜寻成本、谈判成本和履约成本,从而使企业的交易成本降低。

由于企业了解和熟悉老客户的预期和接受服务的方式,所以可以更好、更顺利地为老客户提供服务,并且可以提高服务效率和减少员工的培训费用,从而降低企业的服务成本。

(2)增加企业收入。忠诚客户因为对企业信任、偏爱,不仅会重复购买企业的产品或者服务,还会放心地增加购买量,或者增加购买频率。忠诚客户还会对企业的其他产品连带地产生信任,从而当产生对该类产品的需求时,会自然地想到购买该品牌的产品,因此增加企业的销售量,为企业带来更大的利润。

美国学者弗雷德里克·莱希-赫尔德(Frederic Reich-Held)的研究成果也表明,客户忠诚度提高 5%,企业的利润将增加 25%~85%。随着企业与客户保持商业关系时间的延长,忠诚客户会购买更多的产品或者服务,其产生的利润呈递增趋势。

3. 提高客户忠诚的途径

(1)建立客户数据库。为提高客户忠诚,企业应该建立和运用客户数据库,使每一个服务人员在为客户提供产品和服务的时候,明了客户的偏好和习惯购买行为，从而提供更具针对性的个性化服务。

（2）识别企业的重要客户。企业建立和管理客户数据库的目的是将客户资料转变为有效的营销决策支持信息和客户知识，进而转化为竞争优势。只有与核心客户建立关系，企业稀缺的营销资源才会得到最有效的配置和利用，从而明显地提高企业的获利能力。

另外，企业必须寻找与自身定位相符的顾客，尽量避免接待与自身定位不相称的客源，从而更好地为目标市场客源提供规范的服务，提高顾客的满意度。

（3）提高内部服务质量，重视员工忠诚的培养。研究发现，员工的满意度、忠诚度与客户的满意度、忠诚度之间呈正相关关系，只有满意的、忠诚的员工才能愉快地、熟练地提供令客户满意的产品和服务。因此，企业在培养客户满意度和忠诚度的过程中，还要重视内部员工的管理，努力提高员工的满意度和忠诚度。

（4）加强退出管理，减少客户流失。退出是指客户不再购买企业的产品或服务，终止与企业的业务关系。正确的做法是及时做好客户的退出管理工作，认真分析客户退出的原因，总结经验教训，利用这些信息改进产品和服务，最终与这些客户重新建立起正常的业务关系。

四、客户关系的恢复

（一）客户流失

客户流失是指由于种种原因，客户不再忠诚进而转向购买其他企业的产品或服务的现象。客户流失会使企业失去这位客户可能带来的利润，会极大地影响企业对新客户的开发。

总之，在客户流失前，企业要防范客户的流失，极力维护客户的忠诚；而当客户流失成为事实的时候，企业不能轻易地放弃他们，而应当重视他们，尽快恢复与他们的关系，促使他们重新购买企业的产品或服务，继续与企业建立稳固的合作关系。

（二）客户挽救

在资源有限的情况下，企业应该根据客户的重要性来分配投入挽回客户的资源，重点挽回那些最能盈利的流失客户，实现挽回效益的最大化。对流失客户的挽回，企业要能够深入了解客户流失的原因，及时采取有效措施加以防范；同时，针对客户流失的原因制定相应的对策，争取挽回流失客户。例如，针对喜新厌旧型客户的流失，企业应该在产品、服务、广告和促销等方面多一些创新，重新将他们吸引过来。

第二节　市场营销组织

市场营销是个人和群体通过创造并同他人交换产品和价值以满足需求和欲望的一种社会过程，是市场经济体制下企业的一项重要经营活动，其管理必须依托于一定的机构或部门进行。

一、营销组织体系设计

市场营销组织是为了实现企业的目标，制订和实施市场营销计划的职能部门，是企业组织体系中的重要组成部分。

（一）市场营销组织形式

市场营销组织经过了从简单的销售部门到销售部门兼有营销功能，到独立的营销部门再到现代营销部门，再到现代营销企业以至流程再造企业等阶段的演变，逐渐趋于成熟，形成了以下五种基本的营销组织形式。

1. 职能型营销组织

这种营销机构由各种营销职能专家组成，他们分别对营销副总经理负责，营销副总经理负责协调他们的活动，任何职能部门的一切业务活动围绕企业主要职能展开。职能型营销组织结构的优点是有利于减少管理层次，避免机构和人员重叠，可以使企业把管理侧重点放在内部功能上，每个职能区域都能取得规模效益；有利于提高职能部门工作的专业化水平；有利于公司增强在世界范围内的竞争力；有利于加强公司的统一成本核算和利润考核。但这种组织结构的局限性是需要重复安排地区专家，容易导致资源重复浪费；不利于企业开展多种经营；不利于企业经营活动的地区扩张，而且各职能部门间缺乏横向联系和协调，容易造成决策失误，如图5-3所示。

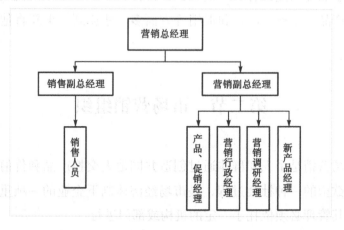

图5-3　职能型营销组织体系

2. 产品（品牌）管理型组织

这种营销组织结构的优点是具有较大的灵活性，当企业涉足新的产品领域时，只要在组织结构上增加一个新的产品系列部就行了；有助于企业对各个产品系列给予足够的重视，由于每种产品都由相对应的产品经理负责，所以即使是名气再小的品牌也不会被忽略，而且体现了分权化的经营思路，有利于调动产品部经理的积极性，产品经理对于市场上出现的情况反应比专家委员会更快，可以为某一产品设计具有成本效益的营销组合。但是该种模式也有缺点，若缺乏整体观念，各产品部之间会发生协调问题，会为保持各自产品的利益而发生摩擦；这种组织形式意味着企业随产品种类的不同而在任何一个特定的地区建立多个机构，导致机构设置重叠和管理人员的浪费，导致产品知识分散化；产品经理需要协调和各个部门的关系，否则不利于他们有效地履行职责。

3. 地区型营销组织

地区型营销组织结构的优点是把地区分部作为利润中心，有利于地区内部各国子公司间的协调；有利于提高管理效率；公司可以针对地区性经营环境的变化，改进产品的生产和销售方式。但缺点也是明显的：各区域之间横向联系，不利于生产要素在区域间的流动，还有可能从本部门利益出发，影响企业整体目标的实现；同时，地区分部结构易造成企业内部在人员和机构上的重叠，增加企业管理成本。

4. 市场管理型营销组织

在市场管理型营销组织结构中，企业可以围绕消费者开展一体化的营销活动，而不是把重点放在彼此隔离的产品或地区上，但是由于市场灵活多变，一旦销售策略失误，就会损失惨重。这种营销组织结构适合于针对特定市场的产品的销售，如图5-4所示。

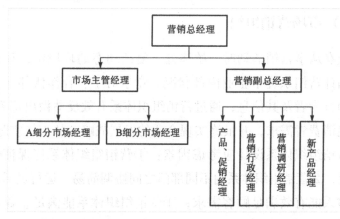

图5-4 市场管理型营销组织体系

5. 矩阵型营销组织

在矩阵型营销组织结构中，具有产品型和市场型两者之优点，缺点是缺少按产品或市场制订的完整计划，这种营销组织结构适合面向不同市场、生产多种产品的企业的营销，如图5-5所示。

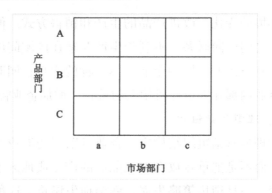

图5-5　矩阵型营销组织体系

（二）市场营销组织

企业在从事营销活动时，始终处于复杂动态的环境中，只有充分考虑和估计营销系统中企业内部状况、竞争对手、合作伙伴、宏观环境等营销行为者及其信息，通过营销组织体系有效反馈做出正确反应，才能满足消费者需求，并最终实现企业的发展战略。从市场实际出发，成功的营销组织体系设计应考虑因素：①营销组织体系能保证信息流动的畅通；②营销组织体系内不同部门之间协调简易、运行灵活；③营销组织体系能有效满足顾客需求；④营销组织体系能满足企业不同发展阶段的战略需要。

二、营销流程

市场营销的理论是建立在顾客需求的基础之上的，它强调企业的产品要满足顾客的需求，因此，企业在生产之前，应了解顾客的需求。科特勒对市场营销下的定义是：市场营销是企业的一种组织和管理职能，它能识别目前尚未满足的需要和欲望，估计和确定需求量的大小，选择企业能够更好地为之服务的目标市场，制订服务于这些目标市场的产品开发、服务和计划方案。在这种观念的牵动下，企业的营销流程转变为一种价值创造过程。科特勒的市场营销的作业流程如图5-6所示。

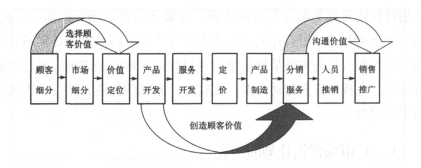

图5-6　科特勒的市场营销作业流程

从图5-6中不难发现，营销工作贯穿于整个企业的经营活动中，它是企业经营的开端，并在企业销售实现之后依然存在。在这里，企业经营分为三个过程：选择顾客价值，对于企业的营销实务来讲，即是分析市场机会，研究和选择市场目标；价值创造阶段，也是企业制定营销策略的阶段；企业的营销战略和策略实施阶段。

另外，路易斯安那大学管理与营销系主任劳登提出另一种营销流程，也就是所谓的有效营销流程。他将营销分为社会营销导向、了解、计划、执行和与顾客联系五个步骤，如图5-7所示。

图5-7　劳登提出的有效营销流程

图5-7所示的五个步骤层层递进，一环紧扣一环，构成了一个完整的营销流程，为企业的营销活动提供了一个很好的框架。

第三节　市场营销运作保障与安全策略

一、市场营销计划

计划是对未来行动的事先安排。任何企业组织如果只对它们所面对的新发展做出简单的反应，其寿命是不可能长久的。无计划的营销工作会导致行动的混乱和经费支出的增加，容易使企业受到工作具有计划性且较有远见的竞争者的攻击，其最终将被市场所淘汰。因此，每一个企业都必须用有计划的方法来对待市场。市场营销计划是在市场营销管理人员为实现某种市场管理目标而采取行动之前，通过预测和分析，先找出许多行动方案，比较各个方案的优劣，然后选出最佳方案的过程。

（一）市场营销计划的内容

制订市场营销计划，应符合市场营销计划内容的客观要求，市场营销计划内容主要包括：

1. 计划概要

市场营销计划概要向管理者提供简要的计划的核心内容和目标。从编写顺序上来说，一般是最后书写的一部分，因为它是营销计划各部分要点的一个简短回顾，从内容上看，简单明了即可，无须过于细致，因为具体的内容在此后的各部分中会有详细的描述。

2. 当前营销状况

当前营销状况主要是对企业所面临的市场营销机会和潜在问题进行分析，集中说明企业现在的处境和发展方向两方面问题。现在的处境指企业的长短处、市场容量和增长率、细分市场、新产品开发、竞争者等。企业发展方向指消费者市场的发展趋势，企业和行业所面临的环境因素，对销量、价格和投资回报的预测。

3. 机会与威胁分析

机会与威胁分析主要是对可能不利的市场趋势和可能出现的发展机会的正确分析和预测，以便企业管理人员在企业兴衰的重大问题上主动采取适当的对策，抓住时机，迎接挑战。在营销中广泛采用的是SWOT分析方法。

SWOT分析（图5-8）即对研究对象四个方面的环境因素（S、W、O、T）进行分析。S（Strength）表示影响研究对象发展的各种优势，一般指研究对象自身所包含的、能使其在发展中具有优势的各种因素；W（Weakness）代表研究对象自身的缺点，会对其发展造成一定的不利影响；O（Opportunity）指研究对象在所处的大环境中，其发展时所能够利用的各种机遇，通过抓住机遇来促进自身的发展；T（Threat）代表研究对象所面临的各种威胁或者挑战，包括来自外部的竞争等。从整体上看，SWOT可分为SW和OT两部分，SW代表内部因素，SW分析主要是分析研究对象的内部条件，着眼于研究对象的自身实力及其与竞争对手的比较；OT代表外部因素，OT分析主要是分析研究对象的外部条件，强调外部环境的变化及其对研究对象可能产生的影响。

4. 市场营销战略与策略

市场营销战略与策略主要指企业为实现市场营销目标所灵活运用的逻辑方式或推理方法。营销战略与策略是营销计划目标得以实现的手段。它必须凭借企业各个层级和部门的有效分工和通力合作，企业所有的价值链环节都要参与其中，采购、生产、销售、广告、物流和财务等都要形成相应的战略或策略。

一般而言，企业营销战略包括如下具体策略：目标市场策略、产品定位策略、定价策略、渠道策略、广告策略、促销策略、市场调研策略等。

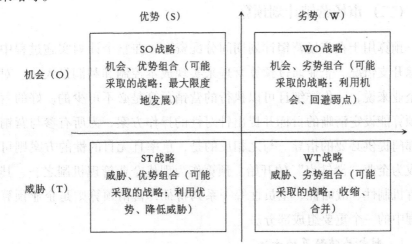

图5-8 SWOT分析

5. 行动方案

行动方案是对市场营销策略的落实，是实现营销战略和目标的根本保证。行动方案要解决这样几个问题：要完成什么任务？完成任务需要多少时间？谁来负责执行该任务？完成该任务需要花多少费用？如市场营销管理人员想通过促销活动来提高某商品的市场占有率，他就有许多行动方案，包括做广告、选媒体、计算费用等。

6. 预算

它是指对整个市场营销管理活动的预算。在营销计划开展的时间内，要编制相应的财务方案。在收入方面要预算销售量和平均实现价格，以此得到预算收入，在支出方面要包括生产、销售、物流和广告等各项费用的预算，在收入和支出预算的基础上形成损益分析。一般而言，预算要由上级或者其他管理部门审核批准。预算通过后也可以成为营销计划的检测和控制工具之一。

7. 营销控制

营销控制是营销管理的最后一个环节，它是对整个计划的监督和检查，并将监督和检查结果反馈给决策者。这可以显示企业实施市场营销计划、实现预期目标方面的表现和结果。该结果应包括销售收入、成本、利润和消费者的态度、偏好行为等。

（二）市场营销计划预算

预算用于在市场营销计划期间分配资金，在整个计划实施过程中追踪开支情况。企业通过预算管理来实现成本控制和利润最大化。对于企业来说，一份详细且可以执行的营销预算是必不可少的。好的营销预算能设定清晰的目标并提出针对性的操作方案，为所有参与营销的部门提供必要的指导。与之相反的是，草率且无目的性的方案则可能成为企业"滑铁卢"的开始。预算作为现代企业管理机制之一，其具有机制性、战略性、全员性等一系列特征，营销预算则是企业预算管理中的一个重要组成部分。

1. 制定营销预算的方法

（1）销售-反应函数。销售-反应函数是指在特定时期内，其他市场营销组合因素不变，一种或多种因素在各种可能的水平下变化时与销售数量变化间的关系。图5-9是假设的销售-反应函数，这个函数图形表明，在某一特定时期内营销预算高则销售量就大。该函数的曲线可以呈现出几种典型的形状。其中 A 函数表明销售量根本不受营销水平的影响，这种情况发生的可能性很小。B 函数表明销售量与营销支出之间是单纯的线性关系，这种情况实际上也很少见。C 函数表明销量随市场营销支出的增加而按递减的速率增加。D 函数是较为常见的类型，在营销活动预算较小时，广告和销售人员活动都因为经费不足而受到限制，因此销售增长缓慢，随着预算的增加，销售增长速度开始加快，但是，随着营销预算的进一步增加，其边际效用开始递减，销售增长速度又开始下降。

使用一定的营销预测工具和方法，可以得出一个公司的销售-反应函数，常见的有如下三种：一是统计法，即使用过去的销售量和预算规模的数据，运用统计方法来推导未来的销售-反应函数；二是实验法，在不同的销售区域或单位制定不同的营销预算，观察其销售效果的差异；三是专家判断法，邀请有关专家或销售人员对营销预算与销售量之间的函数关系进行判断。

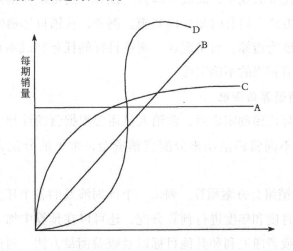

图 5-9　假设的销售-反应函数

在得出销售-反应函数之后，就可以采用求利润最大化的方法，制定最合理的营销预算规模。但是对于无法得出相应模型的公司而言，就得凭借其他方法了，尤其是依靠经验。

（2）可支付预算法。这种方法是指从企业财务角度出发，营销费用仅受限于总收入减去业务和资本费用，而不考虑营销活动对市场销量的直接影响。这种方法完全忽略了市场的变化与反应，并造成了营销预算的不确定性，进而导致长期营销计划的困难，因此它并不是一种好的预算方法。

（3）销售百分比法。销售百分比法以目前或预测销售额或者以单价的一定百分比来制定市场营销预算。这种方法考虑到了营销费用与价格和利润之间的关系，但倒置了营销费用与销售额的关系。这种方法还阻碍了长期促销规划、反季节和探索性促销计划。

（4）竞争平衡法。企业根据竞争者，特别是市场领导者的做法来制定本公司的预算。这种方法简便易行，但忽略了企业与企业间的差异性，如果不能根据自身的营销绩效、资源条件和目标进行调整的话，往往无法达到理想效果。

（5）目标任务法。企业根据营销要完成的任务制定促销预算。该方法的步骤是：明确促销目标；确定实现促销目标需执行的任务；预计完成这些任务的成本，此成本即营销预算。这是从营销角度出发制定其预算的方法，但有时却难以实施。例如，营销目标通常以顾客对品牌的认知度为指标，而实现这一简单目标的任务和成本在理论上和实践中都具有相当的不确定性。

2. 营销预算的分配

营销预算规模确定之后，营销人员还要根据营销计划书里制定的各个时期的不同营销活动来分配营销资金，常见的分配方法有以下几种：

（1）营销组合方案预算。列出一个计划涉及的各个任务和费用项目，将其按月度和年度进行预算分配，还可以在预算中加入预期销售额、总毛利或者净毛利和其他目标以及收益衡量方法，通过在分配方案中详细列明各个项目，可以使营销人员对资金预算和实际支出及效果有一个很好的把握。

（2）细分市场预算。根据细分市场制订预算分配方案，这样有利于企业了解每个细分市场的运作成本和回报大小，并且可以根据不同细分市场的重要程度分配资金，使有限的营销费用得到有效利用。

（3）地理分区预算。按照地理区域分配营销预算。当市场营销计划是跨区域进行时，如实行全球营销计划时，这种方法是比较合适的，因为不同国家和地区的营销成本和回报差异性相当大。

（4）部门或者产品线预算。根据不同的职能部门或者按照产品线进行预算分配。该方法有利于各个部门和产品负责人追踪和控制它们负责的成本，对比要实现目标所需要的费用，从而可以进行更好的成本控制。

（5）顾客价值预算。根据等边际原理，即假定某种资源具有多种用途，而且随着任何一种用途上所分配的该资源的数量的增加，其边际利益最终会呈现递减的趋势。因此，如果这样来配置该种资源，使得资源在每种用途上的边际利益相等，那么企业就能从数量既定的资源中得到最大收益。按企业目标顾客进行营销预算配置，顾客边际价值与营销预算投入的比例相同，此时企业的顾客组合实现了营销资源配置的最优化。

3. 营销预算的制定程序

如同所有的工作一样，制定营销预算也有一个组织和流程。预算的组织通常是财务部门的预算小组，它要负责预算编制的表格制定、预算编制的假设、协调各部门的预算，并且要汇总预算进行平衡和与公司的目标进行比较，同时承担预算的修订工作。除此之外，对营销预算的审批，通常由高级管理人员完成，如 CEO、营销主管和财务主管。制定营销预算的主要过程大体可分为以下几个程序：

第一个程序是原始预算的提报。营销主管在公司预算部门制定的预算原则之下，组织下属部门和人员开始制定预算。预算可以由下而上制定，也可以由上而下制定。完全由下而上的预算常常会导致销售收入和市场份额定得过低，而相应的费用却定得很高；而完全自上而下的预算会使基层员工产生抱怨，认为是强加给自己的营销目标。比较理想的做法是两者有效地结合。

第二个程序是协商。协商在两个层面上发生。首先发生在营销层面。高级营销经理就下属部门提出的预算进行审查复核，并提出意见。然后是公司层面的协商。公司的 CEO、财务主管也会对营销主管制定的营销预算结果存有异议，同样的协商过程会再次发生。这样的协商经常是不完美的，下级领导者不情愿地接受上一级领导者分派给自己的目标，这时就需要预算批准者把握好合理的"度"，保证预算目标既有挑战性，又有可达到性。

第三个程序是复核和审批。在最终批准营销预算之前，企业要对所有部门的预算总量进行检查和平衡，以便保证营销预算的可实现性。

第四个程序是营销预算的修改。营销预算的修改并不是一个必要的步骤，一般情况下年度营销预算一经批准之后，是不再允许修改的，但也有例外。例如，当企业经营环境发生很大变化时，维持现有的预算已经没有任何意义，这时就有必要根据当前状况及时对营销预算做出修改。比如在 2002—2003 年，SARS 侵袭我国，企业面临的外部营销环境发生了重大改变，很多行业深受影响，有些公司就对营销预算做出了及时的修改。有的是调高收入目标，有的是调低收入目标；有的是追加事件营销费用预算，有的是减少营销投入。

二、市场营销执行

许多时候，企业的市场营销战略之所以不成功是由于营销执行过程的偏差，而不是战略本身的问题。再好的营销计划也需要良好的执行力才能达到预期效果，市场营销执行对营销效果有重要影响。

（一）市场营销执行与执行力

菲利普·科特勒认为营销执行是将营销计划转化为行动和任务的部署过程，并保证这种任务的完成，以实现营销计划所制定的目标。由这个定义可看出营销执行是从营销计划开始，将之转化为行动和任务的整个部署过程。

市场营销计划是解决企业市场营销活动中应该"做什么"和"为什么要这样做"的营销战略问题；而市场营销执行则是要解决"由谁去做""在什么地方做""在什么时候做""怎样做"的问题。企业为了实现自己的营销目标，不仅要制订有效的营销计划，还要有效地执行这个营销计划。图 5-10 说明了市场营销计划与市场营销执行的不同搭配会产生四种不同的营销结果。

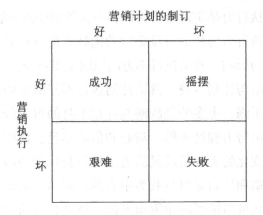

图 5 – 10　营销计划与营销执行间的配合关系

在成功象限中，企业有良好的营销计划，而且能有效地执行这一计划。在这种情况下，企业虽仍不能控制企业外部的市场竞争环境，但企业的营销目标一般能实现。

在摇摆象限中，企业没能完善地制订自己的营销计划，但营销执行比较优秀。这时企业会遇到两种不同的局面：一种是企业的销售人员发现了营销计划的不足之处，向营销总经理提出了建议，并将营销工作重点放在促进营销成功的方面；另一种是由于营销人员不加改变地执行了该营销计划，从而加速了企业营销的失败。

在艰难象限中，企业有很好的营销计划却执行得很差。这往往是由于营销管理人员过分注重营销计划的制订而忽视了营销执行。一旦出现营销问题，这种情况下的营销主管往往又会重新去制订新的营销计划，而不是去检查营销执行过程是否出了问题，结果重新制订出来的营销计划又按照老办法去执行，而导致其再一次陷入困境。

在失败象限中，营销计划本身不完善又没有很好地执行。在这种情况下，企业的营销目标难以实现。

营销执行离不开营销执行力。营销执行力的概念有狭义与广义之分。狭义的营销执行力是指一个人的营销执行力；广义的营销执行力是指一个组织、一个企业的营销执行力，即企业、组织在实现市场营销目标过程中所有影响最终目标效果的因素，对这些影响因素进行规范、控制及整合运用的过程，也就是企业营销执行力提升的过程。简而言之，营销执行力是实现营销目标和完成营销任务的能力。

企业营销执行力的强弱直接影响营销计划的执行效果，营销执行力受多个因素的影响。营销执行不力的原因主要可分为三个方面：

第一是战略与计划本身。营销计划执行不好的原因，并不仅仅是当事人执行力不强，更多的是战略与计划本身的可执行性太差。尽管也存在执行人员努力程度不够、耐心和信心不足、技巧与方法欠佳以及不善于结合变化的实际情况灵活变通地坚持执行的因素，但主要还是所制订的战略和计划是以自我为中心的，而不是从客户的实际需要和心理上能够认可与接受的角度出发的。如果公司的营销工作没有针对或者偏离了顾客的需求，那么所有的努力只能是无效的。

第二是营销执行者自身问题。落实执行目标的人即执行者，面对一份没有问题的销售计划，如果不知道自己所要完成的计划主要基于或依赖什么样的顾客，对这些顾客的真正需要缺乏自己的理解的话，再好的战略计划也是无法经由他的手执行下去的。

第三是市场环境因素与客户因素。环境的不确定性与客户的不成熟也是导致营销计划执行不力的一个重要因素。经典的 PEST 环境四要素的变化与不确定性，与相对稳定的销售计划形成反差，销售计划可以应对和吸纳变化，但有的因素发生变化时，其影响的强度超出了计划的承受能力，计划当然就无法继续执行了。客户消费心理的不成熟、消费行为的不规则、消费方式的非理性、消费习惯的顽固与偏执等都会给营销计划的执行带来变数。

三大因素互为因果产生的联动效应导致执行不力。在实际工作中，上述三个方面的影响往往不是单独发生的，更多的情况是形成一种互为因果的联动效应，这样便使问题更加复杂，执行起来更困难，从而进一步导致营销执行力的下降。因此，在营销活动中，企业面对营销执行不力的状况时，应考虑从以上三个因素着手调查执行不力的原因。当需要提高营销执行力时，也需要从以上三个因素入手，即提高营销计划的质量和可执行性、提高营销执行者对消费者需求的理解能力以及提高企业对外部环境变化的感知和应变力。

（二）市场营销执行的过程

根据上海交通大学王方华教授的研究，市场营销执行过程包括相互关联的五个主要步骤：拟订详尽的营销方案、建立营销组织结构、设计绩效评估和薪酬制度、开发营销人力资源和培育企业营销文化。

1. 拟订详尽的营销方案

为了有效完成市场营销计划，必须制订详尽的营销方案。方案必须明确市场营销计划实施的关键性决策和任务，并将任务分解落实到具体的部门和人。此外，还要建立相应的时间表以确保行动的具体时间，以便后期进行进度检查和控制。

2. 建立营销组织结构

企业市场营销组织是指企业内部涉及市场营销活动的各个职位及其结构。管理离不开组织，市场营销管理自然也离不开特定的组织结构。设计一个适应企业特点和环境变化的营销组织结构，是执行企业市场营销计划、实现营销目标的前提和基础。

3. 设计绩效评估和薪酬制度

为保障市场营销计划的成功执行，需要制定完善的激励制度。这些制度需要明确在计划实施过程涉及的营销人员的工作评估、奖励、惩戒和管理措施；制定合理可行的考核指标，明确责、权、利；建立有良好效果的奖惩体系，充分调动员工的积极性和主动性。

4. 开发营销人力资源

企业要重视营销队伍的建设，把提高营销队伍的素质作为企业员工建设的主要工作，选择责任心强、文化水平高、有开拓精神的人作为营销人员。要完善用人机制，把好录用关，提高员工队伍的知识结构水平，提高营销队伍的素质层次。要创造和谐的企业文化和员工工作环境，把人才的流失速度控制在一个相对合理的水平。

5. 培育企业营销文化

企业文化是指一个企业内部全体人员共同持有和遵循的价值标准、基本信念和行为准则。这其中渗透着创业者个人在社会化过程中形成的对人性的基本假设、价值观和世界观，也凝结了在创业过程中创业者集体形成的经营理念。它具体表现为企业的形象、品牌、管理者的经营理念、员工的价值观念、思维方式、工作作风、行为准则等。

企业文化与市场营销是内有文化、外有市场、相互依赖、互相影响的关系。企业文化是内有的，是企业的灵魂所在，是企业的精髓，是企业经营的支柱，是制定一切营销策略的基础，贯穿于企业营销的全过程。而市场营销是外在的，没有企业文化的深刻内涵，市场营销难以取得长久的成功，优秀的企业文化是市场营销成功的前提。反之，市场营销是传播、宣传和树立企业文化的途径，是树立企业品牌、创立名牌企业的途径，没有有效的市场营销手段就很难打造企业的核心文化，塑造名牌企业。因此，塑造和强化企业文化是执行企业计划不容忽视的一环。

三、市场营销控制

营销控制是近几年来学术界和企业界探讨的热点话题。那些取得良好营销绩效的企业不仅善于制订完善的营销计划，而且通过设计和实施有效的营销控制模式执行了这些营销计划，确保了营销目标的实现。可以说，营销控制模式是影响企业营销绩效的关键要素。随着全球经济一体化进程的不断推进、市场竞争程度的日益激烈，选择并实施恰当的营销控制模式正成为企业营销管理工作的当务之急。

（一）市场营销控制的概念与模式

市场营销控制是指为了实现营销目标，对市场营销计划的执行过程进行监控，确保各项活动按计划进行，并对执行中出现的重要偏差进行修正的过程。

营销控制可以分为两大类，即正式的和非正式的。正式的营销控制是一套书面的控制系统，是管理驱动的机制。非正式的营销控制是非书面的，并且是员工自我驱动的控制机制。正式的营销控制按照不同的导向又可以分成过程控制和结果控制两种类型。过程控制主要是对营销工作的流程、销售人员的行为规范等进行书面化的制度规定，这些制度定义了某一项工作应该以何种方式完成。过程控制对营销结果没有严格的要求，因为规范化的过程往往导致了良好的营销结果。结果导向的控制系统更加强调营销结果的重要性，对销售人员的评价也主要是基于他们的业绩水平，如销售额、市场份额、毛利润水平等，结果控制的模式给予了销售人员较大的行为自主支配权。非正式的营销控制主要包括他人（或者同事）控制和自我控制两种方式。他人控制就是指销售人员内部这个小群体自己建立的一套内部共同认可的行为标准，以控制他们行为的一致性，这种行为的评价和控制都是非正式的，是销售人员自发形成的。当某个销售人员违反了这个标准，他所在的群体就会给他施加公开的或者暗地的压力。自我控制是指销售人员自己设定行为目标，并对目标的实现负完全的责任，并基于目标的完成情况进行自我奖励和惩罚，如图 5-11 所示。

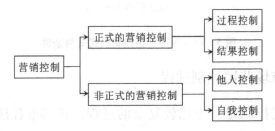

图 5-11　营销控制模式

环境特征决定了企业所适用的营销控制模式。一般来说，业绩目标的可量化程度和营销活动过程的透明度是评价营销环境的两个重要维度，也是选择营销控制模式的基础条件。业绩目标的可量化程度是指用具体量化的值来测度目标的程度，如销售额、销售量等指标的可量化程度比较高，市场信息清晰度、客户满意度等指标的可量化程度则比较低。营销活动过程的透明度是指销售主管对营销活动的信息所掌握的程度，如销售主管是否掌握了所有客户的信息等。当业绩目标的可量化程度很高，而营销活动过程的透明度比较低，例如，当一线销售人员比他的销售主管掌握了更多的市场信息，但是销售主管可以较容易地测定销售额、销售量、利润水平等销售目标时，企业适合选择结果控制模式。当业绩目标的可量化程度很高，同时营销活动过程的透明度也很高时，企业更适合采取自我控制的模式，使销售人员进行自我规范、自我约束，以达到控制与激励相融合的目的。当业绩目标的可量化程度比较低，而营销活动过程的透明度比较高时，企业更适合采取过程控制模式，制定相应的过程规范制度来约束销售人员的行为。当业绩目标的可量化程度与营销活动的透明度都很低时，企业应侧重于他人（同事）控制，使销售人员队伍这个非正式的小群体对其成员的行为进行控制是比较合适的，如图 5-12 所示。

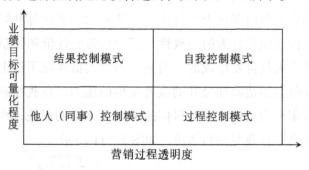

图 5-12　不同营销控制模式适用条件

（二）市场营销控制过程

市场营销控制是一个比较复杂的过程，其基本程序如图 5-13所示。

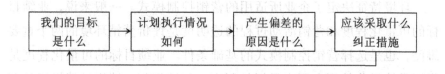

图 5-13　市场营销控制程序

1. **建立控制标准**

在营销控制过程中，营销目标被分解为若干更短时期的控制标准。比如，在营销计划中，营销目标是年度市场销售额，控制标准就可以定为每月或季度销售额。只要每月或季度的控制标准都能如期实现，全年营销目标自然就会实现。营销标准不仅具有检测功能，还有激励功能，适合的标准能够激发员工的工作热情。

2. **衡量绩效**

监测市场营销活动的实绩，评价各控制目标的执行情况。这一步与第一步关系密切，因为只有控制标准实现了数量化、可测化，才能进行有效的监测活动。例如，把控制标准确定为一定时期内顾客满意程度的提高，就无法监测，但如果把它具体化为顾客投诉信件数和顾客表扬信件数，便容易监测了。

3. 诊断绩效

分析各控制标准的执行结果。对执行情况差的项目，要深刻分析其形成原因。一般来说，原因有两类：一类是外部原因；另一类是企业自身原因。外部原因包括宏观经济环境变化或市场竞争状况变化等。若诊断问题发生系外部原因，企业应及时修订原营销计划，这是因为外部原因是企业不可控制的力量，只能适应而难以改变。内部原因包括计划目标过高或实际努力不够两个方面。若问题的原因系后者，应采取措施予以改正。

4. 改正行动

查明偏差产生的原因后，需要采取相应的措施，使计划更好地被执行下去。当偏差在可接受的范围内时，不需要任何调整，只需要确保原计划被充分地、正确地执行就可以了；当偏差超过了可接受的范围时，并且偏差是在合理的标准水平下发生的，就需要对达到标准的计划内容进行修改，重新设计计划执行方案，重新调配组织工作人员。如果偏差是由于不恰当的标准引起的，那么就要重新设定标准。

（三）市场营销控制方法

市场营销控制的基本类型主要有年度计划控制、盈利率控制、效率控制和战略控制。年度计划控制由组织的高层管理者和中层管理者负责，检查计划目标是否实现。盈利率控制由营销审计人员（指专门负责组织营销支出工作的人）负责，分析组织盈利率高的项目和盈利率低的项目。效率控制直接由职能管理当局及营销审计人员负责，评价营销经费的开支效率与开支效果。战略控制由高层管理者和营销审计人员负责，寻找组织在市场、产品和渠道方面是否存在更好的机会。

1. 年度计划控制

年度计划控制是指企业在一个年度中采取控制步骤，检查企业实际绩效与销售计划之间是否存在偏差，如存在偏差则采取措施改进，以确保企业市场营销目标的实现。年度计划控制的目的是保证企业实现年度计划规定的销售目标、利润目标和其他目标。管理者在核查年度计划执行情况的时候，可以使用销售分析、市场份额分析、营销费用-销售分析、财务分析以及客户态度追踪这五种方法。

（1）销售分析。销售分析就是根据企业销售目标来测定和评估实际销售额与目标销售额之间的关系，在进行销售目标分析时企业可以采用两种方法：销售差异分析与微观销售分析。

销售差异分析可以衡量在销售目标执行过程中，造成缺口的不同因素所产生的相应作用。

微观销售分析是分别从产品销售及其有关方面来考虑未能达到预期销售量的原因。

（2）市场份额分析。市场份额指一个企业的销售量（或销售额）在市场同类产品中所占的比重。市场份额是企业的产品在市场上所占的份额，也就是企业对市场的控制能力。企业市场份额的不断扩大，可以使企业获得某种形式的垄断，这种垄断既能带来垄断利润，又能保持一定的竞争优势。

（3）营销费用-销售分析。年度计划控制要求在实现企业营销目标的同时，严格控制费用支出。要保证较低的销售费用率，严控费用超支的现象，通过分析各项营销费用及各个时期的费用波动来掌握费用的涨落及原因，从而为降低营销成本及费用支出提供考核数据，也反映出不同销售人员在其达成的销售定额和支出水平方面的执行情况。

（4）财务分析。销售人员通过财务分析，不但可以发现促进销售的策略，还可以找到提高利润的方法，加大费用支出低而利润高的产品销售力度。销售管理部门可以利用财务分析对影响企业净资产收益率的各种因素进行分析，企业也可以通过库存现金、应收账款、存货来分析企业的资产构成，研究和改善它的资产管理水平。

（5）客户态度追踪。前面四个控制工具侧重于数量标准和财务分析，另外还需要一些定性的分析，如客户态度追踪。企业应该建立完善的制度以追踪客户、经销商以及营销网络中其他参与者的态度。在客户态度影响销售之前，密切注意其发展变化，销售管理部门可以及时采取主动措施，加强营销效果的可控性。这些制度主要包括意见和建议制度、顾客固定样本调查小组以及顾客调查等。

2. 盈利率控制

除了年度计划控制外，企业还需要衡量其不同的产品、地区、顾客群、贸易渠道和订货量的盈利率。这方面的信息将帮助管理者决定哪些产品或者营销活动应该扩大、收缩或者取消。

盈利率分析较为烦琐，主要可分为三个步骤：

步骤一：确定营销总费用。

步骤二：将总费用分配给各个营销实体。

步骤三：为每个营销活动编制一张利润表。

3. 效率控制

假设利润分析揭示了公司在若干产品、地区或者市场方面的盈利情况不妙，要解决的问题就是对于这些工作不理想的营销实体是否存在更有效的方法来管理销售队伍、广告、促销和分销等活动，这就需要对营销活动的效率进行分析和控制。

（1）销售队伍效率。各级（地方、地区、区域）销售经理都应该掌握自己地区销售队伍效率的几个关键的指标，有以下几个控制标准：

1）每个推销员平均每天的推销访问次数。

2）平均每次推销访问所需要的时间。

3）平均每次推销访问的收入。

4）平均每次推销访问的成本。

5）平均每次推销访问的交易费用。

6）订货单数与推销访问次数之比。

7）每一时期新增加的顾客数。

8）每一时期失去的老顾客数。

9）推销队伍成本占总销售额的百分比。

（2）广告效率。许多经理认为，要衡量从广告支出中获得多少好处几乎是不可能的，但是至少要掌握下述统计资料：

1）每一种媒体类型、每一个媒介工具触及1000人的广告成本。

2）每一个媒介工具广告的注意率、阅读率。

3）消费者对于广告内容和有效性的意见。

4）对于产品态度的事前事后衡量。

5）由广告所激发的询问次数。

6）每次调查的成本。

（3）促销效率。销售促进包括几十种激发买主购买兴趣和试用产品的方法。为了提高促销效率，管理者应该坚持记录每一次促销活动及其成本和对销售的影响。

1）优惠销售所占的百分比。

2）单位产品陈列成本。

3）赠券回收率。

4）一次演示引发的询问次数。

（4）分销效率。管理者应该调查研究哪些分销模式可用来提高存货控制、仓储和运输效率。

4. 战略控制

战略控制是有关确保公司目标、战略以及制度能最佳地适应公司当前和未来的营销环境的工作。在营销领域里，各种目标、政策、战略和计划迅速过时是经常发生的事。每个企业都应该定期对其进入市场的总体方式进行重新评价。战略控制有两种工具可以利用，即营销效益等级评核和营销审计。

（1）营销效益等级评核。一个公司或一个事业部的营销效益可以从营销导向的五种主要属性的不同程度上反映出来：顾客导向、整体营销组织、营销信息、战略导向和工作效率。

1）顾客导向。

组织的管理者是否根据市场需要来设计组织的业务？

是否为不同的细分市场开发了不同的产品或服务？

是否从整体营销系统的观点出发来规划其营销活动？

2）整体营销组织。

是否对重要的营销功能进行高档次的营销整合和控制？

营销管理人员与组织的其他部门是否在进行充分的合作？

新产品开发过程是否合理？

3）营销信息。

最近的一次市场调查研究是何时进行的？

管理者对本领域的市场、地区、产品等的潜在需求是否了解？

是否对节约营销支出成本与提高营销效益采取了相应的措施？

4）战略导向。

营销工作的正规性程度如何？

当前营销战略的质量如何？

是否建立了处理营销事件的例外原则？

5）工作效率。

最高管理者的营销思想的贯彻是否成功？

管理者是否充分利用了其拥有的营销资源？

管理者对迅速变化做出有效反应的能力如何？

（2）营销审计。营销审计是对一个公司或一个业务单位的营销环境、目标、战略和活动所做的全面的、系统的、独立的和定期的检查，其目的在于发现问题的范围和机会，提出行动计划，以提高公司营销业绩。

四、网络营销安全问题及策略

（一）网络营销安全问题概述

随着互联网的推广和现代通信技术的提高，电子商务在全球取得了极大的成功，而网络营销也越来越为企业所关注。简单地说，网络营销是指企业以网络技术为主要工具和手段，开展的各种营销活动。使用网络通信工具，可以实现沟通的快速性、及时性，它对于营销信息的获取、保存和管理等问题，使用计算机网络可以非常高效地进行，同时，网络工具的使用还具有低成本的重要特点，因此，在市场竞争越来越激烈的今天，网络营销已经成为企业扩大业务，参与市场竞争的重要武器。但是由于互联网的开放性，及其所基于的网络的全球性、无缝连通性、共享性、动态性发展，使得安全问题成为了网络营销发展的重要障碍。如何安全地使用网络为企业营销管理服务，已经成为了许多企业共同的话题。

谈起网络安全，许多人是闻之色变的，"网络黑客""木马""病毒"等名词往往使企业管理人员非常头疼。企业在网络营销过程中面临网络安全的主要的威胁在于企业的原材料的采购、产品的销售；企业产品信息和客户信息的数据库安全等方面。然而，网络安全问题并不可怕，像其他事物一样，当我们不了解它的时候，往往心理上存在一种神秘感，从而形成一些心理差距上的误解。一旦我们了解了它的基本规律，就能根据其规律采取相应的措施，使它不再可怕。网络营销中的安全问题同样如此。

（二）两类基本的安全问题

网络上的安全问题存在这样的特点，它的存在往往不为人所知，而一旦出现问题，就会造成重大损失。因此，许多企业对电子商务和网络营销非常不放心，甚至不敢问津。综合来看，网络营销过程中的安全问题主要有两大类：人为问题和技术问题。

1. 人为安全问题

所谓人为的安全问题，是指在电子商务或者网络营销活动过程中，由于一些人为的因素造成的交易安全问题厂主要体现在交易欺骗、人为操作失误以及交易流程不熟悉导致交易过程中失误等。

（1）网络基础设施薄弱。电子商务是基于信息网络通信的商务活动，其特点是实时、快速，电子商务的发展，从一定程度上可以说取决于信息基础设施的规模。但我国由于经济实力和技术等方面的原因，网络基础设施建设还比较缓慢和滞后，已建成的网络质量不高。另外，上网用户相对较少，网络利用率低，致使网络资源大量闲置和浪费，投资效益低，严重制约着电子商务的进一步发展。因此，如何加大基础设施建设的力度，提高投资效益，改变网络通信方面的落后面貌，应是促进电子商务应用普及的首要问题。

（2）在网络营销过程中，由于操作人员不熟悉交易流程，或者不熟悉电脑操作，对资料的备份和管理不善等原因，都可能会造成数据的破坏和资料的缺失，也是网络营销中存在的安全隐患。

（3）人为的骗局。即部分人利用网络为工具展开诈骗活动，骗取他人钱财。这个是网络安全问题的重要方面，造成这一问题的原因是多方面的，一方面，我国缺乏健全的市场信用机制，所以对于网络上的一些违法行为难以追踪和约束，目前我国已经开始着手建立个人征信系统，CA 认证系统的完善，网络实名、银行账户实名、实名交易等的推行，也一定程度上加强了网上系统的形成，但是我国的网上诚信系统的建立还需要一定的时间。另一方面，由于网络信息本身的虚幻性，使得网络交易存在先天性的风险，而一些网络营销者往往会受低成本、低价格等因素的影响，防范意识不强也是网络骗局得逞的重要原因。

2. 技术性安全问题

所谓技术性安全问题，是指在电子商务和网络营销过程中，因为技术性的原因导致的安全问题，如病毒入侵、黑客盗取密码等。在网络营销过程中，除了信息本身的错误、操作者的误操作外，黑客、病毒的"进攻""入侵"是主要问题。黑客可通过破译密码主动进攻，如窃听、消息篡改、重放、假冒、渗透、流量分析、拒绝服务等手段，也可通过木马程序进行偷窥，或使用下载软件中夹带的新特洛伊木马程序窃取个人私密信息。

技术安全问题的常见表现为：一是窃取信息。网络入侵者可以通过直接入侵信息端口或者木马软件等形式窃取企业产品或客户资料信息，或者截取企业所发出的一些通信信息。二是篡改和发送虚假信息。当入侵者掌握了信息的格式和规律后，他们可以通过各种技术手段和方法，将网络上传送的信息数据在中途修改，然后再发向目的地以获取非法利益。三是对信息的非法利用和破坏。网络入侵者通过技术方法入侵到了企业的网络后，通常都会盗取企业的资料信息，将其转卖以盈利，甚至破坏掉，对企业的影响是非常严重的。

（三）应对安全问题的策略探讨

作为开展电子商务和网络营销的企业，我们必须注意安全问题给我们带来的威胁，在实践中针对实际问题采取对策，把安全隐患降到最低，充分发挥现代通信技术给我们带来的优势，在市场竞争中争取到主动地位。

1. 应对人为安全问题

（1）加速基础设施建设。作为应用网络营销的企业，必须在基础设施上有一定的投入，如电脑的配置，网络的安装以及线路的维护与管理等，使得网络营销活动能在科学的管理下，快速有效地进行，电子商务和网络营销能够比较顺利的展开。

（2）对现有工作人员的培训。网络安全问题的产生一个重要的原因是人为的操作不当。其原因在于工作人员对网络营销活动不够熟悉，操作不够熟练等。对此，首先，企业应该展开宣传教育活动，使员工从思想上认识和接受网络营销，自觉提高自身的网路知识和操作技能；其次，企业应结合工作岗位的实际需要，有针对性地对员工进行培训，使他们熟悉网络营销的相关规则和流程，并掌握相应的操作技巧，在避免出现安全问题的同时，也能极大地提高工作效率。

（3）加强宣传和学习。网络骗局的产生往往源于防范意识不强，对于这个问题，企业应该重视自身的宣传工作，要求员工在交易过程中警惕骗局，提高防范意识。此外，企业自身应该组织人员学习网络营销相关的法律法规，这样能在经营过程中避免触犯法律，同时，在网络营销过程中出现矛盾纷争的时候，可以利用法律武器，维护自身利益。

2. 应对技术安全问题

（1）应用安全协议。应对互联网上的一些木马和病毒，使用安全协议是比较有效的。近些年来，针对电子交易安全的要求，IT业界与金融行业一起，推出不少有效的安全交易标准和技术厂主要的协议标准有：安全超文本传输协议（S-HTTP），依靠对密钥的加密，保障Web站点问的交易信息传输的安全性；安全套接层协议（SSL），由Netscape公司提出的安全交易协议，提供加密、认证服务和报文的完整性；安全交易技术协议（Secure TransacYion Technology，STT），STT规范明确的主要目标是保障付款安全，确定应用之互通性，并使全球市场接受。所有这些安全交易标准中，STT 标准以推广利用信用卡支付网上交易，而广受各界瞩目，它将成为网上交易安全通信协议的工业标准，有望进一步推动 Internet 电子商务市场发展。

（2）安全软件的安装与使用。对于企业来讲，安全软件的作用意义重大。因为企业是注重经营管理的，不可能分出太多精力来进行安全问题管理。而安全软件是由专业的软件公司开发的，对于常见的网络安全问题他们都有比较好的解决方式。具体来说企业可以使用防病毒软件和防火墙等，对病毒进行防护和查杀；使用安全的交易方式进行交易如支付宝、安付通等；使用安全支付方式进行支付，如工行 U 盾、电子支付卡等。这些措施将极大地提高网络交易安全性，确保企业的信息安全。

（3）聘请网络技术人员。网络技术人员是关于网络安全方面的专家，他们非常熟悉网络上的安全问题，可以帮助企业在网络营销过程中，有针对性地避开安全问题。因此，有条件的企业可以考虑聘请技术人员进行安全指导，或者在交易过程中向网络安全的专家进行咨询。

第六章　新经济背景下的市场营销创新发展

近年来，全球化经济的浪潮、可持续发展的理念、互联网崛起等营销环境的变化，既给企业提供了机会，也带来了挑战，同时塑造着企业新的营销行为。本章对大背景下营销的新态势进行了分析，提出了可持续营销及营销创新战略。

第一节　全球市场营销新态势与战略管理

一、全球市场营销新态势

（一）绿色营销

1. 绿色营销的发展及内涵

随着经济社会的不断发展，人类对资源、能源的消耗日益增长，从而导致环境污染、资源短缺、能源匮乏和生态失衡等诸多问题，致使人类的生存和发展面临严峻挑战。人类逐渐认识到，要走出以上困境必须改变传统的大量生产、大量消费、大量废弃的生产和生活方式，寻求经济发展与环境保护的平衡点。因此，绿色生产、绿色消费、绿色营销等观念随之兴起，成为企业在激烈的市场竞争中持续发展的不二选择。

绿色营销观念萌发于 20 世纪 60 年代，是企业经营活动的一种指导思想，出现于生产观念、产品观念、推销观念、市场营销观念之后。70 年代，全球掀起了一场绿色革命，它对整个世界和人类生活产生了巨大的冲击和影响。80~90 年代，随着环境问题进一步恶化和社会环保意识的增强，绿色营销才真正为人们广泛接受。国内绿色营销研究学者首次接触到绿色营销这一概念并开始进行系统性的研究始于1992年1月在香港召开的国际市场营销研讨会。此后，我国绿色营销研究大体上经历了起步、成长到成熟阶段：1993—1994年是我国绿色营销的启蒙阶段，初步提出了绿色营销的含义和意义；1995—1997年是绿色营销的成长阶段，研究主要集中在理论基础分析、绿色壁垒对我国对外贸易的影响等几个方面；1998年，针对绿色营销的研究进入成熟阶段，在理论基础不断夯实的同时，其他相关理论的研究也相继出现，如绿色消费、绿色流通、政府作用的加强等。

对绿色营销的定义比较早、认可度比较高的是英国威尔斯大学肯毕提（Kenpeattie）教授在其所著的《绿色营销——化危机为商机的经营趋势》一书中指出的，"绿色营销是一种能辨识、预期及符合消费的社会需求，并且可带来利润及永续经营的管理过程"。国内许多学者也对绿色营销的内涵进行了界定。张世新、魏琦等认为，绿色营销是指在绿色消费的驱动下，企业从保护环境、反对污染、充分利用资源的角度出发，通过市场调查、产品开发、产品定价和分销以及售后服务等一系列经营活动，满足消费者的绿色需求，实现自身的盈利。魏明侠、司林胜等认为，绿色营销就是在可持续发展观的要求下，企业从承担社会责任、保护环境、充分利用资源、长远发展的角度出发，在产品研制、开发、生产、销售、售后服务全过程中采取相应措施，达到消费者的可持续消费、企业的可持续生产、全社会的可持续发展三方面的平衡。

学者对于绿色营销的定义在本质上是一致的。绿色营销就是以绿色环保观念为基本，对产品和服务进行构思、设计、制造和销售等，实现有限资源的优化配置和企业、消费者、社会三者利益的协调统一。

2. **绿色营销的特点**

绿色营销是对传统营销的一次创新与革命，它把环境纳入营销理念中，对传统营销领域的营销目的、营销手段、营销观念、营销布局等进行了改变。将企业和消费者置于环境中，使其构成一个开放的系统，在这个系统中所有产业链上的生产商、分销商、顾客之间彼此配合实现生态环境的平衡。要达到传统营销所不及的目的，就要掌握绿色营销的特点。

（1）综合性。绿色营销是新型的营销模式，综合了市场营销、社会营销和大市场营销观念的内容。市场营销是以消费者为核心，以满足顾客的需求为目的，顾客是企业开展一切工作的最高准则。绿色营销也把顾客的需求放在重要的位置上，但是它在满足目标市场消费者偏好的同时，避免了损害其他消费者的利益和消费者的长远利益；生态营销观念和社会营销观念都强调企业以自身的资源条件为基础，倡导把市场要求和消费者需求与自身条件有机结合，发展与经济规律、自然规律、社会规律相吻合，符合社会和人类的利益；大市场营销是在传统的市场营销四要素的基础上加上权力和公共关系，协调使用经济、心理、政治和公共关系等手段，采用更容易进入目标市场的方式。绿色营销观念是上述多种营销观念的综合，不仅更加全面地估计消费者的利益，还要兼顾经济效益、生态效益和社会效益，综合利用权力和公共关系等成功进入特定市场。

（2）统一性。绿色营销的统一性强调的是企业经济效益和社会效益的统一。绿色营销把绿色观念作为企业重要的价值观，这就要求企业在制定营销策略和实施营销策略时，既要考虑企业的经济利益，也要考虑社会公众的身心健康与长远利益。要寻求可持续发展，就要实现经济环境、自然环境和生活质量三者之间的相互促进与协调。在国家"资源节约型、环境友好型"社会战略和低碳环保的大趋势下，社会公众的绿色意识逐渐觉醒，他们在购买产品时会更多地考虑其对自身健康和生态环境的影响，危害环境的产品、服务终将被社会所抵制和淘汰。绿色营销的蓬勃发展需要国家、企业和消费者共同努力，共同树立绿色环保的意识，共同采取绿色营销的措施。

（3）无差别性。无差别性是指绿色标准及标志的世界无差别性。虽然各国有关绿色产品的具体标准不尽相同，但是都遵循国际公认的评价标准，都要求产品的生产、质量、消费和处置等符合环保、无害的标准。

由国际公认的权威组织建立起统一的评价标准，对企业的绿色产品及绿色营销进行评判和检验，是促进企业实施绿色营销的重要之举。ISO14000 作为国际环境管理系列标准，"是一项关于某个组织与实施、维持或完成其涉及大气、水质、土壤、天然资源、生态等环境保护方针有关的包括计划、运营、组织、资源等整个管理体系标准"，通过对绿色产品等级进行评判和构建量化分析模型对企业实施绿色营销的效益评价。

（4）双向性。绿色营销不是仅凭企业或者消费者单方面就能推动的，它需要企业和消费者的双向合作，既要求企业树立绿色观念、生产绿色产品、开发绿色产业，也要求广大消费者购买绿色产品，对有害产品自觉进行抵制，树立绿色观念。事实证明，只有走清洁生产、节能、节水、降耗的资源节约型和环境友好型道路，才能加速企业的变革和转型，实现高产、高效、低消耗，获取最大的经济发展效益。绿色营销在促使企业获得最大经济效益的同时，也引导了消费者的绿色消费观念。绿色产品增强了人们的环保、防治污染的意识的形成。同时，消费者绿色意识的形成又反过来增加了对绿色产品的需求，促使企业研发、设计出更多的绿色产品，使企业更明确地意识到自己的社会责任。

3. 发展绿色营销面临的问题

（1）绿色营销宏观调控的缺失。绿色营销宏观调控的缺失主要体现在以下两个方面：一方面，政府对企业实施绿色营销的扶持力度不够，未能制定促进企业绿色营销发展的有力措施。尽管我国近年来制定了相关法律法规，但并不健全完善，与发达国家相比有较大的差距。另一方面，部分地方政府具有地方保护主义倾向，只注重局部利益，忽视对环境的保护。职能部门在生态环境管理上缺乏力度，对虚假绿色营销企业的打击力度较弱，对环保法规执行情况监管不严，使企业缺少实施绿色营销的外部压力。

（2）企业绿色营销理念薄弱、策略不当。我国工业生产者对"绿色"的理解普遍还停留在产品阶段。是否开发生产绿色产品，主要取决于它带来的利润能否超过普通产品，而没有从消费者、社会公众的福利去考虑，没有从产品的开发设计、生产制造、物流等环节去做绿色安排。此外，由于推行绿色营销需要很高的成本，并带有一定的风险性，加之部分企业对绿色营销所带来的新的市场机会认识不够，未能认识到绿色产品所带来的长远利益；出于自身经济利益考虑，企业普遍缺乏生产和开发绿色产品的动力与紧迫感。即使企业生产了绿色产品，如果忽视绿色营销策略的组合和调配，仍然不是真正的绿色营销行为。例如，在产品方面，许多企业只在绿色产品的选材、加工方面下功夫，而缺乏对产品使用、报废过程的挖掘，很多企业在产品的包装上依然追求豪华，既提高了产品成本，又造成了资源浪费；在选择分销渠道方面，企业很少充分考虑产品的环保特性，做到尽量简化分销环节，以防止绿色产品在分销过程中的二次污染等。

（3）消费者绿色消费意识淡薄。我国绝大多数消费者还不懂得绿色营销的意义，没有形成内在的绿色消费需求，甚至还不知道绿色消费、绿色产品和绿色营销的概念。只有当商品本身直接影响或危害身体健康时，才会考虑购买绿色产品，而对于商品生产、运输、销售过程中是否会造成环境破坏，消费者无暇顾及。还有一些外部因素会对消费者的绿色消费行为产生影响。比如，绿色产品价格较高，在发展中国家消费水平和购买能力普遍较低的情况下，消费者难以支付昂贵的绿色产品价格；消费者对绿色产品比较陌生，难辨真伪，少数假冒伪劣产品会大大挫伤消费者购买绿色产品的信心。

4. 实施绿色营销的策略

（1）企业实施绿色营销的策略。企业要强化绿色意识，树立绿色营销观念。首先，企业领导要树立绿色观念，视生态与经济协同发展为己任。其次，对全体员工进行培训和教育，内容包括对环境现状的认识、环境问题带来的机遇与挑战、环境问题与每个人的密切关系、环境问题与企业的关系、如何把环保贯彻到每个人的生活和工作中、如何把环保融入企业日常运作中等。再次，企业要大力开展绿色产品研发，选择并合理使用能源和资源，以能源和资源最优化的原则设计绿色产品，开展清洁生产，采用绿色技术和包装，完善绿色售后服务等。最后，企业要大力开展绿色促销活动，企业通过绿色促销引导绿色消费，扩大绿色需求，树立企业及产品的绿色形象，促进绿色产品销售，实现企业的经济目标。

（2）政府实施绿色营销的策略。政府部门要加强宏观管理，监督、指导并给予政策、资金扶持。政府应充分引导"看不见的手"的市场作用，调动起直接从事经济活动的企业和个人的积极性和创造性，通过需求信号以及价格变化有效地引导土地、资金、技术等资源的合理配置，同时构筑政府、产业政策和环境规划等"看得见的手"的调控和监控职能。运用强制性和诱导性、直接的和间接的调控手段，起到引导和刺激绿色市场的积极作用，从而达到政府规范绿色营销活动、绿色营销活动引导企业和个人保护环境的功效。

（3）消费者绿色营销意识的改变。只有使消费者认识到自己的消费与保护资源、环境之间的联系，才有可能从根本上改变整个社会的环保氛围。实现这一点主要以潜移默化的宣传教育为主，因此在方式选择上比较灵活多样。例如，可以充分发挥媒体作用，利用广播、电视、报纸等媒介，向公众宣传生态环境的现状，使人们认识环境对健康的影响；介绍绿色营销的相关知识，提高公众的绿色意识；在教育中注入有关生态环境保护及科学发展观的教学内容，从而提高学生的环保意识等。

（二）微信营销

1. 微信营销的背景

移动互联网已经成为人们最主流的上网方式，被称为"中国移动互联网第一张船票"的微信如今也已经真正融入人们的生活。微信是腾讯公司于2011年1月21日推出的一个为智能终端提供即时通信服务的免费应用程序，微信支持跨通信运营商、跨操作系统，通过网络快速发送语音短信、视频、图片和文字，也可以使用共享流媒体内容的资料和基于位置的社交插件等服务插件。截至2015年6月底，微信和WeChat（微信海外版）月活跃账户达到6亿个，比上年同期增长了37%。

自微信面市以来，其以快速的用户发展、弹性的社交关系链、"平等亲和"的信息分享方式和点对点的精准传播，逐渐成为一种新的营销平台和方式，企业的新型销售模式——"微信营销"逐渐发展起来。各大企业纷纷在微信上开设公众号，向消费者推送产品信息。微信公众平台不仅迎合了消费者需求，也构建了一个随时与消费者保持沟通的营销新平台。随着各大企业微信公众号的推出，移动服务新时代——"微信时代"已经来临。

2. 微信营销的含义

微信的巨大成功，衍生出了微信营销这种全新的营销手段。微信营销就是用户通过微信订阅自己需要的信息，或者是商家通过微信账号提供用户需要的信息，为自己的产品做宣传、拓展市场、提升知名度、抓住稳定的消费群体，从而达到点对点营销的目的。

微信营销具有其他营销手段无法比拟的高到达率、高曝光率、高接受率、高精准度、高便利性特点，是互联网时代对传统营销模式的重大创新。微信具有定位服务（Location Based Services，LBS）功能，不存在距离限制，能实现点对点的精准营销。它吸引了包括中央电视台、湖南卫视等国内有影响力的媒体，也有京东商城、阿里巴巴等大批企业参与其中。特别是在 2015 年央视春晚中，央视与微信合作，通过微信摇一摇向用户派送红包，获得了巨大成功。随着微信功能的不断完善，越来越多的企业进驻微信，微信营销迅速崛起并成为重要的营销渠道。

3. 微信营销的模式

营销方式的不同会带来营销效果的差异，当前微信营销主流的、有效的营销模式可以分为四种，分别是互动营销、O2O 模式、推送位置信息、活动式品牌营销。

（1）互动营销。互动营销的模式主要依靠微信的三项功能：公众平台、社交分享、朋友圈。微信公众平台可以向用户推送消息、回答用户问题，与微信用户形成互动。通过微信公众平台，企业能更精准地投放广告，同时收集数据为未来营销提供支持。微信公众平台的搭建，使得微信营销更加细化，也使企业与用户间的信息传播更便捷。微信公众平台允许应用开发者通过微信开放接口接入第三方应用，同时还能将应用 LOGO 放入附件栏中，方便微信用户通过朋友圈与好友分享自己喜欢的内容。微信中的联系人都是"熟悉的朋友"，朋友的推荐往往能得到信任，口碑营销也能达到良好的效果。

（2）O2O模式。O2O模式应用的是微信的二维码扫描功能。二维码最早被用来扫描识别用户身份从而添加好友，而今其商业用途越来越广，微信顺应潮流结合O2O开展商业活动，例如，用户将二维码图案置于取景框内，关注企业公众号，便可得到一定的折扣和优惠。之后，企业通过微信平台向用户发送商品信息、产品活动、优惠促销等信息，实现线上营销带动线下营销。

（3）推送位置信息。推送位置信息可以通过微信中"附近的人"这一功能实现。用户点击"附近的人"后，可以查找到周围的微信用户。在这些微信用户中，除了显示用户名、距离等信息，还会显示签名栏内容。因此，微信用户可以利用签名栏这一免费广告位置，为其产品打广告。

（4）活动式品牌营销。活动式品牌营销是通过微信"漂流瓶"的功能实现的，如今抢红包也成为潮流。漂流瓶有两个功能：扔一个，用户可以发一段语音或文字投入大海中；捡一个，捞大海中别人投放的漂流瓶，捞到后可以和对方对话。微信官方可对相关参数进行修改，使合作商家推广活动的漂流瓶在某一时间段数量增加，普通用户捞到的频率也会增加。由于漂流瓶可以发送语音和文字，因而如果营销得当就能产生良好效果。微信红包能够使"品牌露出"，抢到的红包上有企业信息展示，分享给好友也有品牌冠名。此外，微信默认"领取红包后关注公众号"，用户在抢红包的同时也关注了企业的微信公众号。微信红包能有效提高用户黏性及活跃度，使用户数量及次日留存率明显增长。

4. 微信营销的优势

（1）一对一的精准化营销。微信是一种一对一的互动交流方式，精准化主要体现在两个方面：一方面，从商家角度来说，企业推送的每一条信息都可以百分之百到达客户手机中，不仅可以向"粉丝"推送包括企业文化、产品推介、营销活动等信息资讯，还能利用后台管理实现客户的精准区分；另一方面，从用户角度来说，微信用户能够通过主动搜索或者热门推荐等方式关注自己需要的产品信息，从而形成产品供给与需求的精准对接关系。

（2）传播方式多样且具有隐性特征。微信本身具有漂流瓶、位置签名、扫一扫、摇一摇等功能，企业可以利用这些功能进行多种营销推广方式的组合，满足不同用户的喜好。另外，这种多种功能组合方式的营销推广，避免了单向灌输式广告的弊端，不带有明显营销标签，能够在潜移默化中发生信息的传递，降低了消费者的抵触情绪。

（3）营销成本低。较之传统营销模式，微信营销具有更低的成本优势，其"关注—被关注"的特点降低了企业的机会成本，而其具有的互动性又降低了边际成本。研究显示，微信一兆流量便可完成上千条文字信息的传输，其按流量计费的成本非常低廉，较之其他诸如手机短信推送等方式有天然的成本优势。在运用微信营销时，只要策划得当，它也可以成为一个"一对一"的客服中心，达到过去需要很高的成本才能实现的客户沟通效果。

（4）信息互动性强。微信作为应用广泛的社交软件，和其他形式的新媒体相比，具有更为显著的信息交互性，能实现用户和商家之间的密切互动。商家可编辑具有娱乐性、幽默性或专业指导性的信息，并借助微信公众号向潜在消费群体进行推送。公众接收到信息后，可根据自身的需求和兴趣进行反馈，例如向商家询问购买途径、向好友转发信息等，实现多向沟通。

5. 微信营销中存在的问题

（1）传播能力有限。传播能力有限主要表现在两个方面：一方面，微信不同于其他社交方式，注重的是熟人社交、深社交、精传播，这样其传播范围会大大缩小；另一方面，为了避免聊天中出现的骚扰和混乱，微信平台对用户交流设置了一定的限制条件。商家注册微信公众号后不能主动搜索和添加好友，需要由其他用户进行搜索和添加。双方开展聊天需要提前添加对方为好友，才能达到推送信息的目的，这使得商家在广告信息、传播方面存在一定的被动性和局限性。

（2）网络信息存在局限性。微信传播的网络信息的局限性主要体现为信息真假难辨、语言缺乏创新、信息推送扰民。微信归根结底存在于网络虚拟环境，信息真假难辨，尤其是微信营销过程中可能缺乏第三方保证机构，先付款后发货的形式容易侵犯消费者的权益。目前，大部分商家受传统营销理念的影响，所发布的信息带有较为明显的"硬广告"性质，其内容和形式难以吸引微信用户。部分商家甚至不顾用户的感受，频繁推送枯燥、单一的广告信息，这不仅造成商家自身营销效果的下降，还会引起用户对微信营销的普遍反感，使得这一新媒体营销渠道受到阻碍。

（3）消费者权益难以保障。微信营销最初只限于微信好友圈中的朋友之间互相推销和宣传。由于朋友间信任度和亲密度较高，用户在遇到自己感兴趣且价格合理的商品时，便会主动咨询和购买。随着微时代新商机的日益显现，越来越多的商家参与到微信营销之中，在商品种类多元化的同时，也给微信营销带来了信誉隐患，如最近"微信上买到假货、次品"之类的新闻频发。由于缺乏监督和责任机制，消费者在面对微信营销中出现的问题时往往难以追究对方的责任，无法获得经济赔偿。这些问题的出现损害了消费者的权益，也降低了消费者对微信中商品宣传的信任度，使得微信营销难以为继。

二、市场营销战略管理

（一）市场营销战略的类型

一般认为，市场营销战略包括市场细分、选择目标市场、市场定位以及市场营销组合等。

1. 市场细分战略

市场细分的概念是美国市场学家温德尔·史密斯（Wendell R. Smith）于20世纪50年代中期提出来的。

市场细分是指营销者通过市场调研，依据消费者的需要和欲望、购买行为和购买习惯等方面的差异，把某一产品的市场整体划分为若干消费者群的市场分类过程。每一个消费者群就是一个细分市场，每一个细分市场都是具有类似需求倾向的消费者构成的群体。

市场细分的基本原理与依据主要是：市场是商品交换关系的总和，

本身可以细分；消费者异质需求的存在；企业在不同方面具备自身优势。细分市场不是根据产品品种、产品系列来进行的，而是从消费者（指最终消费者和工业生产者）的角度进行划分的，是根据消费者的需求、动机、购买行为的多元性和差异性来划分的。具体来说，常见的细分消费者市场包括如下方面。

第一，地理细分，即按照国家、地区、城市、农村、气候、地形等因素进行细分；第二，人口细分，即按照消费者的年龄、性别、职业、收入、教育、家庭人口、家庭类型、家庭生命周期、国籍、民族、宗教、社会阶层等因素进行细分；第三，心理细分，即按照消费者的社会阶层、生活方式和个性等因素细分；第四，行为细分，即按照消费者的购买时机、追求利益、使用者地位、产品使用率、忠诚程度、购买准备阶段、态度等因素进行细分。

市场细分对企业的市场营销活动起着极其重要的作用，主要体现在：①有利于选择目标市场和制定市场营销策略；②有利于发掘市场机会，开拓新市场；③有利于集中人力、物力投入目标市场；④有利于企业提高经济效益。

从程序上看，市场细分包括调查阶段、分析阶段、细分阶段三个阶段。具体来说，市场细分步骤包括：第一，选定产品市场范围；第二，列举潜在顾客的需求；第三，分析潜在顾客的不同需求；第四，制定相应的营销策略。

2. 目标市场选择策略

根据各个细分市场的独特性和公司自身的目标，共有三种目标市场策略可供选择。

第一，无差异市场营销。无差异市场营销战略是指公司只推出一种产品，或只用一套市场营销办法来吸引顾客。

由于只有一种产品，企业容易做到自动化、标准化批量生产，容易降低生产成本，产品质量也容易控制；此外，由于仅采用一种营销策略，销售成本也最低，但这种策略也有其不足。首先，不能满足消费者的多种需求。因为市场上的消费者的需求是千差万别的，企业只有一种产品难于满足所有消费者的需求和欲望。其次，容易引起过度竞争。一旦企业的这种产品销路好，能获得丰厚的利润，就必然引来许多竞争者。最后，不能长期使用。因为一种产品能长期为消费者所接受是罕见的，特别是在如今产品更新换代不断加速的时代，老产品容易被淘汰。因此，当公司断定各个细分市场之间很少存在差异时，可以考虑采用这种市场营销策略。

第二，密集性市场营销。密集性市场营销战略是指公司将一切市场营销努力集中于一个或少数几个有利的细分市场。

由于企业认为自己的资源有限，企业应集中所有力量在一两个目标市场上，争取在此市场上获取较高的市场占有率，不断取得竞争优势，逐渐扩充自己的实力。密集型市场营销策略的优点是投资少、见效快。但由于企业只有这一两个市场，一旦市场发生变化，就会导致企业经营失利，使企业难以翻身，因而具有较大的经营风险。这一策略适应于资源薄弱的小型企业，或是处于产品生命周期衰退期的企业。

第三，差异性市场营销。差异性市场营销是指公司根据各个细分市场的特点，相应扩大某些产品的花色、式样和品种，或制订不同的营销计划和办法，以充分适应不同消费者的不同需求，吸引各种不同的购买者，从而扩大各种产品的销售量。

企业在确定采用何种目标市场策略时应考虑如下因素。

（1）企业资源。企业的资源包括企业的人力、物力、财力、信息、技术等方面。如果企业资源多、实力雄厚，则可运用无差异性或差异性市场策略；如果企业资源少、实力不足，则最好采用密集性市场策略。

（2）产品的同质性。生产同质性高的产品，如大米、食盐等，由于其差异较少，企业可用无差异性市场策略。而对于生产如服装、化妆品、汽车等同质性低的产品，企业适宜采用差异性市场策略去满足不同消费者的需求。

（3）产品所处的生命周期阶段。产品处于生命周期的不同阶段，由于市场环境发生变化，企业应采用不同的市场策略。在产品的投入期和成长期前期，由于没有或很少有竞争对手，一般应采用无差异性市场策略；在成长期后期、成熟期，由于竞争对手多，企业应采取差异性市场策略，开拓新的市场。在衰退期，则可用密集性的市场策略，集中企业有限的资源。

（4）市场的同质性。如果各个细分市场的消费者对某种产品的需求和偏好基本一致，对市场营销刺激的反应也相似，则说明此市场是同质或相似的，这一产品的目标市场策略最好采用无差异性市场策略。如果各个细分市场的消费者对同种产品需求的差异性大，则这种产品的市场同质性低，应采用差异性市场策略。

（5）竞争状况。首先应考虑竞争对手的数量。如果竞争对手的数目多，应采用差异性市场策略，发挥自己的优势，提高竞争力；如果竞争对手少，则采用无差异性市场策略，占领整体市场，增加产品的销售量。其次应考虑竞争对手采取的策略。如果竞争对手已积极进行市场细分，并已选用差异性市场策略时，企业应采用更有效的市场细分，并采用差异性市场策略或密集性市场策略，寻找新的市场机会。如果竞争对手采用无差异性市场策略，企业可用差异性市场策略或密集性市场策略与之抗衡。

3. 市场定位策略

市场定位是在 20 世纪 70 年代由美国营销学家艾·里斯（Al Rice）和杰克·特劳特（Jack Trout）提出的，其含义是指企业根据竞争者现有产品在市场上所处的位置，针对顾客对该类产品某些特征或属性的重视程度，为本企业产品塑造与众不同的、给人印象鲜明的形象，并将这种形象生动地传递给顾客，从而使该产品在市场上确定适当的位置。

市场定位并不是你对一件产品本身做些什么，而是你在潜在消费者的心目中做些什么。市场定位的实质是使本企业与其他企业严格区分开来，使顾客明显感觉和认识到这种差别，从而在顾客心目中占有特殊的位置。

市场定位可分为对现有产品的再定位和对潜在产品的预定位。对现有产品的再定位可能导致产品名称、价格和包装的改变，但是这些外表变化的目的是保证产品在潜在消费者的心目中留下值得购买的形象。对潜在产品的预定位，要求营销者必须从零开始，使产品特色确实符合所选择的目标市场。公司在进行市场定位时，一方面要了解竞争对手的产品具有何种特色，另一方面要研究消费者对该产品的各种属性的重视程度，然后根据这两方面进行分析，再选定本公司产品的特色和独特形象。

市场定位的内容包括产品定位、企业定位、竞争定位和消费者定位几种。

市场定位的关键是企业要设法在自己的产品上找出比竞争者更具有竞争优势的特性。

市场定位的策略包括以下内容。

第一，避强定位策略。这是指企业力图避免与实力最强的或较强的其他企业直接发生竞争，而将自己的产品定位于另一市场区域内，使自己的产品在某些特征或属性方面与最强或较强的对手有比较显著的区别。

第二，迎头定位策略。这是指企业根据自身的实力，为占据较佳的市场位置，不惜与市场上占支配地位的、实力最强或较强的竞争对手发生正面竞争，而使自己的产品进入与对手相同的市场位置。

第三，创新定位策略。这是指寻找新的尚未被占领但有潜在市场需求的位置，填补市场上的空缺，生产市场上没有的、具备某种特色的产品。

第四，重新定位策略。这是指公司在选定了市场定位目标后，如定位不准确或虽然开始定位得当，但市场情况发生变化时，如遇到竞争者定位与本公司接近，侵占了本公司部分市场，或由于某种原因消费者或用户的偏好发生变化，转移到竞争者方面时，就应考虑重新定位。重新定位是以退为进的策略，目的是实施更有效的定位。

4. 市场营销组合战略

市场营销组合战略是指，根据目标市场需求特征以及市场定位和预期目标的要求，统筹选择、设计和整合企业内外一切营销变量，使其有机结合起来，以形成最佳组合方案。

市场营销组合是制定企业营销战略的基础，做好市场营销组合工作可以保证企业从整体上满足消费者的需求。市场营销组合是企业对付竞争者强有力的手段，是合理分配企业营销预算费用的依据。

一般认为，市场营销组合策略包括产品策略、价格策略、促销策略和分销策略四个方面，见表6-1。

表6-1　市场营销组合策略

市场营销组合策略	内容	影响因素
产品策略	产品发展、产品计划、产品设计、交货期	特性、质量、外观、附件、品牌、商标、包装、担保、服务
价格策略	确定定价目标、制定产品价格原则与技巧	付款方式、信用条件、基本价格、折扣、批发价、零售价
促销策略	研究如何促进顾客购买商品以实现扩大销售	广告、人员推销、宣传、营业推广、公共关系
分销策略	研究使商品顺利到达消费者手中的途径和方式等方面	分销渠道、区域分布、中间商类型、运输方式、存储条件

市场营销组合策略的基本思想在于：从制定产品策略入手，同时制定价格、促销及分销渠道策略，组合成策略总体，以便达到以合适的商品、合适的价格、合适的促销方式，把产品送到合适地点的目的。企业经营的成败，在很大程度上取决于这些组合策略的选择及其综合运用效果。

为更好地发挥市场营销组合的上述作用，在具体运用时须遵循以下原则。

第一，目标性。营销组合首先要有目标性，即制定市场营销组合时，要有明确的目标市场，同时要求市场营销组合中的各个因素都围绕着这个目标市场进行最优组合。

第二，协调性。指协调市场营销组合中的各个因素，使其更有机地联系起来，同步配套地组合起来，以最佳的匹配状态，为实现整体营销目标服务。可根据要素的相互关联作用组合得当、和谐一致。

第三，经济性，即组合的杠杆作用原则。主要考虑组合的要素对销售的促进作用，这是优化组合的特点。

第四，反馈性。从营销环境的变化到企业营销组合的变化，要依靠及时反馈市场信息。信息反馈及时，反馈效应好，就可随营销环境变化，及时重新对原市场营销组合进行反思、调整，进而确定新的适应市场和消费者需求的组合模式。

在制定生产营销组合策略时，产品的生命周期是一个十分重要的因素。产品从面世到被市场淘汰的整个过程决定着企业在不同阶段采用不同的营销组合策略。

此外，采用不同的市场发展策略，也就需要有不同的营销组合方式相配合，所突出的重点也不同，见表6-2。

表6-2　市场开发战略与营销组合战略

产品市场	现有产品	新产品
现有市场	市场渗透（价格、促销）	产品开发（产品、促销）
新市场	市场开发（渠道、促销）	多元化经营（产品、渠道、促销）

（二）营销战略的制定和实施

战略的制定还需要遵守以下基本准则。

第一，独特性。战略的生命线是其独特性。一个企业独有的、难以被对手模仿的特点可以帮助企业获取和保持竞争优势，这也是战略的可靠基础。从这个意义上讲，战略的精彩在于特色突出、性格显著、出类拔萃、卓尔不群。

第二，合法性。当一个企业在拓展其独特性的边界之时，也要考虑所谓的社会合法性问题，需要被对手、公众、政府、社区和整个社会所容忍和接纳。这种合法性不仅意味着在某种法律和道德底线之上进行经营，而且还意味着企业的行为和做派要显得合理合情。

第三，原本性。战略在商业竞争中的最终目的是赢，是为消费者创造卓越的价值。战略灵感的源泉应该来自顾客的需要，而不是对手的作为。

第四，创新性。创新性实际上和独特性与原本性紧密相连。随着竞争对手的模仿和替代，顾客需求的转变和发展，最终而言，所有的战略都将会失去其独特性和原本性。

图6-1概括了针对单独的产品/市场进入而进行营销战略的制定和实施过程中的活动和决策。

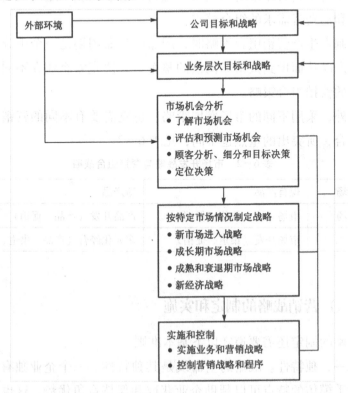

图6-1 营销战略的制定过程

1. 分析为先

在设计一个营销战略之前，应该对顾客、竞争者和公司自身做大量的分析。成功的战略决策通常都建立在对市场和环境客观、细致、真实的理解之上。大多数的营销战略从来都不会完全按照纸面上写的那样实施，而是需要进行调整和采取新的行动来对顾客需求、竞争者行为和经济状况的快速变化做出回应。对市场和广阔环境实施彻底的研究，将使营销人员在做这些调整时更加理性和一致，而不是仅仅凭借猜测来进行。

制订一个好的营销计划所必需的基本分析，应该关注将会影响其可行性和最终成功的四个要素：公司的内部资源、能力和战略；环境，如社会、经济、技术趋势；相对于竞争对手的优势与劣势和竞争环境的趋势；现有的和潜在客户的需求和特征。

2. 将营销战略与公司的其他战略和资源进行整合

营销人员工作的主要部分是监控和分析顾客的需求、竞争对手和外部环境的变化趋势带来的机会和威胁。因此，由于所有层次的战略都必须考虑这些因素，营销人员通常会在给公司和业务战略提供建议和影响战略发展上扮演重要的角色。相反，其他职能部门的普通经理和高级经理则需要对营销有一个坚定的理解，以助于制定有效的组织战略。

营销人员还主要负责单一产品/市场单元或产品线的营销战略计划的制订和实施。但是，这些营销战略方案并不是凭空出现的。相反，用于一个特定产品/市场单元的营销目标和战略必须来自企业可以得到的资源和能力，并与企业的公司战略和业务战略在方向和资源配置上保持一致。换句话说，三个层次的战略中的各要素应该互相适应，或具有内在的一致性。

3. 市场机会分析

（1）了解市场机会。对任何机会的性质和吸引力的理解都需要对外部环境进行检验，包括市场上提供的产品和公司所处的行业。反过来，这种检验还包括关注广泛的宏观问题，如推动或限制市场需求的环境趋势、行业整体的结构特征、目标顾客及其需求和特定公司的特征，以及会给公司带来什么。还必须检验负责实施所指定的任何战略的管理团队，以决定他们是否能够完成这项工作。

（2）衡量市场机会。除了理解一个市场机会的整体吸引力以外，营销人员还需要仔细衡量这些市场机会，制定出一个有理有据、能在短期和中期实现的销售预期。这对新产品来说是一件特别困难的事情，尤其是那些新进入市场的产品类型。

（3）市场细分、目标和定位决策并不是所有有着相似需求的顾客都会寻求同样的产品或服务来满足这种需求。一方面，他们的购买决策受到个人偏好、自身性格、社会环境等的影响。另一方面，购买相同产品的顾客也许受到不同需求的激励，希望从产品中得到不同的利益，依靠不同的来源获得产品信息，并且从不同的分销渠道购买产品。因此，管理者最关键的任务之一就是将顾客划分为不同的细分市场。

定义了细分市场并探究了在每个细分市场里的顾客需求和公司优劣势以后，管理者必须决定哪个细分市场对公司而言表现出吸引力和可行的机会，也就是公司的营销战略方案应集中于哪个细分市场。

最后，管理者必须决定如何在目标市场中定位产品或服务，设计产品和营销方案来强化对目标细分市场中的顾客具有吸引力的特征和利益，同时也将公司的产品与竞争者的区别开来。

4. 营销战略的实施和控制

决定战略是否成功的最后一个关键因素是公司有效实施的能力。而这依赖于战略与资源、组织结构、合作和控制系统以及公司员工的技能和经验是否能保持一致。管理者必须设计一种战略以符合公司现有的资源、能力和流程，或者尝试为选定的战略建立新的结构和系统。

为了提高营销战略的实施效果，企业应该将营销分析和营销方案决策的结果定期按照详细正式的营销计划总结出来。

营销计划是一份可以执行的行动蓝图，它其实就是一份书面文件，详细记述了关于顾客、竞争者和外部环境的现实状况，并提供了在计划的一段时期内，关于现有或预期产品或服务的目标、营销行动和资源配置的指导方针。营销计划可以有效提高企业的营销战略执行效果。

不同公司的营销计划在时间、内容和组织上会有很大不同。大体而言，营销计划每年要被更新，尽管一些昂贵的工业产品（如客机）的计划周期也许会长一些，而在一些快速变化的行业（如电信业）中则可能会较短。一般的营销计划格式见表 6-3。

表6-3　营销计划的内容

步骤	内容
1. 执行纲要	提出计划涉及的问题、目标、战略和行动，以及它们的预期结果的简单陈述
2. 目前的状况和趋势	概述关于市场、竞争者、宏观环境及趋势的相关背景信息，包括整个市场和主要细分市场的规模和增长率
3. 绩效回顾（仅对现有的产品或服务）	检验产品及其营销方案要素过去的绩效（如分销、促销等）
4. 关键问题	识别本计划在来年必须处理的产品的主要机遇和威胁，以及面对这些问题时必须考虑的产品和业务单元的相对优势和劣势
5. 目标	列出在销售量、市场份额和利润上要达到的目标
6. 营销战略	概述为了实现计划中的目标要使用的战略
7. 行动计划	这是年计划中最关键的部分，有助于战略的有效实施和各职能部间的行动配合，包括：①追求的目标市场；②关于4P中的每一个要素要采取什么具体的行动；③谁负责每一项行动；④什么时候开始行动；⑤为每一次行动提供多少预算
8. 预算盈亏状况	提出计划中预期的财务盈利
9. 控制	讨论如何监控计划进程；当绩效没有达到预期或环境发生变化时，也许还会提出调整
10. 调整计划	描述在计划实施期间，当特定的威胁或机遇发生时所要采取的行动

计划包括三个主要的部分。

首先，营销人员详述他们对目前状况的估计。营销人员总结他们对现有的和潜在顾客、公司相对优势和劣势、竞争状况、影响产品及现有产品过去绩效的环境趋势分析的结果。这一部分通常还包括预期、对销售潜力的估计，以及其他对提出新产品或服务非常重要的计划的假设基础。在这些分析的基础上，营销人员还需关注一些关键问题，如在制订计划时应该处理的主要机会和威胁。

其次，详细介绍下一步的战略。这一部分通常从细述在计划期间产品或服务要达到的目标（如销售量、市场份额、利润、顾客满意水平等）开始，然后列出整个营销战略、战略实施中与 4P（产品、价格、促销、渠道和分销）相关的活动，以及每次行动的时间和重点任务。

最后，计划还需详述战略需要的资金和资源，以及监控计划的实施和进程所需采取的控制措施。有些计划也具体说明了一些偶然发生的情况：如果市场、竞争或外部环境发生了一些变化，计划应该如何调整。

第二节　构建基于社会可持续发展的营销模式 ——可持续营销

一、可持续营销的再界定及再认识

可持续营销是将市场营销、生态营销、绿色营销和社会营销融为一体的营销观念。生态营销、绿色营销和社会营销各有其关注的侧重点。生态营销强调企业不仅要满足市场需要更要发挥企业的优势将二者有机地结合起来，修正了市场营销观念只关注市场需求而忽视自身条件的盲目性，避免了资源的浪费；绿色营销是将消费者需求及身体健康、企业利益和环保利益有机统一起来，充分顾及环境保护问题，要求生产卫生、安全、无公害的绿色产品；社会营销把消费者需求、企业优势和社会的长远利益结合起来，体现了强烈的社会责任感，三种营销观念的关系如图 6-2、图 6-3、图 6-4 所示。可持续营销是一种既关注企业利益、市场的需求和消费者的身体健康，又关注环境保护和社会整体利益及长远利益的营销观念，如图 6-5 所示。

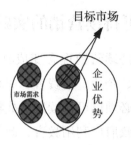

图 6-2　生态营销　　　　　　　　图 6-3　绿色营销

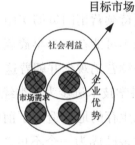

图 6-4　社会营销　　　　　　　　图 6-5　可持续营销

二、可持续营销的可行性分析

随着宏观环境和微观环境的不断变化，人类越来越意识到经济、环境、社会可持续发展的重要性。作为经济活动的微观个体——企业，也越来越认识到自身对整个人类社会实现可持续发展的影响，而贯穿于企业各个领域的营销对可持续发展的实现有着举足轻重的作用。

首先，政府对可持续发展的重视，为可持续营销提供了外部力量。

其次，消费观念的转变为可持续营销提供了适宜的土壤。

再次，社会经济的发展为可持续营销提供了一个适宜的市场空间。

最后，企业内部环境的变化为可持续营销提供了主观条件。

无论是宏观环境还是微观环境，无论是思想意识还是行为体现，人类社会已基本具备了，也应该具备了可持续营销的主观条件和客观条件。可持续营销是营销发展的必然。

三、可持续营销的实践对策

要把可持续营销理念变成具体的行动，是一个充满艰辛的过程，它需要政府、企业、消费者、非政府性组织等部门和个人的共同努力。

第一，必须以可持续发展战略为指导。

第二，政府应利用教育、政策、法律法规等手段促进可持续营销的理念树立和行为实施。

第三，企业是可持续营销实施的主体，对能否实现可持续营销起决定性作用。

第四，可持续营销的贯彻实施需要社会各界共同努力。可持续营销的贯彻实施不可能在一个早晨就把一切变得那么美好，重要的是我们要树立可持续营销观念并朝着这个方向努力。

20世纪科学技术进步为人类经济的发展做出了巨大的贡献，同时也对人类赖以生存的地球造成了前所未有的破坏。传统的营销模式对人类产生的危害已成为一个不可忽视的问题摆在我们面前，21世纪，人类必将走上可持续发展之路，我们应该积极研究和构建可持续营销模式，实施可持续营销，为我们后代留下营销的纯净，促进和谐社会的构建。

第三节 基于"一带一路"的我国中小企业市场营销创新策略研究

一、"一带一路"背景下我国中小企业市场营销创新策略体系的构建

（一）加强市场营销理念的转变，强化现代营销观念

首先，加强传统市场营销观念向创新化、现代化营销观念的转变是构建中小企业市场营销创新策略体系的首要条件，因为"一带一路"倡议下的现代化营销理念更加重视产品质量、产品服务和营销技术。

其次，加强市场竞争模式的转变，将单一化的价格竞争转变为非价格竞争，从而实现市场的良性循环。

最后，要树立服务至上的营销理念，积极借助产品的特色优势和服务水平打造企业自身的竞争优势。

（二）结合中小企业实际情况，制定最佳市场营销创新策略

首先，对中小企业而言，市场营销创新策略的部署离不开对市场动态信息的准确掌握，只有全面掌握了市场波动最新信息，才能合理地调整、优化市场营销创新策略，才能更好地拓展市场规模，提高产品市场占有率；其次，市场营销创新策略的制定需要结合企业的实际发展情况进行设计，避免生搬硬套固定模式，以降低策略风险；最后，加强营销渠道的创新和拓展，充分利用网络平台、手机终端交流平台来定位目标客户。

（三）积极构建系统、全面的市场营销创新管理体系

"一带一路"背景下中小企业应该积极构建系统、全面的市场营销创新管理体系，从而使市场营销人员能够在明确企业发展目标的前提下，有效地践行、贯彻营销管理制度。另外，在市场营销创新管理体系中增设市场信息管理系统、销售管理系统，从而：一方面，使营销人员能够通过市场信息管理系统快速了解市场行情；另一方面，能够使营销人员更加明确销售职责，从而促进销售目标的实现。

（四）加强中小企业市场营销队伍的建设

首先，由于中小企业综合实力相对薄弱，难以有效地吸引优秀营销人才，所以借助人才引进、人才招聘渠道的多样化以及提高薪资水平等手段来广纳人才十分重要。

其次，加强对营销人才队伍的系统培训和建设，要从科技知识、专业营销知识、客户服务知识以及客户心理分析等层面进行深度培训。

最后，加强营销队伍成员之间的信任感和协作精神，为积极展现公司的品牌形象、服务水平和员工精神面貌创造条件。

（五）提高中小企业市场营销策略与创新应用的结合

在科技迅速发展的今天，很多中小企业开始将更多的精力放在技术创新上，一方面，通过研发新材料、采用新技术和新工艺来不断改良产品质量和属性，从而实行产品差异化营销战略；另一方面，通过开拓营销网点、构建营销区域网来实施多层次、多角度的营销网络覆盖战略，从而为扩充企业知名度和市场份额奠定基础。

二、"一带一路"背景下我国中小企业市场营销创新策略体系的实现路径

（一）中小企业市场营销在内部管理和自身条件上的创新

（1）中小企业产品竞争优势的创新。首先，在产品创新上可以进行层次性划分，分为核心产品创新、延伸产品创新和形式产品创新，并依据不同的产品类型确定不同的营销方式；其次，在产品创新上，企业要站在顾客的位置进行创新因素采集和确定；最后，加强新技术对产品新性能、规格和款式的开发。

（2）中小企业市场营销渠道的创新。首先，积极挖掘未开发或开发不充分市场的潜能，快速抢占该市场的份额；其次，加强对科技化、现代化营销渠道的开发和调研，如微信、微博等平台，找准市场切入点，做好产品前期宣传和后期售后。

（3）中小企业市场营销模式的创新。首先，绿色营销理念是当下备受推崇的营销模式，既能降低能源损耗，又能抓住消费者的健康诉求；其次，准确选择具备长期合作潜质的经销商，并加强合作关系的维护；最后，能够融会贯通地联合运用合作营销、品牌营销、整合营销以及饥饿营销。

（二）中小企业市场营销在外部资源上的创新

（1）借助大企业资源优势进行营销策略创新。中小企业在自身实力受限的情况下，要学会利用大企业的外协服务来提升自身的品牌格局，一方面，可以通过和大企业建立长期稳固的关系来增强顾客对企

业的可信度和认同感；另一方面，通过学习大企业先进的管理模式和技术来弥补自身不足，从而促进企业发展。

（2）采用同行联合战略实施营销策略创新。对于综合实力薄弱的中小企业，在缺少与大企业合作机会的前提下，要善于借助横向优势资源，来增强与同行竞争者的协作。在协作过程中，中小企业要加强对虚拟合作营销的风险评估，在确保风险系数较低的情况下，最大限度地利用行业资源优势，来实现多方共赢，从而在复杂多变、竞争激烈的经济环境下，抢占有利于自身发展的市场位置。

参考文献

［1］熊国钺. 市场营销学［M］. 北京：清华大学出版社，2017.

［2］陈亮. "一带一路"背景下我国中小企业市场营销创新战略研究［J］. 特区经济，2017（4）.

［3］曹虎，王赛，乔林. 数字时代的营销战略［M］. 北京：机械工业出版社，2017.

［4］陶勇，胡保玲. 市场营销学［M］. 大连：东北财经大学出版社，2016.

［5］康淑娟. 市场营销学［M］. 北京：电子工业出版社，2016.

［6］张戟. 新经济时代［M］. 济南：山东科学技术出版社，2016.

［7］刘昊，李勇. 企业营销战略管理［M］. 北京：清华大学出版社，2016.

［8］彼得·德鲁克. 德鲁克经典五问［M］. 鲍栋，译. 北京：机械工业出版社，2016.

［9］李先国，杨晶. 销售管理［M］. 北京：中国人民大学出版社，2016.

［10］李严峰. 现代物流管理（第4版）［M］. 大连：东北财经大学出版社，2016.

［11］汪长江. 市场营销战略研究：分析、规划、实施与控制［M］. 上海：上海交通大学出版社，2015.

［12］卢泰宏，周懿瑾. 消费者行为学——中国消费者透视（第2版）［M］. 北京：中国人民大学出版社，2015.

［13］汪丁丁. 行为经济学要义［M］. 上海：上海人民出版社，2015.

［14］刘寅斌. 互联网＋社会化营销［M］. 北京：电子工业出版社，2015.

［15］伯恩斯·布什. 营销调研（第 7 版）［M］. 于洪彦，译. 北京：中国人民大学出版社，2015.

［16］龚铂洋. 左手微博右手微信［M］. 北京：电子工业出版社，2014.

［17］迈克尔·R. 所罗门. 消费者行为学（第 10 版）［M］. 卢泰宏，杨晓燕，译. 北京：中国人民大学出版社，2014.

［18］凯勒. 战略品牌管理（第 4 版）［M］. 北京：中国人民大学出版社，2014.

［19］郭国庆. 市场营销学（第 6 版）［M］. 北京：中国人民大学出版社，2014.

［20］刘向晖. 网络营销导论（第 3 版）［M］. 北京：清华大学出版社，2014.

［21］周秀玲，王新东. 基于知识管理的市场营销创新［M］. 北京：社会科学文献出版社，2012.

［22］常永胜. 营销渠道：理论与务实（第 2 版）［M］. 北京：电子工业出版社，2013.

［23］陈永东. 企业微博营销：策略方法与实践［M］. 北京：机械工业出版社，2012.

［24］王秀娥，夏冬. 市场调查与预测［M］. 北京：清华大学出版社，2012.

［25］威廉·M. 普赖德，O. C. 费雷尔. 营销观念与战略［M］. 北京：中国人民大学出版社，2005.

［26］万后芬. 市场营销教程（第 2 版）［M］. 北京：高等教育出版社，2007.

［27］菲利普·科特勒. 营销管理（第 12 版）［M］. 上海：上海人民出版社，2006.

［28］戴维·劳登. 营销管理：教材与案例［M］. 北京：经济管理出版社，2006.

［29］卜庆娟. 构建基于社会可持续发展的营销模式——可持续营销［J］. 德州学院学报，2008（01）：101－105.

［30］韩旭. 浅析市场经济下网络营销安全问题及策略［J］. 市场周刊（理论研究），2011（12）：49－50.

［31］侯艳艳，阎斌，李庆生. 移动互联网消费者行为分析［J］. 中小企业管理与科技，2016（11）：100－101.

［32］唐京伟. 移动互联网下的市场营销模式［J］. 中国传媒科技，2012（09）：42－44.

［33］凌玲. 关于网络经济下的市场营销思考［J］. 现代营销，2018（01）：28.